卓越法律人才培养计划系列教材

湖北省荆楚卓越法律人才协同育人计划项目成果

案例民法学·总论

蔡大顺　编著

WUHAN UNIVERSITY PRESS

武汉大学出版社

图书在版编目(CIP)数据

案例民法学:总论/蔡大顺编著.—武汉:武汉大学出版社,2024.5
卓越法律人才培养计划系列教材
ISBN 978-7-307-24329-3

Ⅰ.案… Ⅱ.蔡… Ⅲ.民法—案例—中国—教材 Ⅳ.D923.05

中国国家版本馆 CIP 数据核字(2024)第 056177 号

责任编辑:胡　荣　　　责任校对:李孟潇　　　版式设计:马　佳

出版发行:**武汉大学出版社**　　(430072　武昌　珞珈山)
　　　　(电子邮箱:cbs22@whu.edu.cn 网址:www.wdp.com.cn)
印刷:武汉邮科印务有限公司
开本:787×1092　1/16　印张:13　字数:305 千字　插页:1
版次:2024 年 5 月第 1 版　　2024 年 5 月第 1 次印刷
ISBN 978-7-307-24329-3　　定价:48.00 元

总　序

　　作为初入法律之门的大学法学本专科学生，往往首先是通过精简版的教科书或者是大部头的教科书，按照教材的体系化结构，从理论基础或总则的原理原则开始了法律人漫长、艰辛和略显枯燥的学习生涯。诸多的法哲学原理、法理学知识和法原则的阐释，对一个法律人走向专业化和精英化不可或缺，但对初入法学殿堂的学子来说，往往是如坠云雾之中，理解起来却有相当难度，往往要等到进入大学高年级或工作之后再蓦然回首，才渐入会通之境。法科学生花较长时期的理解迷茫也构成了法学教学的隐含之痛和改革动力，不同类型的案例指导书籍应运而生，在欣喜之余，也发现案例与教材基本知识体系的对应存在不足之处，我们的编写试图部分改变这种情况，力图与教材、教学同步而行，取得教学效果和知识体系的双重改观。作为现代大学法学教学基础的教科书或教材浓缩了特定法领域的基本知识体系，使学生能在较短的期限内获得法律专业化和职业化的必备能力，但事无尽美，教科书也因此抽掉了法原理、原则和规则得以形成的鲜活血液，造成了初学者的疏离感和畏惧感，一定程度上影响了学习的兴趣和理解的深度。如果能够有选择性地适度还原某些法原理原则和规则的生成过程或关键节点、实践形态和社会功用等，那么抽象的理论就被注入了现实的活水，法学的学习就在理论和现实两个场域中及时切换，交相辉映，共同服务于认识、理解、掌握和运用法律的全过程。任何再高大上的理论必须落地于国家和公民的生活中，才会显现出熠熠生辉的生命力，对法学学生而言，就会变成学生的专业能力和适应能力。正因如此，我们结合初窥法学学生的实际，编写了该案例教材系列，以期帮助学生在法学学习道路上早入佳境。

　　奥地利法学家埃里希曾说，法发展的重心不在立法，不在法学，也不在司法判决，而在社会本身。霍姆斯大法官说，法律的生命不在于逻辑而在于经验。作为社会科学王国中极具经世致用属性的法学，理论学习和研究是重要的，目的还是在于实践中的运用。能够了解法律的生成过程、发展演变、规范形成和理论形态是一个法科学生最完整的知识谱系。由于现有的教育体制、教学体系的限制，加之几千年来逐步发展形成的庞大的法学知识体系、只能采取通过系统地讲授法学一般理论来构筑法科学生的知识体系和思维模式，但也因此，实践的时间被大大压缩，要在课堂上或仅仅通过教材掌握连篇累牍的法哲学原理、部门法理论、原则和规范，显然存在巨大难度，特别是对缺乏生活经历和法律鲜活素材的学生而言更是如此。从人的理解规律来看，具体的生活经验是理解的前提，从具象到抽象是思维的普遍规律，尤其对于一般性的法律原则和规则而言。这也可以通过学生对更具有具体生活体验和感知的民法、刑法更感兴趣而反映出来。没有经历就难以感知，或感知不到位，即使移情也需要有近似的经验感知。我国目前法学教育主要以理论教学为主的现状在可预见的时期内很难有大的改变，也不必有大的改变。毕竟，系统的理论学习依然是最主要的，但面对缺乏充分实践锻炼的现实造成理论理解的困难和理论与实践的脱节，为了避免某个法律问题的研究过多地停留在纸面上，流于抽象的推理演说，缺乏实证分析的支持，折中的办法是通过典型案例架起理论与实践的桥梁，编织理解与适用的纽带。尽管还是难以尽美，但由于针对具体理论，必将有助于概念、原理、原则乃至不同规则的准确把握和如何适用的深入理解。理想的目标"虽不能至，然心向往之"。通过案例这种间接经验的感知和有针对性的解析，弥补了教科书具体阐释之不足。

　　基于上述理由，我们围绕教材中的重点内容，有针对性地配备了一些案例，较为详细地解读法学的原理、原则和规则背后及适用中的鲜活样态。透过这些真实的案例，让学生感悟到法律发展的曲折过程，感知社会文明进步过程中许多"小人物"和"大人物"所经历的痛苦和挣扎，所作出的牺牲和贡献。借用鲁迅先生所言："人类的血战前行的历史，正如煤的形成，当时用大量的木材，结果却只是一小块。"①同样，法治的发展也是通过大量的有影响与无影响的案件与事件，最终凝结成为数不多的法的公理、原则和规则。无论是普通公民之间的鸡零狗碎的纠纷，还是惊世骇俗的风云事件及案件，在公法、私法和社会法等不同领域中都曾经掀起波澜。法治之发展历程可谓筚路蓝缕，对于法治后发之中国，尤其如此。通过案例学习，不仅有助于对法原理、原则和规范准确领悟和深入领会，也是表达对法治道路上曾经不屈不挠抗争的志士仁人的敬慕之情。重温案件当事人那曾经被不公正和冤屈裹挟的时光，在不堪回首的追思中，法治进步带来的和平、安逸、秩序和公平等公共福利的感恩油然而生，更能激励起我们对正义和公平的坚守，对法治发展的信心和为之奋斗的坚定毅力和不懈努力。

　　从法律发展的历程上讲，法律是由具体的个案发展成的抽象规则，通过一个个生动、具体和生活化的法律形象，法律在不断进行着自我"进化"，这种演化的成果在带给我们积极东西的同时，也失去了一些鲜活的东西。法律的抽象化、规则化、体系化和职业化，使得法学的教学更加标准化、专业化、系统化和理论化，但也让法学的学习陷于概念的解析、抽象原则和规则的逻辑推理与有序排列的"象牙塔"困局，使学生感觉法律和法学远离自身的生活世界，从而影响对法律和法学的认知和法律人使命的体认。为此，我们试图通过不同法律关系领域的案例，部分还原法律原则或规范的形成过程、关键节点或作用的机理，给框架性和抽象性的法原则及法规则注入鲜活的血肉，使其骨肉丰满，给教材的体系化和理论化为主的内容添加个案性、具体生活场景性的法律生活素材。在这些案件中，上自国家最高权力机关或最高领导人，下至社会底层的普通公民；有富可敌国的名商巨贾，也有穷困潦倒的三教九流，他（她）们都为了一个共同的目标——寻求法律的公断和正义的伸张——走到一起，进行名誉或利益等的博弈。透过案件，让学生感觉到抽象的法律原则和规则的前世今生，感知每一项法律原则和规则背后曾经有多少不堪回首的悲情往事和不屈抗争；感知法律在具体使用过程中面临的价值冲突和艰难选择；感知法律如何驯服曾经不可一世的庞大的国家这一"利维坦"，如何为一文不名的升斗小民伸张正义；感知诸如"正义之剑永不入鞘"等法律的至理名言，在法官、检察官和其他法律职业人士及

---

① 转引自陈静编著：《鲁迅的彷徨与呐喊》，东方出版社 2006 年版，第 178 页。

社会正义感的公民的合力下不断变成生活现实、形成社会共识的过程。

　　著名的案例总是引发许多学者和法律实务界人士的关注和不断诠释，我们选取的案例，也有一些是在学习和借鉴了这些优秀成果的基础上编辑而成。在此，谨向这些学者和专家表达诚挚的谢意！由于水平和时间的限制，书中的错误和疏漏之处在所难免，恳请广大读者批评指正。

陈焱光

2019 年 4 月 8 日

前　言

我国《民法典》首创七编制的立法体例，总则编作为《民法典》第一编，开篇之作，其重要性不言而喻。第一编总则是《民法典》的总纲性规定，明确规定了民法的基本原则；亦表明其为《民法典》之"公因式"，我国《民法典》之公因式或为民事权利或为民事法律行为，无论做何种解释，基于提取公因式的立法技术，必然导致《民法典》总则编之内容抽象、晦涩、难懂。而民法总论教科书向来以解释民法总则为首要任务，因此，学习民法总论对于大多数法科学生而言，势必充满挑战。就教学安排来看，大多数法科生，在大一阶段就需要学习抽象的民法总论，无疑会给众多法学生当头一击，就知识学习"由易及难"的应然逻辑来看，此举并非合理。然若选择遵循《民法典》的立法体例学习民法，民法总论必然会成为学习民法的第一步，因此，对于法学生而言，肯定需要适合自身的民法总论教科书作为学习辅助。

市面上称之为"民法总论"的专著、教科书、译著，不胜枚举，且多质量上乘，体量上多为皇皇巨著，甚至有近千页的大部头。就其类型来看，既有面向教学型的教科书，也有面向科研型的教科书。此外，还有众多案例分析书籍，期望帮助学生更好地理解民法总论所涉的繁杂知识点。而翻阅众多类型的教科书，鲜有将理论阐释与案例分析融于一体的书籍。对于法学生而言，其需要一本理论阐释体量适当，又有丰富的案例介绍与分析的"统合型"入门书籍。

本书既可以作为简明版的民法总论教科书，又可以作为案例丰富、法理阐述详略适当的案例分析书。本书在内容上既有民法总论知识的妥切阐释，又运用诸多案例对所涉知识点作解析、说明，以案说法，帮助学生更好地理解晦涩难懂的民法总论，做到知其然、更知其所以然。在篇幅设计上追求内容与体量的合理平衡，对简易知识简略带过，而对重难点则作重点阐述，案例的选择紧贴知识点的实际需要，因此，体量上较为适当，易于携带，可随时翻阅。在写作结构上，本书以《民法典》（总则编）与《关于适用〈中华人民共和国民法典〉总则编若干问题的解释》（以下简称《民法典总则编司法解释》）为主要规范依据，遵循传统的民法总论教材写作框架与逻辑思路，符合学生的阅读习惯。因此，本书对学生而言，易于理解，体量合适、内容简易适中，可以作为现行民法总论教材的有益补充。

需要特别说明的是，本书在理论阐释上奉行"简明扼要"原则。一方面，以概念阐释为基石。法科生在学习民法总论的时候，常常抱怨民法总论的课堂教学中全是概念的讲授，然概念是民法知识逻辑认识的起点，统一概念，有利于减轻思维负担，降低学术共同体的交流成本，因此，学习基本规则与概念是民法学习的基础。另一方面，尝试搭建清晰明了的民法体系框架，民法总论的知识点必然与物权法、债法、身份法有所联系。为此，本书在介绍民事主体部分时，与人格权编、婚姻家庭编建立联系，而在介绍民事权利与民事法律行为时，与物权编、合同编以及侵权责任编建立联系，前后呼应，"见树又见林"，试图帮助学生建立起总则编与各分则编之间的体系关联。

　　本书在案例选择上奉行"相关性"，案例的选择多以与知识点有紧密相关性为标准，因此，有些经典案例的判定出现在《民法典》之前，有些案例的判定则在《民法典》出台之后。就民法学习而言，案例重在引导学生加深对理论的认识与理解，加之我国《民法典》的编纂并非是推倒重来式的立法，民事立法具有连续性、一贯性，因此只是需要对案例中所涉及的法律条文做一定的技术性处理即可。经典案例的分析还可以帮助学生更好地理解民事法制的发展演变，理解民法法理的稳定性与科学性。

　　鉴于本书是简明式的民法总论理论与案例分析书，相关知识点的拓展阐释并非详细，对此，读者可以本书的知识点作为学习指引，若对相关知识点有进一步拓展学习的愿望，可详细阅读本书所列举的诸多专业性"大部头"著作，阅读本书可为民法高阶学习奠定基础；对于案例分析，千人千智，读者并非一定要以本书的简明式分析为准，鼓励读者尝试从其他角度进行分析。因此，本书的案例事实介绍部分比较详尽，为读者的自我分析提供了便利与可能。

　　民法博大精深，若深入探讨任何一个部分，皆有无数的学说理论与实务见解，通过本书的编写，留下笔者关于民法总论教与学的点滴思考。当然，本书的编写完成离不开学界前辈诸多质量上乘的民法总论教科书与案例分析书籍，在此表示感谢。因笔者浅学，本书仍有诸多不足，恳请读者批评指正。

蔡大顺

2023 年 12 月 12 日

法律、司法解释缩略语表

缩略语名称	全称	效力状况
民法典	中华人民共和国民法典	施行中
民法通则	中华人民共和国民法通则	已废止
合同法	中华人民共和国合同法	已废止
物权法	中华人民共和国物权法	已废止
侵权责任法	中华人民共和国侵权责任法	已废止
公司法	中华人民共和国公司法	施行中
证券法	中华人民共和国证券法	施行中
保险法	中华人民共和国保险法	施行中
土地管理法	中华人民共和国土地管理法	施行中
消费者权益保护法	中华人民共和国消费者权益保护法	施行中
劳动合同法	中华人民共和国劳动合同法	施行中
产品质量法	中华人民共和国产品质量法	施行中
婚姻法	中华人民共和国婚姻法	已废止
继承法	中华人民共和国继承法	已废止
精神损害赔偿司法解释	最高人民法院关于确定民事侵权精神损害赔偿责任若干问题的解释	施行中
商品房买卖司法解释	最高人民法院关于审理商品房买卖合同纠纷案件适用法律若干问题的解释	施行中
建设工程合同司法解释（一）	最高人民法院关于审理建设工程施工合同纠纷案件适用法律问题的解释（一）	施行中
合同法司法解释（一）	最高人民法院关于适用《中华人民共和国合同法》若干问题的解释（一）	已废止

缩略语名称	全　　称	效力状况
合同法司法解释(二)	最高人民法院关于适用《中华人民共和国合同法》若干问题的解释(二)	已废止
民法典总则编司法解释	最高人民法院关于适用《中华人民共和国民法典》总则编若干问题的解释	施行中
民法典合同编通则司法解释	最高人民法院关于适用《中华人民共和国民法典》合同编通则若干问题的解释	施行中
民通意见	最高人民法院关于贯彻执行《中华人民共和国民法通则》若干问题的意见(试行)	已废止

目　　录

第一章 绪 论

第一节 民法的概念

一、民法的学理界定与辞源

（一）调整对象定义法①

民法是调整平等主体的自然人、法人、非法人组织之间的财产关系和人身关系的法律法规的总称。调整对象定义法为我国部门法主流的定义方法，此定义鲜明指出民法只调整横向、平等的人身关系与财产关系。

（二）综合定义法②

民法即市民法，是市民社会的法律表现，是运用事前提供行为模式，事后进行同质救济的方法调整平等主体的市民社会成员之间的财产关系和人身关系的法律部门。

（三）民法的辞源

我国民法制度移植继受于法国、德国等欧陆国家的"市民法"，"民法"一词移植继受于日本(术语源自日本)，中华人民共和国成立后学习借鉴对象为苏联，现在则是倡导构建中国特色的民法体系。通常认为最早使用"民法"一词的是《申报》，1887 年 7 月 4 日《申报》刊载《风雨送行图记》描述了日本明治维新的情况，其中提道，"由官司省撰民法刑法二书，专以法兰西律"。③ 也有学者提出早在《尚书·孔传》中就有"民法"一词的记载："咎单，臣名，主土地之官，作《明居民法》一篇，亡。"

二、我国民法的调整对象

1986 年《民法通则(已失效)》第 2 条规定："中华人民共和国民法调整平等主体的公

---

① 《民法学》编写组：《民法学(第二版)》(上册)，高等教育出版社 2022 年版，第 29 页。
② 彭万林主编：《民法学》，中国政法大学出版社 1994 年版，第 10 页。
③ 韩大元：《宪法与民法关系在中国的演变———一种学说史的梳理》，载《清华法学》2016 年第 6 期。

1

民之间、法人之间、公民和法人之间的财产关系和人身关系。"上述规定渊源于苏维埃社会主义民法："调整一定范围的财产关系和与此相联系的人身非财产关系。其中财产关系包括社会主义组织之间、社会主义组织与公民之间以及公民之间的财产关系。"

我国《民法典》第 2 条规定："民法调整平等主体的自然人、法人和非法人组织之间的人身关系和财产关系。"该条对民法概念进行了简化处理,与《民法通则》的规定相比,该条将平等主体的"公民"改为"自然人",且调整了"人身关系""财产关系"的表述顺序,体现了民法以人为本以及人作为主体地位的立法理念。

民事主体是民事关系的参与者、民事权利的享有者、民事义务的履行者和民事责任的承担者,包括自然人、法人和非法人组织三类。自然人、法人、非法人组织之间的社会关系多种多样,并非所有社会关系都由民法调整。民法仅调整它们之间的民事关系,即作为平等主体的自然人、法人、非法人组织之间发生的社会关系。如行政机关在从事行政管理活动时,会与自然人或法人形成行政法律关系,在这种行政法律关系中双方的地位是不平等的,不由民法调整。当行政机关从事民事活动,如因购买商品而与公司签订买卖合同,民法要求其必须以机关法人的身份进行,此时机关法人与其他民事主体之间的法律地位是平等的,这种买卖合同关系就由民法调整。

民法所调整的民事关系根据权利义务所涉及的内容不同可以分为两大类,即民事主体之间的财产关系和人身关系。人身关系是指民事主体之间基于人格和身份形成的无直接物质利益因素的民事法律关系。人身关系有的与民事主体的人格利益相关,有的与民事主体的特定身份相关,如配偶之间的婚姻关系,父母子女之间的抚养和赡养关系。财产关系是指民事主体之间基于物质利益而形成的民事法律关系,财产关系包括静态的财产支配关系如所有权关系和动态的财产流转关系如债权债务关系。在财产法律关系中,权利人所享有的财产权利,通常是可以被权利人依其意志转让的。而在人身法律关系中,权利人所享有的人格权或身份权,与权利主体的人身密不可分,权利人一般不能将其转让给他人。

三、民法的私法属性

(一)公法与私法的区分

古代罗马法明确区分公法与私法。法学家乌尔比安认为,(法学)这一研究的对象有两个,即公法和私法。公法是有关罗马国家稳定的法,私法是涉及个人利益的法。① 事实上,它们有的造福于公共利益,有的则造福于私人利益。

(二)当代公法与私法的区分标准

关于公法与私法的区分标准主要包括以下几种学说②:(1)利益说,依据保护的利益是公共利益还是私人利益进行区分;(2)隶属说,依据调整对象是隶属关系还是平等关系

---

① [德]彼德罗·彭梵得著:《罗马法教科书》,黄风译,中国政法大学出版社 1992 年版,第 9 页。
② 王泽鉴著:《民法总则》,北京大学出版社 2022 年版,第 13 页。

进行区分；（3）主体说，依据法律关系主体为公权力主体还是私主体进行区分。总的来说，在判定是否属于私法时，可进行综合判断，判断的核心要素为"公权力"是否行使。

（三）确认民法之私法属性的意义

在私法领域，法无禁止即可为；在公法领域，法无授权不可为。公法是决策受约束的法；私法是决策自由的法，个人利益受保护的法律，即私法自治。在私法领域内，法不指令当事人作出积极行为，只是通过禁止性规则划定行为界限，实际如何行为，取决于行为人的自由意志。

四、形式民法与实质民法

（一）形式民法

形式民法是指以"民法"或"民法典"为名称的立法文件，是体系化与系统化的产物，又被称为狭义民法，其将基本民事法律规范按照一定法理体系编纂成文，在民法体系中往往居于核心的地位。私法系统化、法典化是大陆法系特有的现象，以 1804 年《法国民法典》和 1900 年《德国民法典》为典型。这两部民法典奠定了继承罗马法的大陆法系的两大支流德国法系和法国法系的基础，对于后世其他国家的民事立法具有重大影响。我国于2021 年 1 月 1 日正式实施的《中华人民共和国民法典》是我国的"形式民法"。

民法典的产生是欧洲大陆极度推崇理性主义的结果，不少理性主义的哲学家和法学家都认为民法典是民法的唯一渊源，甚至认为民法典等于民法；但是，随着极端理性主义的破灭，人们发现人的理性是有尽头的，至少对于当世之人不能立来世之法。

英美法系国家没有民法典，而是以判例法、特别立法、法律重述为主。

（二）实质民法

实质民法是指调整私法关系的全部法律规范，是广义民法，包括民法典、民事特别法以及其他部门法中调整平等主体人身关系与财产关系的民事类法律规范，如《消费者权利保护法》《土地管理法》《产品质量法》中的民事类法律规范，此时，实质民法亦属于讨论民法的法源范畴。

五、民商关系："分立"与"合一"

民商分立是指在《民法典》外，另行订立《商法典》，对商人或商行为适用特别规范。法国、德国、日本等国实行民商分立。民商合一是指一切私人，无论其是否为商人，统一适用《民法典》。民法是适用于一切普通人的法律，没有身份的烙印。瑞士开民商合一的先河，意大利也采民商合一的立法体例。

在民商关系上，德国学者里赛尔（Riesser）和施密特（Schmidt）作如下界定："商法在交易错综的里程上，常作为民法之向导，且为勇敢之开路先锋。亦即成为民法吸取新鲜思想而借以返老还童之源泉。""民商两法之关系，譬之冰河，在其下流之积雪虽渐次消融，而与一般沉淀物混合，但其上流却渐次形成新的积雪。"①我国在民国时期订立《民法典》时对该问题进行过论证与选择，《"民商划一"提案审查报告书》从历史关系、社会之进步、世界交通、各国立法趋势、人民平等、编订标准、编订体例以及民法与商法的关系八个方面阐述，指出应采民商合一的立法体例。

我国的民事法律制度建设一直秉持"民商合一"的传统，因而把许多商事法律规范纳入民法之中。在《民法典》之外制定一系列的商事单行法，如公司法、证券法、保险法，但未制定商法典。民法的抽象性与一般性使得《民法典》可以作为商法的基础性规范。《民法典》的"商法"品格则具体体现在以下几个方面：民事主体部分的营利法人、民事法律行为部分的决议行为、物权部分的动产担保物权以及合同部分的商事合同。

六、案(事)例述评：公安局的悬赏广告是否为民法的调整对象

1. 案件事实与法律判决

2003 年《最高人民法院公报》第 1 期刊登了《鲁某庚诉东港市公安局悬赏广告纠纷案》。1999 年 12 月 12 日，东港市大东管理区永安街发生一起特大持枪杀人案，被害人家属同意并拿出 50 万元赏金给某市公安局，某市公安局于次日发布了悬赏广告。鲁某庚于同年 12 月 19 日向某市公安局提供了线索并指认了部分涉案人员照片，公安机关根据鲁某庚提供的线索得出该线索确与"12·12"特大持枪杀人案有关的结论，并按照悬赏广告第二条奖励鲁某庚 10 万元人民币。鲁某庚以某市公安局未向其给付被害人家属奖励的 50 万元为由诉至法院，请求判令被告给付悬赏奖金 50 万元人民币，赔偿精神损失费 5 万元人民币，承担案件的诉讼费用。

法院认为，发布悬赏广告是一种民事法律行为，即广告人以广告的方式发布声明，承诺对任何按照声明的条件完成指定事项的人给予约定的报酬。任何人按照广告公布的条件，完成了广告所指定的行为，即对广告人享有报酬请求权。发出悬赏广告的人，则应该按照所发布广告的约定，向完成广告指定行为的人支付承诺的报酬。本案中东港市公安局通过东港市电视台发布广告中的部分内容，属于悬赏广告。广告虽然是以东港市公安局的名义发布的，但由于悬赏给付的报酬，是由被害人家属提供的，广告中的悬赏行为，实际上是受被害人家属委托的行为。被害人家属的本意是以 50 万元人民币直接奖励能够提供破案线索的举报人，希望能够有助于公安机关迅速破案。被害人家属并没有表示可以区别举报人提供线索的不同情形，给予举报人不同数额的奖励；也没有表示可以将该报酬用于办案或奖励办案人员。东港市公安局在悬赏广告中规定了其他悬赏情形，并没有得到被害人家属的授权或者委托。鲁某庚按悬赏广告的要求，向东港市公安局提供了其知道的重要线索，致使公安机关根据该线索及时破获了"12·12"特大持枪杀人案，即完成了悬赏广告所指定的行为。据此，鲁某庚就获得了取得被害人家属支付悬赏报酬的权利。被害人家属对鲁某庚按悬赏广告要求所完成提供线索的行为未提出异议，并且已将用于奖励的 50

---

① 参见郑玉波著：《民法总则》(修订第 12 版)，黄宗乐、杨宏晖修订，台湾三民书局 2021 年版，第 34 页。

万元人民币交给东港市公安局，且在案件破获后亦同意将该奖励给提供线索的举报人，东港市公安局应该按照被害人家属的委托和以其名义向社会发布的悬赏广告，及时履行义务，向鲁某庚全额给付50万元人民币的报酬。侦破刑事案件是公安机关的法定职责。公安机关在侦破刑事案件的过程中，应当保护和提倡公民举报和揭露犯罪的行为，积极地鼓励公民见义勇为，同违法行为做斗争的精神。东港市公安局以鲁某庚所提供的线索不符合悬赏广告所规定的条件为由，拒绝将被害人家属用于奖励的50万元全部给付鲁某庚，并将其予以占有，超出了被害人家属的委托权限，也不符合其在悬赏广告中的承诺，没有任何法律依据。鲁某庚对其主张权利，应予支持。

2. 案例评析

在司法实践中，对公安局发布的悬赏广告是否属于民法的调整范畴，一直存有争议。公安局（行政机关）发布的悬赏广告多属于刑事悬赏广告，是指行政、司法等机关为惩治犯罪、抓捕罪犯或犯罪嫌疑人，而在一定范围内公开发布的，对符合法律规定的条件的，向行政、司法机关提供线索，举报、控告、扭送、协助抓捕犯罪嫌疑人或罪犯的人，或向为司法机关打击犯罪提供其他帮助的人，给予一定的报酬或待遇的悬赏广告。王泽鉴教授在其《债法原理》关于悬赏广告之章节中提及，广告人得为自然人或法人，法人除私法人外，尚包括公法人（如警察机关悬赏追捕罪犯）[①]，因此评价其见解为私法契约说。刑事悬赏广告是司法机关为了实现其司法职责所做的，其法律性质是一种职责性单独行为，行政机关悬赏检举不法行为后，私人因其检举行为而与行政机关成立之契约，因该契约系为发现并追诉不法行为，显见其所追求者为公益目的（契约目的理论），并因此得认为该契约之内容系行政机关为直接履行其公法上任务而订（行政任务理论），故应认为系争契约为公法契约；民商事悬赏广告是指平等主体的自然人、法人或其他组织之间基于特定民商事标的而产生的悬赏广告，如日常生活中常见的悬赏寻物启事、悬赏寻人启事，其法律性质依据《民法典》第499条的规定属于契约。

从法理上角度来看，若同一行为满足了民事悬赏与刑事悬赏所规定要件，法律也并未排除二者同时存在，毫无疑问提供线索人享有自主选择的权利。进一步而言，后者虽然其系"公法性质之悬赏广告契约"，但既本质上系悬赏广告契约，自得类推适用民法关于"私法性质之悬赏广告契约"之规定。

第二节 民法简史

一、欧陆民法简史（法典编纂）

（一）罗马法时期

面对杂乱的罗马法律，东罗马帝国的皇帝优士丁尼（Iustiniaus）在6世纪进行了一次法律汇编活动；其中，《优士丁尼法典》包括历代罗马皇帝颁布的敕令，《法学阶梯》在盖尤

---

① 王泽鉴著：《民法总则》，北京大学出版社2022年版，第194页。

斯的同名专著基础上改编而成，最初是一本教材，共 4 卷，98 题，包括人、物、诉讼三个部分，《学说汇纂》(Pandekten) 由 50 卷(编)组成，各卷(编)分为若干章，冠以标题，大约有 430 个标题，每章分录各法学家的学说和评论，总共精选摘录 39 位法学家的言论片段 9142 条。优士丁尼去世之后，法学家们又汇集了公元 535 年至 565 年优士丁尼在位时所颁布的 168 条敕令，称为《新律》。这 4 部法典一起被称为《民法大全》(Corpus Iuris Civil)。

(二)11 世纪开始的罗马法复兴

欧洲中世纪中后期，发生了三次重要的思想解放运动，即罗马法复兴(Revival of Roman Law)、文艺复兴(Renaissance)和宗教改革(Reformation)，又称"3R 运动"。注释法学、评论法学、自然法学等均以罗马法为研究对象，此时，罗马法以习惯法的方式现实地发挥作用。这场运动的结果是使得罗马法成为欧陆国家的"普通法"，成为民法法系的历史起源。

(三)《法国民法典》(1804 年)

《法国民法典》是欧洲大陆资产阶级革命的产物，拿破仑曾说："我的光荣并不在于赢得了 40 场战役，因为滑铁卢一役就使得这些胜利黯然失色。但是我的民法典却不会被遗忘，它将永世长存。"《法国民法典》采用《法学阶梯》立法体例，分三编：人、所有权及对所有权的各种变更、取得所有权的各种方式。《法国民法典》实行民商分立，以法国大革命为背景，倡导自由、平等，确立所有权神圣、契约自由与过失责任三大原则，对 19 世纪各国立法产生了决定性影响。作为法学阶梯式民法体系的《法国民法典》具有通俗易懂、精练、文字优美的特点。

当然，对于《法国民法典》语言通俗亦有另一种解读，我国台湾地区法学家苏永钦曾指出："但凡自然反映生活的语言，必然不够精确，精确的语言又必然不自然。管制规范以引导、改变人民的行为为目的，预设的读者应该就是人民，则基于合目的性的考量，宁可牺牲精确，容忍多义和含混性，而以通俗易懂为尚，语言越自然越好。民法典若是以法官为主要规范对象(主要在谕知'如何裁判'而非'如何行为')，人数有限，且为法律专业，本来就要投入一定教育成本，则在概念选择乃至句型的使用上，宁可牺牲自然，必要时多创新以臻精确，反而容易达到适用的一致，符合此类规范的目的。"①

(四)《德国民法典》(1900 年生效)

《德国民法典》采学说汇纂(德文 Pandekten，音译"潘德克吞/顿")体例，创造"总-分"立法体例。《德国民法典》采五编制结构，分设总则、债、物权、亲属、继承。该民法典不具有《法国民法典》的优雅特性，而是具有体系学与教义学的特性，其重视概念、体系逻辑，遵从由一般到特殊的原则，重视法律规则的逻辑性和体系化，有利于保障司法裁判的统一和公正，但令初学者感到学习困难。《德国民法典》对我国民国时期的民法产生

---

① 苏永钦著：《民事立法与公私法的接轨》，北京大学出版社 2005 年版，第 21 页。

了决定性影响，从而也深刻地影响了我国现今的民法体系。①《德国民法典》实行民商分立。

（五）《瑞士民法典》（1912年生效）

《瑞士民法典》首采民商合一的立法体例，但需要注意的是《债务法典》在《民法典》之外。

（六）《意大利民法典》（1942年）

意大利1965年旧民法典实行民商分立，新法典采民商合一的立法体例。《意大利民法典》兼采法、德民法典之长。

（七）荷兰新民法典

荷兰新民法典是西方国家最新的民法典，在体例上独具特色，如创设了"财产法通则"。

二、中国民法简史

（一）《大清民律草案》

《大清民律草案》（民法一草）是中国近代史上第一次民法编纂，而民律一草未及施行，清帝旋即退位。1926年北洋政府编纂完成《中华民国民律（草案）》（民律二草），未正式颁布实施。

（二）《中华民国民法典》

1929—1931年颁布的《中华民国民法典》，我国台湾地区仍在使用。

（三）中华人民共和国民法（新中国民法）

1956年12月新中国第一部民法典征求意见稿形成，受"反右"运动影响，第一次民法典的起草工作就此搁置。第二次编纂工作于1964年完成民法草案试拟稿，受"文化大革命"的影响，民法典起草工作再次中断。1982年受民法、经济法之争的影响，采"改批发为零售式"思路，即成熟一部、制定一部的办法，于1986年通过《民法通则》及其后化整为零，第三次民法典的编纂工作亦被搁置。2002年全国人大常委会审议了《中华人民共和国民法草案》，但由于民法典所涉内容繁杂，一次性制定民法典的条件尚不成熟，第四次民法典编纂工作再次被搁置。2014年第五次启动民法典编纂工作，实行民法典编纂工作两步走策略，《民法典》最终于2020年5月28日予以通过。

---

① 详细解读，见何勤华、周小凡：《我国民法典编纂与德国法律文明的借鉴——中国继受1900〈德国民法典〉120年考略》，载《法学》2020年第5期。

第三节　民法的渊源

一、含义

法源是法律渊源的简称，所谓法律渊源是指法律规范的表现形式，是对案件作出裁判的根据。对此，郑玉波先生说道："民法乃吾人日常生活上，行为之准则，以不特定之一般人民为规律对象，易言之，民法属于'行为规范'，惟对于此种规范，如不遵守，而个人相互间惹起纷争时，当然得向法院诉请裁判，此时法院即应以民法为其裁判之准绳，于是民法亦为法官之'裁判规范'。"①一般而言，民法的法源主要表现为国家机关根据其权限范围所制定的各种规范性文件。也正因如此，合同、章程等并不是法源。

民法渊源具有多元化的属性，突出体现为学理在许多国家的渊源地位，典型立法例为《瑞士民法典》第1条。之所以民法渊源具有多元化，盖因社会生活的复杂化与法律的封闭性的矛盾，加之法官不得拒绝裁判，《法国民法典》第4条规定，法官借口法律无规定、规定不明确或不完备而拒绝审判者，得以拒绝审判罪追诉之。凡此种种原因，民法渊源则必须多元化。

二、制定法（法律）

在成文法国家，制定法（法律）是首先被考虑的法源。根据我国《立法法》第2条规定："法律、行政法规、地方性法规、自治条例和单行条例的制定、修改和废止，适用本法。国务院部门规章和地方政府规章的制定、修改和废止，依照本法的有关规定执行。"依据此条，并结合其他相应规定，"法律"主要是指由全国人大及其常委会规定的"法律"。目前民事领域主要的法律即《民法典》。《民法典》为民事裁判依据的一般法，在无特别法规定时，法官对于民事案件应依据《民法典》之规定，予以审判。除此之外，民法还包括各民事单行法，此类特别法系针对特别民事事项予以规定，如《著作权法》《专利法》等知识产权法以及《公司法》《保险法》等商事特别法。再者，其他单行民事法及其他法律规范中的民事部分也属于民法的法源。如《土地管理法》《消费者权益保护法》《劳动合同法》《产品质量法》等法律中的民事规范。因此，民法渊源的法律范围即广义民法的范畴。

实践中较有争议的是宪法是否可以作为民法法源的法律？《立法法》第98条规定："宪法具有最高的法律效力，一切法律、行政法规、地方性法规、自治条例和单行条例、规章都不得同宪法相抵触。"由此可看出，宪法并非前文所称"法律"。司法实践中，就宪法能否直接作为裁判依据的问题，学界仍存有争议。最高人民法院法释〔2001〕25号曾批复："陈晓琪等以侵犯姓名权的手段，侵犯了齐玉苓依据宪法（第46条第1款）规定所享有的受教育的基本权利，并造成了具体的损害后果，应承担相应的民事责任。"但这一法释被法释〔2008〕15号决定废止。目前的学理通说认为，宪法规范一般应间接适用于民事领域，如通过公序良俗原则、合宪性解释等方式来适用于民事领域。

---

① 郑玉波著：《民法总则》，中国政法大学出版社2003年版，第15页。

三、行政法规

有关民事活动的行政法规是行政机构依法律授权所颁布的民事活动的规范性文件，例如《著作权法实施条例》《企业名称登记管理规定》《中华人民共和国市场主体登记管理条例》等。行政法规颁布的主体不是立法机构，而是由立法机构授权制定规范性文件的行政机构，即国务院。

依据 2009 年《最高人民法院关于裁判文书引用法律、法规等规范性法律文件的规定》（法释〔2009〕14 号）第 4 条，民事裁判文书对于应当适用的行政法规、地方性法规或者自治条例和单行条例，可以直接引用。而对行政机构的部门规章等行政规范性文件，依据第 6 条的规定，根据审理案件的需要，经审查认定为合法有效的，可以作为裁判说理的依据。

四、法律解释与司法解释

所谓的法律解释是指由全国人大常委会依法定程序对法律作出的解释，即所谓的"立法解释"。《立法法》第 48 条第 2 款规定，在"法律的规定需要进一步明确具体含义的"以及"法律制定后出现新的情况，需要明确适用法律依据的"这两种情况中需要作出法律解释。因此该"法律解释"与"法律"具有同等效力。

所谓司法解释是指国家最高司法机关在适用法律过程中对具体应用法律问题所作的解释，包括审判解释和检察解释两种。最高人民法院是我国的最高审判机关，依法享有监督地方各级人民法院和各专门人民法院的审判工作的职权。我国《宪法》虽没有授予最高人民法院立法权，但《立法法》规定了最高人民法院和最高人民检察院的司法解释权，正式将司法解释纳入了《立法法》的规制范围，故司法解释事实上已经成为法律渊源。在民法总论的学习中，有关的司法解释主要是《最高人民法院关于适用〈中华人民共和国民法典〉总则编若干问题的解释》（法释〔2022〕6 号）以及《最高人民法院关于适用〈中华人民共和国民法典〉合同编通则若干问题的解释》（法释〔2023〕13 号）。

五、习惯(法)

由纷繁复杂的司法实践可知，无论制定法如何完备，仍然有法律未作明确规定的问题，此时，法官在处理民事纠纷时，便可依习惯法作出裁判。很多大陆法系国家或地区有类似的规定。例如《瑞士民法典》第 1 条第 2 款规定："如本法无相应规定时，法官应依据惯例；如无惯例时，依据自己作为立法人所提出的规则裁判。"再如我国台湾地区"民法"第 1 条规定："民事，法律所未规定者，依习惯；无习惯者，依法理。"

我国《民法典》第 10 条规定，处理民事纠纷，应当依照法律；法律没有规定的，可以适用习惯，但是不得违背公序良俗。所谓的习惯法，是指非由立法者制定，而是通过法律共同体成员而非个人化习惯的长期实践，知悉生活和交易习惯，并且对其已经形成法律效力之信念的法律。一般而言，习惯法须具备三个要素：长期稳定的习惯、被普遍奉行以及法的确信。

依据《最高人民法院关于适用〈中华人民共和国民法典〉总则编若干问题的解释》

(以下简称《民法典总则编司法解释》)第 2 条的规定，在一定地域、行业范围内长期为一般人从事民事活动时普遍遵守的民间习俗、惯常做法等，可以被认定为《民法典》第 10 条规定的习惯。当事人主张适用习惯的，应当就习惯及其具体内容提供相应证据；必要时，人民法院可以依职权查明。适用习惯，不得违背社会主义核心价值观，不得违背公序良俗。

因此，当发生纠纷时，如果没有相应的民事法律进行调整，能作为审案依据的"习惯"必须是当地多年实施且为当地多数人所遵从和认可的习惯，这种习惯已经具有"习惯法"的作用，在当地具有类似于法律一样的约束力。同时，这种习惯以不违背社会公共利益和善良风俗为限。因此，实践中，当邻里因为不动产产生纠纷，在适用何种习惯作为审案的依据问题上，法官具有自由裁量权。

在整个民法体系中，处理相邻关系大多需要以习惯作为依据。相邻关系的种类繁多且内容丰富，而物权法对相邻关系的规定比较原则和抽象，因此更需要以习惯作为标准来判决基于相邻关系而产生的纠纷的是与非。例如，果树的枝蔓越界在邻里之间是常有的事，但越界枝蔓上的果实自落于邻地上，该果实的所有权到底归谁所有，物权法没有作出明确规定。很多国家或地区的民法规定了"邻地人的果实取得权"，例如德国、法国、意大利和我国台湾地区"民法"规定，果实自落于邻地的，视为属于邻地的权利人所有。但邻地为公用地的除外。在我国民间，因果实自落于邻地后的归属问题，可能会产生大量纠纷。鉴于物权法和其他法律对此没有明确作出规定，法官在审理此类案件，只能以当地习惯作为判断的标准。如果当地习惯允许果树的所有人取回果实，则法院应当支持果树所有人的主张。从世界各国的通例来看，果实自落于邻地的，应当属于邻地人所有。这应当是绝大多数地方的习惯，因为成文法也多是从习惯法演变而来的。

总而言之，民法规范，虽然可能以制定法的形式表现，但不宜视之为立法者专断意志的产物，毋宁说，它只是立法者对于民众交易习惯的概括，因而是被"发现"而非被"创造"的。故民事制定法与习惯法的区别仅仅在于，是否为立法机关以文字的方式所明确表述，但考虑到制定法的效力高于习惯法且制定法的确定性高于后者，因此制定法更符合法律安全的需求。加之我国具有强烈的制定法偏好倾向，习惯法的渊源地位不容易获得认可，习惯法已愈发变少，呈现"空洞化"。而且，当事人诉称的习惯法，其是否能作为裁判依据，还需经过法官的审查，因此，有学者认为，习惯法已经呈现出极强的法官法色彩。

六、法律行为

法律行为对于当事人具有约束力，若由此发生纠纷诉诸法院，法官也会尊重当事人意志，以此为据作出相应裁判。这意味着，法律行为同样也约束法官。从这个角度来看，法律行为应当属于民法法源，学界称之为"个别规范"。

但是，德国通说认为，法律行为并不构成民法法源。其理由在于，法律行为并不是法律规范，规范具有一般性和抽象性的特点，但是契约之约束双方当事人，仅在特定个案中有效，不具有反复适用的性质。学界多数观点也倾向于法律行为并不构成民法法源。

七、其他非正式法源

（一）判例

法院就具体案件所作出的判断，对外发生一定效力的，称之为裁判。而法院可以援引作为审理同类案件依据的判决则是判例。在英美等属于普通法法系的国家或地区，判例为最重要的法源，具有一定程度的拘束力。在我国，判例并非正式法源，但是近年来，判例在我国也开始对司法活动产生影响，如最高人民法院会公布指导性案例供其他法院参考。我国《最高人民法院关于案例指导工作的规定》第 7 条规定，各级人民法院在审判类似案件时应当参照最高人民法院发布的指导性案例。

（二）学理（法理）

所谓学理是指学者关于成文法的解释、习惯法的认知、法理的探求等所表示的见解。在制定法律时，权威著作的见解常被接受而订立于法典条款，成为成文法约束人们的规范。学理虽不属于法源，不具法律上拘束力，但对于法律的发展及法院审判也具有重要意义。学理在我国台湾地区、瑞士具有直接的法律渊源地位，如"同等事，同等对待原理"衍生的举轻以明重、举重以明轻的规则，被称为裁决案件的依据。学理具有填补法律漏洞、实现法之续造、监督法律的功能。

八、案（事）例述评：吕某刚与扎某多吉建设工程施工合同案①

（一）案件事实与法院判决

2018 年 2 月 7 日，原告吕某刚与被告扎某多吉签订一份《合同书》，约定由原告以承揽人的方式承包被告一栋框架结构的私人住房的修建，按照每平方米 400 元，以实际测量面积为准计算劳务费。修建房屋的材料由被告负责提供。完工后，原告对于建筑工程中"女儿墙"和"藏式垛垛"是否为附加工程颇有争议，因为这牵扯到工程量清算问题，如果是附加工程就需要单独计算劳务费。但是对于"女儿墙"和"藏式垛垛"是否为附加工程，合同中并没有具体约定，并且又无相关国家标准，是否能对该部分单独请求费用给付，存在争议。

法院认为，原、被告双方在不违反法律规定下签订的《合同书》，是其真实意思表示，并具有法律约束力，双方形成合同关系。本案原立案案由为建设工程施工合同纠纷，但由于原告没有相应的建房资质，所以该案由应定为承揽合同纠纷。原、被告之间的承揽合同关系依法成立，原、被告双方都负有履行合同的义务，双方当事人应当按照约定全面履行自己的义务，违反合同约定的当事人一方，应当按照合同和法律规定向另一方承担违约责任。经法院测量，新建房屋实际测量面积为 685.906 平方米，

---

① 参见吕某刚与扎某多吉建设工程施工合同案，〔2018〕川 3329 民初 12 号，【法宝引证码】CLI. C. 73400271。

按照合同约定，每平方米按 400 元计算，工程款共计 274362.40 元，对除去已支付款项 179700 元，被告还需向原告支付 94662.40 元。对原告诉求中所称"女儿墙"和"藏式坨坨"属于附加工程，需要单独计算劳务费 176000 元的诉求，本院不予以认定。由于"女儿墙"和"藏式坨坨"根据当地风俗习惯被认定不属于附加工程而是房屋必不可少的主体结构，所以不单独计算劳务费。

（二）案例评析

在司法实践中，法官通常适用民事习惯来增强裁判文书的说理论证，使得裁判结果更具有说服力，容易被人们接受。近年来，随着裁判文书写作改革的不断深入和发展，最高人民法院也出台了相关指导意见，尤其是对于裁判说理部分提出了明确的要求，即在阐明事理、释明法理的基础上，还要做到文理通顺和蕴含情理。作为判决书中最重要的一部分，裁判说理的优秀与否直接关系到裁判结果的说服力大小、当事人的切身利益大小和司法公信力的高低。根据现实情况来看，一份说理不充分的文书往往会使败诉者难以接受，也会让胜诉者感到不踏实，只有条理清楚、说理充分的文书才会让双方当事人信服。①

第四节　民法基本原则

一、民法基本原则的概念

民法基本原则是指民事立法、民事司法与民事活动的基本准则。它是指导民事立法、民事司法和民事活动的基本准则，是贯穿于各种民事法律制度的基本准则，是民法调整的社会关系与民法观念的综合反映。

二、民法基本原则的功能

民法基本原则的功能，包括确定法规范的基本理念；指导具体规范的制定；填补法律漏洞，在适用时需注意避免"向一般条款逃逸"。《法国民法典》第 5 条规定，禁止法官对其审理的案件以一般规则性笼统条款进行判决。基本原则性质上属于概括性条款，此类条款在学理上具有以下重要功能：

（1）授权功能。概括条款给司法者留下造法空间，法官能更加主动地参与法律适用，借助法之续造，实践个案正义。

（2）弹性功能。法官可借助适用概括条款，灵活运用法律，适应社会发展，并可引入社会理念，保持法的先进性与科学性。

（3）转介功能。借助适用概括条款，与私法之外的规范体系建立联系，可以使社会价值观念经由此类条款进入私法之内，构成多元化的社会价值理念。

---

① 参见李帆：《民事习惯的司法适用问题研究》，北方民族大学 2021 年硕士学位论文，第 35 页。

三、我国《民法典》总则编中的具体原则

(一)意思自治原则

1. 概念

意思自治原则又称自愿原则或私法自治原则。这是民法最基本的原则,由民法的私法属性所决定,是个人依其意志自主形成法律关系。该原则体现了民法所贯彻的自由主义与个人主义的基本观念。个人可以通过自由决定自主安排其私人生活,而无须国家协助和监护。意思自治在现行法的依据是《民法典》第5条规定:"民事主体从事民事活动,应当遵循自愿原则,按照自己的意思设立、变更、终止民事法律关系。"

2. 基本内容

(1)民事主体根据自己的意愿行使民事权利;

(2)民事主体之间自愿协商设立、变更或者终止民事法律关系;

(3)当事人的意愿优于任意性规范,即"约定大于法定",也就是《民法典》中多次出现"当事人另有约定的除外",需要注意的是自愿原则在现代社会中也受到了限制,如缔约自由中的强制缔约问题以及格式条款问题。

(二)身份平等原则

1. 概念

身份平等原则是指民事主体在法律地位上是平等的,其合法权益应当受到法律平等保护。《民法典》第4条规定:"民事主体在民事活动中的法律地位一律平等。"

2. 基本内容

(1)人格的平等主体,主要是指自然人的民事权利能力一律平等。

(2)对各类民事主体平等对待,针对不同民事主体的具体情况区别对待。《民法典》第128条规定:"法律对未成年人、老年人、残疾人、妇女、消费者等的民事权利保护有特别规定的,依照其规定。"

(3)对民事主体进行平等的法律救济。在当事人的民事权利受到侵害时,法律应给予所有民事主体一体保护,不得因行政权力和经济实力的差异而有所不同,也不应当以所有制成分为区别对待的标准。但也存在有争议问题,如农村、城镇居民死亡赔偿统一的问题。最高人民法院发布《关于统一人身损害赔偿案件中城镇居民和农村居民赔偿标准的建议及答复》《关于授权开展人身损害赔偿标准城乡统一试点的通知》对这一问题作了明确规定。

自2022年5月1日起,新修订的《最高人民法院关于审理人身损害赔偿案件适用法律若干问题的解释》施行。根据该司法解释,在人身损害赔偿案件中,统一采用城镇居民标准计算残疾赔偿金、死亡赔偿金和被扶养人生活费,实现了两金一费计算标准的城乡统一。

(三)权利、利益保护原则

《民法典》第3条规定:"民事主体的人身权利、财产权利以及其他合法权益受法律保护,任何组织或者个人不得侵犯。"民法是权利法,民法的核心问题是权利的保护与救济。

民法是典型的权利法，一方面表现为，以权利为轴心思考、构造当事人之间的民事权利义务关系(权利本位)，其法技术表达方式为"一方可以(有权)要求(请求)对方……"，例如，"当事人一方未支付价款或者报酬的，对方可以要求其支付"(《民法典》第579条)；另一方面表现为，直接规定当事人享有某种权利，由此构造一种绝对性法律关系，其法技术表达方式为"(权利主体)对……(权利客体)享有什么样的权利"，例如，"所有权人对自己的不动产或者动产，依法享有占有、使用、收益和处分的权利"(《民法典》第240条)。

这种以权利为核心的法律思维与立法构造特性，使民法形成一种以权利或利益诱导民众"诚实生活、勿害他人、各得其所"的自治法运作机制，并使民法在整个法律体系中形成一种以权利促进人的全面发展，进而实现自由、和谐的法律秩序的独特国家治理方式。

(四)公平原则

1. 含义

《民法典》第6条规定："民事主体从事民事活动，应当遵循公平原则，合理确定各方的权利与义务。"公平原则包含两层含义：其一，在民事立法和司法的过程中应维持民事主体之间的利益均衡；其二，根据社会公认的公平观念从事民事活动，以维持当事人之间的利益均衡。

2. 具体体现

(1)民事主体在从事民事活动时，应当本着公平的理念合理地确定权利义务关系，并且正当行使权利，履行义务，兼顾他人利益和社会公共利益。例如格式条款内容的确定应当遵循公平原则。

(2)司法机关在处理民事纠纷的过程中应当做到公平合理。法律没有明文规定时，司法机关应本着公平正义的理念依据公平原则行使自由裁量权，解决纠纷。例如情势变更原则、公平责任原则等。

(五)诚实信用原则

1. 内涵

诚信原则乃民法之帝王条款，规范任何权利之行使与义务之履行，是法院介入调整私人间权利义务关系的最重要原则。该原则在近代民法典中的地位呈不断上升之势。《法国民法典》第1104条规定："契约应本着善意谈判、订立与履行。"《德国民法典》第242条规定："债务人有义务依诚实和信用，并参照交易习惯，履行给付。"《瑞士民法典》第2条规定："任何人都必须以诚实、信用的方式行使其权利和履行其义务。"我国现行《民法典》第7条规定："民事主体从事民事活动，应当遵循诚信原则，秉持诚实，恪守承诺。"诚实信用原则具有道德意义，是社会主义核心价值观的体现，这一原则使得道德规范可经由该原则法律化，适应了市场经济的要求。

2. 功能

(1)确立行为规则：民事主体行使民事权利，与他人之间设立、变更或消灭民事法律关系，均应诚实，不作假，不欺诈，不损害他人利益和社会利益。一方面要求主体有良好的行为，另一方面要求主体不具有伤害他人的内心意识。这衍生出两个子规则，禁止矛盾行为与相互体谅规则、相互尊重规则。

(2)利益衡平：法官及仲裁员处理民事案件时贯彻诚实信用原则，平衡当事人的利益，调整契约内容。

(3)漏洞填补：可以创造性司法，通过解释填补法律漏洞和合同漏洞。

(4)监督功能：当事人所签订的合同条款的妥当性受其监督，如《民法典》第497条关于格式条款的规定。

3. 具体体现

(1)民事主体从事民事行为时，应当将相关必要事项告知对方，保护对方当事人的合法期待。

(2)民事主体意思表示达成合意后，应当重合同、守信用，积极准备并正当履行合同义务。

(3)民事活动过程中发生损害，应当及时采取补救措施，避免和减少损失。

(六)禁止权利滥用原则

1. 概念

所谓禁止权利滥用原则，是指一切民事权利之行使，不得超过其正当界线，行使权利超过正当界线，构成权利滥用，应当承担侵权责任或其他法律后果。《德国民法典》第226条规定，权利之行使不得专以损害他人为目的；《瑞士民法典》第2条第2项规定，显然的滥用权利，不受法律之保护；我国《宪法》第51条规定，中华人民共和国公民在行使自由和权利的时候，不得损害国家的、社会的、集体的利益和其他公民的合法的自由和权利；《民法典》未将该原则规定于"基本规定"一章，而是规定于"权利"一章，即第132条："民事主体不得滥用民事权利损害国家利益、社会公共利益或者他人合法权益。"《民法典总则编司法解释》第3条规定对禁止权利滥用进一步细化：《民法典》第132条所称的滥用民事权利，人民法院可以根据权利行使的对象、目的、时间、方式、造成当事人之间利益失衡的程度等因素作出认定。行为人以损害国家利益、社会公共利益、他人合法权益为主要目的行使民事权利的，人民法院应当认定构成滥用民事权利。构成滥用民事权利的，人民法院应当认定该滥用行为不发生相应的法律效力。滥用民事权利造成损害的，依照《民法典》第七编等有关规定处理。

2. 构成要件

(1)须有正当权利存在或与权利之行使有关。

(2)须行使权利损害他人或社会利益。

(3)须具有损害他人或社会利益的故意。

3. 功能

(1)作为侵权行为的判断基准。即以是否构成权利滥用作为侵权行为的认定标准。

(2)使民事权利的范围明确化。若法律规定过于概括或抽象，或存在漏洞，致使权利范围界线不明的情形，以是否构成权利滥用之界线作为权利范围之界线。

(3)缩小民事权利的范围。因时代变迁，为了满足某些立法当时未预见的社会需要，而以权利滥用作为缩小权利范围的依据。

(4)强制调停权利人与他人的利益冲突。以权利滥用为根据，强行调停权利人与他人的利益冲突。如土地所有人请求拆除电力公司铺设的地下水管道，被认定为权利滥用。

(七)公序良俗原则

1. 概念

《民法典》第8条规定："民事主体从事民事活动，不得违反法律，不得违背公序良俗。"公序良俗原则是指法律行为的内容及目的不得违反公共秩序和善良风俗。

(1)公共秩序，是指社会的存在及其发展所必须具备的一般秩序。凡是当事人实施的违反公共秩序的行为，即使法律没有作出明确规定，也应当在法律上作出否定性的评价。

(2)善良风俗，是指社会存在及其发展所必须遵循的一般道德。其包含两个方面的意思：其一，社会所普遍承认的伦理道德；其二，某区域社会所普遍存在的风俗习惯。必须注意的是，善良风俗不是僵化的，其也是随着社会经济生活的发展而不断变化的。

2. 违反公序良俗的具体表现

违反公序良俗的具体表现包括危害国家、危害家庭关系、违反性道德的行为，射幸行为，损害人权和人格尊严的行为，限制经济自由的行为，违反公平竞争的行为，违反消费者保护的行为，违反劳动者保护的行为，暴利行为等。

3. 诚信原则与公序良俗原则的区别

(1)内涵之别：诚信原则是在存在法律上的特别关联的条件下，行为人对利益相关人的一个较高的行为标准；而公序良俗原则不以特别关联为前提，仅系对主体一切行为的一个"最低要求"。正如通说所承认的，公序良俗并非为了从正面推行一种高标准的道德伦理，而只是从反面拒绝为践踏社会底线的法律行为提供强制履行，因此可称之为"伦理的最小值"①。由此，公序良俗原则的核心要义即可以表述为"主体在其一切行为中均不得违背秩序及伦理底线"。概言之，诚实信用原则与公序良俗原则都打破了行为人以自己个体利益为中心的传统民法思维方式，增加了行为人对相关人利益及底线性公益的顾及要求，构成了对个体自由和私法自治的限制。相对于平等、自由(自愿)、权利(受保护)这些民法"基本体制原则"而言，诚实信用原则与公序良俗原则属于民法中的"体制限制原则"。
(2)法效之别：违反公序良俗原则，法律行为属无效；违反诚信原则，法律行为发生视为未履行之效果。

(八)绿色原则

1. 立法背景

绿色原则既传承了天地人和、人与自然和谐共生的我国优秀传统文化理念，又体现了党的十八大以来的新发展理念，与我国是人口大国、需要长期处理好人与资源生态的矛盾的国情相适应。

---

① 于飞：《基本原则与概括条款的区分：我国诚实信用与公序良俗的解释论构造》，载《中国法学》2021年第4期。

2. 含义

《民法典》第 9 条规定："民事主体从事民事活动，应当有利于节约资源、保护生态环境。"该条首次明确规定了民法的"绿色原则"。绿色原则是代际正义的要求，当代社会经济的发展不能牺牲未来的社会资源和生态环境。绿色原则也是社会可持续发展的要求，对民事活动中民事责任承担的利益考量，应当符合绿色原则。

3. 具体体现

(1)环境侵权适用无过错责任原则，并纳入公益诉讼适用范围，以强化对生态环境的保护。

(2)不动产权利人不得违反国家规定弃置固体废物，排放大气污染物、水污染物、噪音、光、电磁波辐射等有害物质。

(3)当事人在履行合同过程中，应当避免损害生态环境和浪费资源。合同的权利义务终止后，当事人应当履行旧物回收等义务。

四、案(事)例述评

(一)基本原则与具体规则的适用关系：孙某群与宁波颐高数码电子电器市场服务有限公司、宁波颐高物业服务有限公司等排除妨害纠纷案①

1. 案件事实

原告孙某群(以下简称原告)购买了某大厦中的一处非独立商铺(面积 95.57 平方米)，并取得商铺产权证。案外人宁波颐高物业服务有限公司(以下简称物业公司)征得了原告商铺所在商厦一至三层 92%以上的业主(共 481 户)签约同意(但其中不包括原告)，将该商厦一至三层(面积 11476 平方米)整体出租给被告宁波颐高数码电子电器市场服务有限公司(以下简称被告)。被告签署租赁合同后，便将租金支付给案外人物业公司，该物业公司亦随即将半年租金 107104.26 元汇入原告银行账户；被告同时对所租商铺整体装修并实际经营。2011 年，原告以被告擅自占用原告商铺为由，诉请法院判令被告承担停止侵害、排除妨害、恢复原状、赔偿损失等责任。

2. 法院判决

本案历经两审结案，一审与二审法院都认为原告虽然持有涉案的 1-72 号商铺的产权证，但其对所购买的商铺所享有的权利与一般意义上的建筑物区分所有权不同。根据平面图显示，宁波某大厦一层被分割成若干区域，区域间有公用通道，区域内又划分为不同的商铺，商铺之间无永久分割围护结构，商铺之间具有不可分性，本身不具有独立使用的价值，业主权利的行使应受到其他业主权利的限制。物业公司已与绝大部分商铺业主签订了租赁合同，根据物业公司在〔2011〕浙甬民一终字第 1163、1164、1165 号案件中所提供的宁波某大厦业主委员会出具的情况说明，92%以上的业主已与物业公司签订了租赁合同，租赁合同中的内容也符合绝大多数业主的利益和要求。因宁波某大厦一至三层部分面积已

---

① 孙某群与宁波颐高数码电子电器市场服务有限公司、宁波颐高物业服务有限公司等排除妨害纠纷，〔2013〕浙甬民申字第 57 号，【法宝引证码】CLI. C. 6995379。

转租给被告使用，且被告也已进行了装修并实际经营，考虑到商铺整体上具有不可分性，少部分业主的分隔使用会对整个宁波某大厦的规划及经营产生影响，从而损害其他业主的利益，为促进交易、促进市场发展及维护大多数业主利益，因此驳回原告要求停止侵害、排除妨害、恢复原状的诉讼请求。

3. 案例评析

法律原则有其内在的适用机理与适用逻辑，适用原则裁判案件并非捷径，直接适用基本原则违反了禁止向一般条款逃逸的法理。适用法律原则有其逻辑前提。一是有规则，但既有规则因与原则有冲突而被排除适用，该"产权式商铺纠纷案"便属于此种类型。原告诉请尽管有所有权依据，但因其行使结果与禁止权利滥用原则的价值追求相冲突而被排除适用。二是没有具体的规则可以直接适用或法律存在漏洞的情形，借助基本原则进行法律漏洞之填补。在之前的审判实务中，由于缺乏明确的法律依据，直接适用禁止权利滥用原则作为裁判依据的案件并不多见，而多以诚信原则或其他原则性规定作为裁判依据。故通过分析本案，演示了法官适用法律原则的过程，看其如何针对案件争议焦点论证并概括出判断权利滥用的具体标准及法律效果，作为裁判依据的个案规范。

(二)郭某诉杭州市西湖区东方烹饪职业技能培训学校人格权纠纷案①

1. 案件事实与法院判决

2014 年 5 月，东方烹饪职业技能培训学校(以下简称东方烹饪学校)在"58 同城"上发布了关于文案职位的招聘要求，未写明招聘人数、性别。2014 年 6 月郭某在网上向东方烹饪学校投递了个人简历，简历中载明性别"男"、年龄"20"，网上显示东方烹饪学校查看了郭某的简历。郭某就招聘事宜打电话给东方烹饪学校的联系人，同时说明在所投简历中不小心将其性别写成男性，东方烹饪学校联系人以文案职位需经常与校长出差、校长为男性、出差时间较长等为由回复学校定位只招聘男性，建议郭某可考虑应聘东方烹饪学校的人事、文员等岗位。后东方烹饪学校在"赶集网"上发布招聘文案策划(全职)职位的信息，招聘人数 1 人，最低学历为大专，工作经验不限(应届生亦可)，性别要求为男性。2014 年 6 月郭某在网上向东方烹饪学校投递了个人简历，东方烹饪学校未反馈。郭某就招聘事宜打电话给东方烹饪学校的联系人，东方烹饪学校联系人以文案职位需早晚加班等为由回复不考虑招聘女性。郭某还到东方烹饪学校人力资源部招聘面试处应聘文案职位，仍被以同样的理由拒绝。郭某以东方烹饪学校的行为构成就业歧视，侵害了原告的平等就业权、人格尊严权，向人民法院提起诉讼。法院最终判决东方烹饪职业技能培训学校赔偿郭某精神损害抚慰金 2000 元。

2. 案例评析

根据我国相关法律规定，劳动者享有平等就业的权利，劳动者就业不因性别而受歧视，国家保障妇女享有与男子平等的劳动权利，用人单位招用人员，除国家规定的不适合妇女的工种或者岗位外，不得以性别为由拒绝录用妇女或者提高对妇女的录用条件。用人

---

① 郭某诉杭州市西湖区东方烹饪职业技能培训学校人格权纠纷案，〔2015〕浙杭民终字第 101 号，【法宝引证码】CLI.C.8337272。

单位不能以性别差异等理由限制妇女平等就业和自主择业的权利。本案中东方烹饪学校直接以郭某为女性、其需招录男性为由拒绝郭某应聘，法院认定其行为侵犯了郭某平等就业的权利，是正确的，同时也体现了民法的平等原则。

（三）窦某案：私法自治与法律限制①

1. 案件事实

2010 年 3 月 23 日，新画面公司与窦某签订合约，约定：新画面公司从 2010 年 3 月 23 日至 2018 年 3 月 22 日，作为窦某的演艺工作代理方，窦某有意参加的所有演艺活动由新画面公司提供指导、建议和意见，出面洽谈及签约，新画面公司收取酬金的 30%。在合约期间，窦某不得与第三方签订任何演艺合约或协议。签约后，窦某通过新画面公司出演了《山楂树之恋》《金陵十三钗》。自 2010 年 10 月 22 日至 2011 年 11 月 15 日，窦某参加了 13 场活动，签约金额总计约为 800 万元。窦某未经新画面公司许可，自 2010 年 10 月至 2012 年 8 月擅自参加了 59 场演艺活动。窦某承认其确实参加了这 59 场活动，但主张其中大部分都不是演艺活动，且均未获酬。新画面公司请求判令窦某交付其擅自参加演艺活动的全部合同并说明情况，由窦某赔偿因其在合约期间违约造成的经济损失人民币 494 万元；继续履行双方合约或其恶意毁约造成的经济损失人民币 2000 万元。

2. 法院判决

合约具有居间、代理、行纪的综合属性，属于演出经纪合同。在此类合同权利义务关系终止的确定上应当主要遵循双方约定、按照合同法的规定进行界定，不能随意赋予当事人单方合同解除权。因经纪公司在艺人的培养过程中存在一定风险，若允许艺人行使单方解除权，将使经纪公司在此类合同的履行中处于不对等的合同地位，也违背了诚实信用的基本原则，同时会鼓励成名艺人为了追求高额收入而恶意解除合同，不利于演艺行业的整体运营秩序的建立，因此在演艺合同中应对单方解除权予以合理限制。在窦某明确不再履行双方合约义务的情况下，本着有利于合同当事人实现各自利益及发展，在实现合同当事人真实意思的情况下，依法解除涉案的双方合约。涉案合约的解除，系因窦某根本违约所致，窦某应当依法承担相应的违约责任，赔偿新画面公司相应的经济损失。综合考虑新画面公司前期对窦某演艺发展的培养投入，宣传力度，艺人自身的影响力、知名度、发展前景以及可能给经纪公司带来的收益等因素，酌定赔偿数额为人民币 200 万元。

3. 案例评析

本案属于典型的演出经纪合同纠纷，由于艺人与经纪公司之间的商业合作主要是依托此种合同形式，因此合同相对方是否具有单方任意解除权不仅关系到文化演艺行业的发展，也一直是社会所关注的焦点问题。本案裁判通过分析演出经纪合同的具体内容，明确了该类合同既非代理性质亦非行纪性质，而是一种综合性合同，因此不能依据合同法关于代理合同或行纪合同的规定由合同相对方单方行使解除权。同时，通过本案进一步确定，为了体现合同自愿、公平以及诚实信用等基本原则，在该类合同权利义务关系终止的确定

---

① 窦某与北京新画面影业有限公司演出经纪合同纠纷上诉案，〔2013〕高民终字第 1164 号，【法宝引证码】CLI. C. 2141270。

上应当主要遵循双方约定、按照合同法的规定进行界定，不能在任何情况下都赋予当事人单方合同解除权。在双方当事人均具有较高社会知名度的情况下，此案的宣判也为日后此类合同纠纷的处理提供了有益的借鉴。该案的审结预示，在文化演艺行业蓬勃发展的大环境下，无论是经纪公司还是艺人，均应当依约履行合同，任何一方不应为了获得更高的商业利益而随意解除合同，否则将承担不利的法律后果。

（四）张某英诉蒋某芳遗产继承案①

1. 案件事实

蒋某芳（女）与黄某彬（男）于 1963 年结婚。双方婚后未生育，共同收养一子黄某（现年 31 岁）。1990 年 7 月，蒋某芳继承父母遗产取得原四川省泸州市市中区顺城街某房屋所有权。1995 年，该房屋因城市建设被拆迁，由拆迁单位将泸州市江阳区新马路的一套 77.2 平方米住房作为还建房安置给蒋某芳。1996 年，黄某彬与张某英相识并在外租房同居生活。2000 年 9 月，黄某彬与蒋某芳夫妇将泸州市江阳区新马路的房产以 8 万元的价格出售。2001 年春节，黄某彬、蒋某芳夫妇将前述售房款中的 3 万元赠与养子黄某用于购买商品房。2001 年年初，黄某彬因患肝癌（晚期）住院治疗。2001 年 4 月 18 日黄某彬立下书面遗嘱，将其所得的住房补贴金、公积金、抚恤金和出卖泸州市江阳区新马路住房所获房款的一半 4 万元及自己所用手机一部遗赠给张某英。2001 年 4 月 20 日，泸州市纳溪区公证处对该遗嘱出具了〔2001〕泸纳证字第 148 号公证书。2001 年 4 月 22 日，遗嘱人黄某彬去世。之后，张某英即要求蒋某芳交付遗赠财产，遭到蒋某芳拒绝，双方发生纠纷。2001 年 4 月 25 日，张某英向泸州市纳溪区人民法院起诉，要求法院判令蒋某芳交付黄某彬赠与她的遗产。

2. 法院判决

一审法院认为遗赠人黄某彬的遗赠行为违反了法律规定和公序良俗，损害了社会公德，破坏了公共秩序，属无效行为，驳回了张某英的诉讼请求；二审法院驳回上诉，维持原判。

3. 案例评析

此案的法院判决对基本原则的适用在当时引发了学界的激烈讨论，同时也对公证遗嘱效力的优先性产生了影响。此案被称为公序良俗第一案，以公序良俗原则否定了当事人的遗嘱。

本案中，法院适用了民法基本原则中的公序良俗原则进行判决，而没有适用继承法，这是否违反了法律的适用？首先，根据当时我国《继承法》的规定，公证遗嘱在遗嘱类别里具有最高的法律效力，也就是说如果同时存在公证遗嘱、自书遗嘱、口头遗嘱，那么在进行遗产分配时属公证遗嘱的效力最强。其次，在法律规则与法律原则的适用上，原则上应当适用法律规则。法律规则由于内容具体明确，只适用于某一类型的行为；而法律原则则比较抽象，适用某一类行为、某一法律部门，具有宏观指导性，适用更广泛。我国《继承法》是 1985 年出台的，已经出现了同社会发展不相适应的情形，对于遗嘱处分的规定，

---

① 张某英诉蒋某芳遗产继承案，民事判决书〔2001〕泸民一终字第 621 号。

《继承法》中采取了意思自由的表述，但是没有对违反公序良俗的情形和其他情形作出限制性规定，这是我国《继承法》规定的空白地方，也是法律的一个漏洞。《继承法》在立法目的与立法精神上不仅应当尊重当事人意思自治，还应当与我国当时《婚姻法》《民法通则》的立法目的和立法精神保持一致。

本案中，公证遗嘱的出现是基于双方非法同居的感情基础，这个在破坏婚姻基础上出现的遗赠是对社会秩序的破坏，不仅违背了公共秩序还违背了善良风俗，应当不予以认可。如果认可该遗嘱，不仅是对我国一夫一妻婚姻制度的挑战，而且也违背了夫妻忠诚义务，故不应当认可黄某彬的遗嘱行为有效，该遗赠行为应当认定为无效行为。因此法院判决是符合中国的法理和情理的。

（五）四川金核矿业有限公司与新疆临钢资源投资股份有限公司案①

1. 案件事实

2011 年 10 月 10 日，新疆临钢公司与四川金核公司签订《合作勘查开发协议》，约定：临钢公司补偿金核公司 3500 万元后，双方共同设立项目公司，并在符合条件时将金核公司探矿权过户至项目公司名下。2011 年 10 月 25 日，临钢公司向金核公司实际支付 3500 万元。2013 年 11 月 22 日，临钢公司以合作勘查作业区位于新疆塔什库尔干野生动物自然保护区为由通知解除合同，金核公司回函拒绝。金核公司提起诉讼，请求确认临钢公司解除合同行为无效，并确认《合作勘查开发协议》有效。临钢公司反诉请求解除《合作勘查开发协议》，金核公司返还合作补偿款 3500 万元并赔偿损失。

2. 法院判决

新疆维吾尔自治区高级人民法院一审判决临钢公司解除合同行为无效，双方继续履行《合作勘查开发协议》，驳回临钢公司的反诉请求。最高人民法院二审认为，案涉探矿权位于新疆塔什库尔干野生动物自然保护区范围内，该自然保护区设立在先，金核公司的探矿权取得在后，基于《合作勘查开发协议》约定，双方当事人均知道或者应当知道在自然保护区内不允许进行矿产资源的勘探和开发。该协议违反了《自然保护区条例》的禁止性规定，如果认定协议有效并继续履行，将对自然生态环境造成严重破坏，损害环境公共利益。故协议依法应属无效，金核公司收取的 3500 万元合作补偿款应予返还。临钢公司主张的损失，部分由金核公司折价补偿，部分由临钢公司自行承担或者在项目公司清算时另行解决。二审法院撤销一审判决，予以改判。

3. 案例评析

本案历经两审结案，一审与二审的裁判结果不同，其分歧在于《合作勘探开发协议》效力的法律认定。一审法院认为虽然案涉矿业权位于自然保护区范围内，但并未出现《合作勘探开发协议》不能实现的情形，双方应继续履行协议。一审强调合同当事人的意思表示一致且履行协议已有两年时间，但忽视了合同生效的外部要件，即该协议约定的探矿权处在自然保护区内，损害的是环境公共利益。二审法院依照《自然保护区条例》的禁止性

---

① 四川金核矿业有限公司与新疆临钢资源投资股份有限公司案，〔2015〕民二终字第 167 号，【法宝引证码】CLI. C. 8342393。

规定，判定双方当事人所签协议无效，否定了一审关于继续履行的判决。二审判决结果符合生态文明建设和绿色发展的要求，具有指导意义。尤其是在生态环境敏感区等生态红线划定区内，在司法裁判时应严守环境保护优先和生态红线管理制度，严禁任意改变自然生态空间用途的行为，防止不合理开发资源的行为损害生态环境。

（六）"挖矿合同"与绿色原则：周某乐、湖北泽霆科技有限公司买卖合同纠纷案①

1. 案件事实

2021 年 7 月 7 日，原告周某乐（乙方）与被告湖北泽霆科技有限公司（甲方，以下简称泽霆公司）签订《存储服务器购买合同》，主要约定：甲乙双方经友好协商，就乙方向甲方购买 IPFS 存储服务器以及相应的托管服务等事宜达成如下合同，共同信守执行。产品信息：以区块链资产进行定价，产品名称型号 DZ 存储服务器，定价资产：人民币或等值 USDT；服务器 T 数：48T，不含税总价 179800 元人民币（或等值 USDT）；付款方式：100%USDT 支付，付至甲方指定的区块链钱包；交货日期及地点：本批 IPFS 存储服务器交货日期为乙方完成支付后 30 天内，上架到机房，本批 IPFS 存储服务器由乙方委托甲方代管；IPFS 存储服务器不同于一般的消费类电子产品，而是根据顾客需求特殊定制的产品，乙方一旦购买，一律不得退还；甲方向乙方保证提供的 IPFS 存储服务器能在 IPFS 网络提供服务并获取 Filecoin 奖励，能根据网络需求进行硬件迭代升级，并承诺产币量不低于市场平均水平（投资收益率），否则由甲方补齐；托管方式：乙方将存储服务器放在甲方进行托管，并缴纳相关费用，乙方承诺完全交由甲方托管，托管服务期为 3 年，IPFS 存储服务器托管服务期从机器正式安装在机房之日起开始计算，如乙方要提前取消托管取回机器，则托管时间不超过 12 个月的，乙方需要按照每台（16T）机器 28000 元或等值 USDT 的价格向甲方支付违约金，如托管时间超过 12 个月不足 36 个月的，乙方需要按照每台（16T）机器 14000 元或等值 USDT 的价格向甲方支付违约金，其他 T 数的服务器同比缩放违约金；托管服务费：指为确保服务器执行挖矿工作必需的服务器托管和技术运维费用，甲方按照乙方服务器挖出的 Filecoin 数量的 20% 扣除托管服务费；如乙方选择终止托管，需要在 3 天内将 IPFS 存储服务器搬离机房，若超过 3 天甲方将收取乙方 20 元/台/日的设备保管费；项目风险：Filecoin 挖矿算法与代币 Filecoin 奖罚规则均以项目方公布信息为准，Filecoin 所有收益与配置均基于 IPFS 白皮书、IPFS 白皮书披露的方法与奖励机制作出的专业预测值，甲方对收益不作任何保证，投资有风险，请自行斟酌，乙方承诺已参加甲方对区块链行业知识的培训，承诺资金来源的合法性，现已对区块链行业有一定的了解和认知，对 Filecoin 项目也有一定的了解和认知，对所参与的 Filecoin 投资项目的风险有一定的认知，且自愿承担投资风险。双方还对其他事项进行了约定。同日，周某乐通过银行转账方式向泽霆公司法定代表人褚某志转账支付 179800 元。

上述合同签订后，周某乐所购买的存储服务器设备并未实际交付，而是由泽霆公司按约代为管理周某乐所购买的存储服务器，并聘请专业技术人员操作确保周某乐所购买的存储服务器按期产出 Filecoin 代币，周某乐可以到泽霆公司提供的"泽霆科技"应用软件上查

---

① 周某乐、湖北泽霆科技有限公司买卖合同纠纷案，〔2023〕鄂 0106 民初 5831 号。

看具体产币情况。根据周某乐提交的其在"泽霆科技"应用软件上的账户截图显示，周某乐账户每次矿机产币数量为 0.10～0.015Filecoin，账户目前 Filecoin 币总产出数量为 186.7236。泽霆公司陈述：泽霆公司和 IPFS 有互联网协议，约定泽霆公司为 IPFS 实验室提供存储空间，并且要有一定的质押，实验室才会返 Filecoin 代币。周某乐可以自行向"泽霆科技"应用软件提交提现申请，具体包括提交收币的地址和数量，泽霆公司将提现申请信息提交给 IPFS 协议实验室，IPFS 协议实验室根据申请的收款地址信息支付代币 Filecoin 给周某乐，后周某乐可自行在第三方数字资产交易所交易流通代币 Filecoin。截至开庭之日，周某乐未将所获得的 Filecoin 币申请提现并交易。原告周某乐向法院提出诉讼请求，请求法院确认双方签订的《存储服务器购买合同》无效；判令被告向其返还购买服务器费用 179800 元，并向其支付资金占用利息暂计 11125.63 元。

2. 法院判决

法院认为，本案争议焦点主要有两个：第一，周某乐与泽霆公司之间的买卖合同关系是否有效；第二，泽霆公司应否向周某乐退回合同款项 179800 元并支付资金占用利息。关于周某乐与泽霆公司之间的买卖合同关系是否有效的问题，双方签订的合同虽名为《存储服务器购买合同》，但双方在合同中约定的存储器并未实际向买方周某乐交付，且合同约定存储器放在泽霆公司机房进行托管，泽霆公司向周某乐保证提供的 IPFS 存储服务器能在 IPFS 网络提供服务并获取 Filecoin 奖励，能根据网络需求进行硬件迭代升级，并承诺产币量不低于市场平均水平（投资收益率），否则由泽霆公司补齐，故双方签订的《存储服务器购买合同》的实质目的是购买设备存储服务器用于获取虚拟货币 Filecoin 代币，原告购买的设备存储器实为通过购买"矿机"进而计算生产虚拟货币，委托托管矿机即受托人通过特定算法获得虚拟货币的行为属于"挖矿"行为，本质上属于追求虚拟商品收益的风险投资活动。由于此类"挖矿"活动能源消耗和碳排放量大，不利于我国产业结构优化、节能减排，不利于我国实现碳达峰、碳中和的目标，且虚拟货币的生产、交易环节会衍生虚假资产风险、经营失败风险、投资炒作风险等多重风险，威胁国家金融安全以及社会稳定，属于行政法规禁止投资的淘汰类产业，是一种有损社会公共利益的投机行为，与《中华人民共和国民法典》第 9 条规定的"绿色原则"精神相悖，故涉案《存储服务器购买合同》项下的交易损害了社会公共利益，相关交易属于违背公序良俗的行为，亦不符合产业结构调整相关行政法规的规定和监管要求，根据《中华人民共和国民法典》第 153 条第 2 款"违背公序良俗的民事法律行为无效"之规定，涉案《存储服务器购买合同》应认定为无效。

关于泽霆公司应否向周某乐退回合同款项 179800 元并支付资金占用利息的问题，《中华人民共和国民法典》第 157 条规定："民事法律行为无效、被撤销或者确定不发生效力后，行为人因该行为取得的财产，应当予以返还；不能返还或者没有必要返还的，应当折价补偿。有过错的一方应当赔偿对方由此所受到的损失；各方都有过错的，应当各自承担相应的责任。法律另有规定的，依照其规定。"泽霆公司作为出卖方，对于出售涉案存储设备及委托代管的行为是用于生产虚拟货币的"挖矿"活动应属于明知，对该类活动所涉及的政策规定、法律风险负有较高的注意义务，泽霆公司对造成合同无效具有明显的主观过错；周某乐作为购买方，对投资虚拟货币可能遇到的法律风险亦应属明知，但其为追求收益仍然与泽霆公司签订涉案合同并支付款项，对合同无效亦具有相应的过错。因此，泽霆公司与周某乐应当各自承担与其过错相当的民事责任。鉴于双方对涉案合同无效均有过错，综合考虑双方过错程度及泽霆公司实际对存储设备进行维护并使用等因素，酌情确定泽霆公司返还周某乐 120000 元合同款，对周某乐诉求超出部分，法院不予支持；对周某乐主张资金占用利息的诉讼请求，因周某乐对合同无效自身存在过错，且双方对此并无约定，该项诉求不予支持。综上所述，法院依据《中华人民共和国民法典》第 9 条、第 153 条第 2 款、第 155 条、第 157 条及《中华人民共和国民事诉讼法》第 145 条规定，判决原告周某乐与被告湖北泽霆科技有限公司于 2021 年 7 月 7 日签订的《存储服务器购买合同》无效；被告湖北泽霆科技有限公司于本判决生效之日起 10 日内原告周某乐返还合同款 120000 元；驳回原告周某乐的其他诉讼请求。

3. 案例评析

本案系一起买卖合同纠纷，涉及虚拟货币"挖矿"行为，融合了"矿机"买卖、合作分成和托管服务等多重合同关系。该案主要涉及"绿色原则"在合同纠纷中的适用这一知识点，《民法典》第 9 条规定："民事主体从事民事活动，应当有利于节约资源、保护生态环境。"该条作为一项原则性规定，已普遍被司法机关在审判实践中援引和适用，在涉及维护"矿机"和"挖矿"行为的合同纠纷中，因该行为对电力能源消耗巨大、不利于节能减排与碳达峰、碳中和目标的实现，法院通常会依据绿色原则与公序良俗原则，给予相关合同效力否定性评价，对引导民事主体增强环保意识具有较强的示范意义。绿色原则作为一项基本原则贯穿民法始终。在合同领域，不仅在合同效力的认定方面发挥作用，在合同的履行和解除以及合同终止后的责任承担方面亦有重要影响。在合同纠纷中应当如何适用该原则，本案提供了一种裁判思路和参考。

（七）重庆立康实业有限公司与重庆市渝北区新桥水库管理所渔业承包合同纠纷案[①]

1. 案件事实

2009 年 8 月 25 日，新桥水库管理所（甲方）与荣某山（乙方）签订《联合经营管理合同书》，该合同第 3 条约定：联营期限从 2009 年 9 月 1 日起至 2029 年 8 月 31 日止；第 5 条约定水库所有权归甲方所有，乙方鱼苗款即设施设备残值待合同期满后按实际和合情合理的原则由甲方将费用折算给付乙方；第 6 条约定乙方在联营期间，有协助甲方搞好工程管理和水质保护的义务，联营期内，乙方不得人为污染水体，不准投饵施肥养鱼；第 7 条约定双方无故全部或部分不履行合同，有权选择要求对方限期履约或解除合同，并且违约方应支付另一方违约金 100000 元整。

2015 年 1 月 30 日，荣某山（甲方、转让方）、立康公司（乙方、受让方）和新桥水库管理所（丙方）签订《渝北区新桥水库联合经营权转让协议》，该合同主要约定：甲方拟转让对渝北区新桥水库的联合经营权，经甲方与乙方协商，甲方自愿将原合同中约定的联合经营权利和义务全部转让给乙方，乙方自愿承继原合同中甲方的权利和义务；丙方经职工大会讨论通过，同意甲方将原合同中的权利义务全部转让给乙方，同意在本协议生效之日起

---

① 重庆立康实业有限公司与重庆市渝北区新桥水库管理所渔业承包合同纠纷案，〔2020〕渝 01 民终 10038 号，【法宝引证码】CLI. C. 500857899。

甲方与丙方的原合同权利、义务全部终止，并由乙方承继原合同中甲方的权利、义务。其中协议约定乙方在履行合同期间如因污染水质导致该水库失去饮用水源功能，丙方有权终止合同；本协议签订后，乙方和丙方应严格依照本协议和原合同的约定行使权利、履行义务，任何一方违反本协议和原合同的约定，均应依照原合同第 7 条承担违约责任；本协议未涉及内容仍以原合同约定为准。

2016 年 9 月 6 日重庆市渝北区人民政府发布的《关于加强集中式饮用水源水库水质保护的通告》（渝北府发〔2016〕32 号）规定，为保护新桥水库等 11 处集中式饮用水源水库水质，确保群众喝上优质饮用水，禁止在水库内开展游泳、洗涤、从事水上餐饮、放养畜禽、投放饲料、网箱养殖等活动。重庆市渝北区水质监测站分别于 2017 年 1—3 月、5—6月，2018 年 2 月、5 月、9 月共 8 次对新桥水库的水质进行监测，检测报告显示总磷、总氮超标，不满足Ⅲ类水质目标。

2017 年 8 月，新桥水库管理所向立康公司发出《通知》，希望立康公司积极配合工作，清算投资情况，提出补偿方案及相关依据。2017 年 9 月至 2018 年 6 月，立康公司先后分别向新桥水库管理所提交《解除新桥水库及土地承包经营合同费用汇总表》《新桥水库成本费用表》《关于尽快完成新桥水库联合经营管理合同解除后相关补偿与赔偿工作的联系函》等，多次与新桥水库管理所协商合同解除后的补偿与赔偿事宜，但协商未果。

2. 法院判决

一审法院认为，双方系协议解除合同，只是关于是否赔偿以及赔偿金额未达成一致。在合同履行过程中，新桥水库管理所因顺应保护饮用水源水质的政策而提出解除合同，并非当然违反合同约定，不存在违约行为，因此，对立康公司请求新桥水库管理所赔偿直接损失的诉讼请求予以支持，请求赔偿履行合同的预期利益损失及其他非直接损失的请求不予支持。立康公司不服一审判决，向重庆市第一中级人民法院提起上诉。

二审法院认为，新桥水库管理所向立康公司发出解除合同通知后，立康公司一直就解除合同的补偿赔偿问题发函沟通未果，双方并未达成解除合同的合意，且无证据证明立康公司存在违约行为。因此，新桥水库管理所单方解除合同，存在违约，应承担合同解除后的损失赔偿责任。但是，本案合同有别于普通民事合同，案涉水库系集中式饮用水源水库，其水质经检测不满足水质目标，虽无证据证明这是因为立康公司的养殖行为导致，但合同的继续履行显然不利于水库水质的生态修复，新桥水库管理所作为涉案水库的行政管理部门，出于水库管理的需要，从保护饮用水源的角度出发收回该水库，也契合《民法典》关于绿色保护原则的规定。新桥水库管理所在与立康公司未达成一致意见情况下解除合同，带有一定的公共利益管理性质，其违约行为应区别于一般违约行为，故应适当减轻新桥水库管理所的违约责任。

3. 案例评析

本案二审法院认为，政府虽然发布公告确定涉案新桥水库为集中式饮用水源水库，但并未要求收回涉案水库的联合经营权，新桥水库管理所单方解除合同应当承担违约责任。保护生态环境是民事主体从事民事活动的社会义务，新桥水库管理所的行为是从保护生态文明出发，契合《民法典》关于绿色保护原则的相关规定，因此，应将其违约行为区别于一般的违约行为，适当减轻其违约责任。

　　《民法典》对绿色原则的延续规定顺应了我国加强生态文明建设的要求，且作为一项基本原则贯穿于《民法典》始终，对民事立法、民事行为及民事司法具有普遍指导意义，在物权编、合同编乃至侵权责任编中均有所体现。在合同纠纷中应当如何适用该原则是司法裁判应当重视的问题，急需明确其适用方式。

第二章 民事主体之自然人

第一节 自然人的权利能力

一、民事权利能力的概念与特征

（一）概念

民事权利能力，是指民事法律赋予民事主体从事民事活动，从而享有民事权利、承担民事义务的资格。

（二）特征

（1）民事权利能力是一种资格，而不是实际的权利。
（2）民事权利能力既包括享有权利也包括承担义务的资格。
（3）民事权利能力的内容和范围具有法定性、平等性；自然人不能以自己的意思改变民事权利能力的内容和范围。
（4）民事权利能力具有专属性，与民事主体不可分离，当事人不得转让或放弃。

二、自然人权利能力的发生

（一）自然人权利能力始于出生

《民法典》第13条规定：自然人从出生时到死亡时止具有民事权利能力，依法享有民事权利，承担民事义务。

1. 出生的标准："出"加"生"
（1）婴儿与母体完全分离（不依赖于母体而存在）；
（2）活体（哪怕是仅生存了瞬间）；
（3）医学上的"独立呼吸说"或"活产"——婴儿出生时有呼吸、心跳、脐带搏动及随意肌收缩。
2. 出生时间的确定
《民法典》第15条规定：自然人的出生时间和死亡时间，以出生证明、死亡证明记载的时间为准；没有出生证明、死亡证明的，以户籍登记或者其他有效身份登记记载的时间为准。有其他证据足以推翻以上记载时间的，以该证据证明的时间为准。

（二）自然人权利能力的扩张：胎儿与死者人格利益保护

1. 胎儿的权利能力

《民法典》第 16 条规定：涉及遗产继承、接受赠与等胎儿利益保护的，胎儿视为具有民事权利能力。但是，胎儿娩出时为死体的，其民事权利能力自始不存在。

《民法典》第 1155 条规定：遗产分割时，应当保留胎儿的继承份额。胎儿娩出时是死体的，保留的份额按照法定继承办理。

因权利能力始于出生，故尚未出生的胎儿不具有民事权利能力。但是胎儿毕竟未来会成为民事主体，故为了保护胎儿的利益，原《继承法》第 28 条率先肯定了胎儿的继承权利，即"遗产分割时，应当保留胎儿的继承份额，胎儿出生时是死体的，保留的份额按照法定继承办理"。在此基础上，《民法典》在对胎儿利益保护的情形中，均赋予其权利能力，体现了其深切的人文关怀。

2. 死者人格利益保护

死者的姓名、肖像、名誉、荣誉、隐私、遗体等受到侵害的，其配偶、子女、父母有权依法请求行为人承担民事责任；死者没有配偶、子女并且父母已经死亡的，其他近亲属有权依法请求行为人承担民事责任。

三、自然人权利能力的消灭

自然人的权利能力因死亡而消灭，即以死亡为自然人民事权利能力之终期。现代民法中的死亡包括生理死亡和宣告死亡，民法贯彻民事权利能力平等原则，认为民事权利能力不可剥夺，以自然死亡作为自然人民事权利能力消灭的唯一原因。

（一）生理死亡

生理死亡属于法律事实中的事件。死亡的判断标准在学说上主要有呼吸停止说、脉搏停止说、脑死亡说等。对于死亡时间的认定，其法律依据为《民法典》第 15 条，《民法典》中关于死亡时间的推定为第 1121 条。

死亡的"法效"：一为继承开始，规范依据为《民法典》第 1121 条；一为物权变动，规范依据为《民法典》第 230 条。

（二）宣告死亡

宣告死亡，是指自然人离开住所或者最后居所而生死不明，达到法定期间，经利害关系人申请，由法院审判推定其死亡的制度。其目的在于避免法律关系悬而未决，实现法律关系的确定性。

1. 宣告死亡的严格条件

（1）自然人下落不明（离开住所或者最后居所而生死不明）达到法定期间，具体包括以下情形：下落不明满 4 年的；因意外事件，下落不明满 2 年；因意外事件下落不明，经有关机关证明该自然人不可能生存的，申请宣告死亡不受 2 年时间的限制。

（2）须有利害关系人申请。"利害关系人"主要包括被申请宣告死亡人的近亲属（配偶、父母、子女、兄弟姐妹、祖父母、外祖父母、孙子女、外孙子女）以及其他与被申请人有民事权利义务关系的人，如自然人的债务人等。其具体范围的规范依据为《民法典总则编司法解释》第 16 条，包括被申请人的配偶、父母、子女，以及依据《民法典》第 1129 条规定对被申请人有继承权的亲属为利害关系人。

（3）法院依法宣告。宣告死亡的程序安排规定在《民事诉讼法》第 191 条，公民下落不明满 4 年，或者因意外事件下落不明满 2 年，或者因意外事件下落不明，经有关机关证明该公民不可能生存，利害关系人申请宣告其死亡的，向下落不明人住所地基层人民法院提出。申请书应当写明下落不明的事实、时间和请求，并附有公安机关或者其他有关机关关于该公民下落不明的书面证明。

2. 死亡宣告的效力

法律上被推定为死亡，意味着婚姻关系终止、继承开始等。推定死亡，其实只是以死亡为前提清理受宣告人所参加的以其原住地为中心的私法关系，并不消灭受宣告人的权利能力，其主体地位仍然存在。

权利能力止于死亡应限缩解释为自然死亡。推定当然可被反证推翻自然人被宣告死亡但是并未死亡的，不影响该自然人在被宣告死亡期间实施的民事法律行为的效力（《民法典》第 49 条），以原住所地为中心的一切财产关系与身份关系归于消灭，但实际生存地的法律关系则不受影响。

3. 宣告死亡时间的确定

被宣告死亡的人，人民法院宣告死亡的判决作出之日视为其死亡的日期；因意外事件下落不明宣告死亡的，意外事件发生之日视为其死亡的日期。

4. 死亡宣告的撤销

受死亡宣告人事实上并未死亡，经本人或利害关系人申请，由法院撤销不真实的死亡宣告。死亡宣告撤销具有溯及力。

（1）婚姻关系：被宣告死亡的人的婚姻关系，自死亡宣告之日起消灭。死亡宣告被撤销的，婚姻关系自撤销死亡宣告之日起自行恢复，但是其配偶再婚或者向婚姻登记机关书面声明不愿意恢复的除外。（《民法典》第 51 条）

（2）收养关系：被宣告死亡的人在被宣告死亡期间，其子女被他人依法收养的，在死亡宣告被撤销后，不得以未经本人同意为由主张收养关系无效。（《民法典》第 52 条）

（3）财产关系：被撤销死亡宣告的人有权请求依照继承法取得其财产的民事主体返还财产。无法返还的，应当给予适当补偿。利害关系人隐瞒真实情况，致使他人被宣告死亡取得其财产的，除应当返还财产外，还应当对由此造成的损失承担赔偿责任。（《民法典》第 53 条）

四、案(事)例述评

(一)上海第九城市信息技术有限公司等诉北京新浪互联信息服务有限公司姓名权、肖像权纠纷案①

1. 案件事实

"热血球球"系上海第九城市计算机技术有限公司研发的一款网络游戏。2010 年,马拉多纳发现新浪公司、第九城市信息技术有限公司、第九城市计算机技术咨询公司在其各自官方网站上发布了其代言"热血球球"游戏的报道。同时,三公司在其游戏运营网站开设了"热血球球"的网络游戏频道,联合运营"热血球球"游戏,该游戏及游戏频道的多个界面中使用了原告马拉多纳的肖像及"马拉多纳"的外文签名。马拉多纳称其没有代言过"热血球球"这款网络游戏,认为三公司在没有经过其授权的情况下,以营利为目的,非法将其肖像、姓名用于联合经营的"热血球球"游戏,并作出马拉多纳代言游戏的不实报道,严重侵犯了自己的肖像权及姓名权。马拉多纳向法院起诉,要求三被告立即停止在"热血球球"游戏及运营网站"热血球球"游戏栏目中使用原告肖像和姓名的侵权行为,三被告赔偿原告 2000 万元(其中包括财产性损害赔偿人民币 18704556 元、合理费用支出人民币 1295443 元、精神损害赔偿人民币 1 元)。

2. 法院判决

一审法院判决三公司向马拉多纳发表致歉声明并赔偿精神损失人民币 300 万元、精神损害赔偿人民币 1 元;二审法院判决维持原判。

3. 案例评析

本案经过两审,其中争议焦点之一在于马拉多纳作为阿根廷国籍能否适用《民法通则》对"公民"的规定,能否享有第 100 条规定的肖像权。而《民法通则》中关于公民的规定,适用于在中华人民共和国领域内的外国人、无国籍人,但法律另有规定的除外。虽然马拉多纳的国籍是阿根廷,但他属于《民法通则》的调整范围。人格权是以民事主体依法享有的人格利益为客体,以维护和实现人格平等、尊严、自由为目的的权利。法律规定的具体人格权中的肖像权与姓名权受到侵害时,民事主体有权主张司法救济。

(二)杨某珍、邱某茂、杨乙等财产损害赔偿纠纷②

1. 案件事实

杨某森、廖某华夫妇生育二子,长子杨甲,次子杨乙(生于 1989 年 10 月 1 日)。2003 年 6 月 18 日杨乙就读于邱某茂开办的巴中市巴州区电子技术教育学校电子专修一班,同

---

① 上海第九城市信息技术有限公司等诉北京新浪互联信息服务有限公司姓名权、肖像权纠纷案,〔2013〕高民终字第 3129 号,【法宝引证码】CLI. C. 3592885。

② 杨某珍、邱某茂、杨乙等财产损害赔偿纠纷,〔2018〕川 1902 民初 231 号,【法宝引证码】CLI. C. 116241689。

年 11 月 6 日，杨乙持杨甲的身份证与其他同学一起由该学校的老师送到深圳市亚腾高科电子厂实习，后杨乙私自离厂且一直未与家人联系。之后杨乙父母要求邱某茂寻找其子，并多次向各级机关反映情况直至 2016 年元月杨乙回家，其间杨乙父母诉至法院请求巴州区电子技术教育学校赔偿其寻找杨乙的各项损失（〔2008〕巴中法民一终字第 38 号判决）、向法院申请宣告杨乙死亡（〔2010〕巴州特初字第 04 号民事判决宣告杨乙死亡）及请求邱某文赔偿因杨乙死亡的相关费用（〔2012〕巴州民初字第 1725 号民事判决）。之后利害关系人邱某茂、杨某珍（邱某茂之妻）申请法院撤销相关判决，返还财产。

2. 法院判决

依据《中华人民共和国民事诉讼法》第 240 条"执行完毕后，据以执行的判决、裁定和其他法律文书确有错误，被人民法院撤销的，对已被执行的财产，人民法院应当作出裁定，责令取得财产的人返还；拒不返还的，强制执行"之规定，邱某茂、杨某珍应当按照法律规定的途径，通过向原执行法院即四川省巴中市巴州区人民法院申请，由执行法院裁定责令取得财产的人予以返还，而不应当通过财产损害赔偿纠纷诉讼途径解决。

3. 案例评析

杨乙的父母请求邱某茂赔偿 30 余万元的前提是找寻不到杨乙而后申请宣判死亡，但是多年以后杨乙归来，死亡的事实不存在，赔偿的前提也就不存在了，因此廖某华（杨某森在诉讼期间死亡，其二子放弃继承权）应当返还财产。

（三）李某、郭某阳诉郭某和、童某某继承纠纷案[①]

1. 案件事实

原告李某诉称：位于江苏省南京市某住宅小区的 306 室房屋，是其与被继承人郭某顺的夫妻共同财产。郭某顺因病死亡后，其儿子郭某阳出生。郭某顺的遗产，应当由妻子李某、儿子郭某阳与郭某顺的父母即被告郭某和、童某某等法定继承人共同继承。请求法院在析产继承时，考虑郭某和、童某某有自己房产和退休工资，而李某无固定收入还要抚养幼子的情况，对李某和郭某阳给予照顾。

被告郭某和、童某某辩称：儿子郭某顺生前留下遗嘱，明确将 306 室房屋赠与二被告，故对该房产不适用法定继承。李某所生的孩子与郭某顺不存在血缘关系，郭某顺在遗嘱中声明他不要这个人工授精生下的孩子，他在得知自己患癌症后，已向李某表示过不要这个孩子，是李某自己坚持要生下孩子。因此，应该由李某对孩子负责，不能将孩子列为郭某顺的继承人。

法院经审理查明：1998 年 3 月 3 日，原告李某与郭某顺登记结婚。2002 年，郭某顺以自己的名义购买了涉案建筑面积为 45.08 平方米的 306 室房屋，并办理了房屋产权登记。2004 年 1 月 30 日，李某和郭某顺共同与某医院生殖遗传中心签订了人工授精协议书，对李某实施了人工授精，后李某怀孕。2004 年 4 月，郭某顺因病住院，其在得知自

---

① 李某、郭某阳诉郭某和、童某某继承纠纷案，〔2006〕秦民一初字第 14 号；本案例为最高人民法院指导案例 50 号，《最高人民法院公报》2015 年第 10 期（总第 228 期）。

已患了癌症后，向李某表示不要这个孩子，但李某不同意人工流产，坚持要生下孩子。5月20日，郭某顺在医院立下自书遗嘱，在遗嘱中声明他不要这个人工授精生下的孩子，并将306室房屋赠与其父母郭某和、童某某。郭某顺于5月23日病故。李某于当年10月22日产下一子，取名郭某阳。原告李某无业，每月领取最低生活保障金，另有不固定的打工收入，并持有夫妻关系存续期间的共同存款18705.4元。被告郭某和、童某某系郭某顺的父母，居住在同一个住宅小区的305室，均有退休工资。2001年3月，郭某顺为开店，曾向童某某借款8500元。

南京大陆房地产估价师事务所有限责任公司受法院委托，于2006年3月对涉案306室房屋进行了评估，经评估房产价值为19.3万元。

2. 法院判决

江苏省南京市秦淮区人民法院于2006年4月20日作出一审判决：涉案的306室房屋归原告李某所有；李某于本判决生效之日起30日内，给付原告郭某阳33442.4元，该款由郭某阳的法定代理人李某保管；李某于本判决生效之日起30日内，给付被告郭某和33442.4元、给付被告童某某41942.4元。一审宣判后，双方当事人均未提出上诉，判决已发生法律效力。

3. 案例评析

本案争议焦点主要有两方面：一是郭某阳是否为郭某顺和李某的婚生子女？二是在郭某顺留有遗嘱的情况下，对306室房屋应如何析产继承？

关于争议焦点一。《最高人民法院关于夫妻离婚后人工授精所生子女的法律地位如何确定的复函》中指出：“在夫妻关系存续期间，双方一致同意进行人工授精，所生子女应视为夫妻双方的婚生子女，父母子女之间权利义务关系适用《中华人民共和国婚姻法》的有关规定。”郭某顺因无生育能力，签字同意医院为其妻子即原告李某施行人工授精手术，该行为表明郭某顺具有通过人工授精方法获得其与李某共同子女的意思表示。只要在夫妻关系存续期间，夫妻双方同意通过人工授精生育子女，所生子女均应视为夫妻双方的婚生子女。《中华人民共和国民法通则》第57条（现为《民法典》第136条）规定：“民事法律行为从成立时起具有法律约束力。行为人非依法律规定或者取得对方同意，不得擅自变更或者解除。”因此，郭某顺在遗嘱中否认其与李某所怀胎儿的亲子关系，是无效民事行为，应当认定郭某阳是郭某顺和李某的婚生子女。

关于争议焦点二。《中华人民共和国继承法》（以下简称《继承法》）第5条（现为《民法典》第1123条）规定：“继承开始后，按照法定继承办理；有遗嘱的，按照遗嘱继承或者遗赠办理；有遗赠扶养协议的，按照协议办理。”被继承人郭某顺死亡后，继承开始。鉴于郭某顺留有遗嘱，本案应当按照遗嘱继承办理。《继承法》第26条（现为《民法典》第1153条）规定：“夫妻在婚姻关系存续期间所得的共同所有的财产，除有约定的以外，如果分割遗产，应当先将共同所有的财产的一半分出为配偶所有，其余的为被继承人的遗产。”《最高人民法院关于贯彻执行〈中华人民共和国继承法〉若干问题的意见》第38条规定：“遗嘱人以遗嘱处分了属于国家、集体或他人所有的财产，遗嘱的这部分，应认定无效。”登记在被继承人郭某顺名下的306室房屋，已查明是郭某顺与原告李某夫妻关系存续期间取得的夫妻共同财产。郭某顺死亡后,该房屋的一半应归李某所有,另一半才能作为郭某顺的遗产。郭某顺在遗嘱中,将306室房屋全部处分归其父母,侵害了李某的房产权,遗嘱的这部分应属无效。此外,《继承法》第19条(现为《民法典》第1159条)规定:"遗嘱应当对缺乏劳动能力又没有生活来源的继承人保留必要的遗产份额。"郭某顺在立遗嘱时,没有在遗嘱中为胎儿保留必要的遗产份额,该部分遗嘱内容无效。《继承法》第28条(现为《民法典》第1155条)规定:"遗产分割时,应当保留胎儿的继承份额。"因此,在分割遗产时,应当为该胎儿保留继承份额。综上所述,在扣除应当归李某所有的财产和应当为胎儿保留的继承份额之后,郭某顺遗产的剩余部分才可以按遗嘱确定的分配原则处理。

第二节　自然人的行为能力

一、行为能力的概念

自然人的民事行为能力,是指法律确认的自然人通过自己的行为从事民事活动,参加民事法律关系,取得民事权利和承担民事义务的能力。我国民法以年龄与精神状态为标准,分为完全行为能力、限制行为能力、无行为能力。

行为人首先必须能够理解其所实施行为的意义,当事人的理性能力于是成为前提。只有具备理性能力、能够进行法律交往之人,才称得上是真正的私法上的人。意思自治以法律主体具有意思能力为前提。意思能力,是行为人对于自己行为的识别能力和预见能力,亦可以称之为"主体理解自己行为的法律意义的能力"。

二、行为能力的判断标准与类型

(一)标准问题

每个人的认知能力、理性能力均有所不同,故对个案审查,动态考察(考虑每一个人的具体情形)最准确。然个案审查不具有现实可操作性,可寻找某种外在"显性"的一般标准,如年龄与精神智力。之所以选择"年龄"为主要依据在于实现法律的确定性,此为"法律的数字化"现象的必然。一般认为,随着年龄的增长,个人的理性能力原则上会慢慢增长;当然,实践中也有例外,因特殊因素的出现,成年之后,其理性能力也有可能慢慢减少。

(二)类型

1. 完全行为能力人

各国民法均以成年作为自然人享有完全民事行为能力的判断标准。因为成年人一般已经具有相当的知识和社会经验,且开始独立生活,在社会交往中能够判断和预见自己行为的法律后果。法律赋予自然人完全民事行为能力,使其能够不依赖他人而独立实施法律行为，参加民事法律关系。各国人民的生理发育有差异，因此所规定的成年年龄不同。如法国、奥地利、意大利、比利时、荷兰等国以 21 岁为成年，瑞士、日本等国以 20 岁为成年，英国、土耳其、匈牙利等国以 18 岁为成年。

我国民法规定，年满 18 周岁的自然人为成年人。成年人为完全民事行为能力人，可以独立实施民事法律行为。还有一种特殊情形，即当自然人年满 16 周岁以上，能以自己的劳动收入为主要生活来源的，视为完全民事行为能力人。

2. 限制行为能力人

（1）未成年人：8 周岁以上的未成年人，为限制民事行为能力人；

（2）成年人：不能完全辨认自己行为的成年人，为限制民事行为能力人。

关于限制行为能力人实施行为的效力：限制行为能力人可以单独实施纯获利益的民事法律行为或者与其年龄、智力以及精神健康状况相适应的民事法律行为；实施其他民事法律行为应由其法定代理人代理，或者经其法定代理人同意、追认。

3. 无行为能力人

（1）不满 8 周岁的未成年人；

（2）不能辨认自己行为的成年人。

上述两类无民事行为能力人，由其法定代理人代理实施民事法律行为。

第三节　监　护

一、概述

（一）监护的含义

监护是指对无民事行为能力人和限制民事能力人的合法权益进行监督和保护的一种民事制度。履行监督和保护职责的人就是监护人；被监护人监督、保护的人是被监护人。

（二）监护制度的价值

监护制度的价值在于对行为能力欠缺者的救济——监护人即为法定代理人，对被监护人的人身、财产、教育等方面进行保护。监护制度不仅事关家务私事，而且事关社会公益，预防危害他人和社会的行为，有利于维持社会秩序的稳定。

（三）类型

监护主要包括未成年人监护与欠缺行为能力之成年人的监护。

二、监护人的确定

（一）未成年人的监护人

未成年人的监护人有以下几种情形：

1. 法定监护

父母是未成年子女的监护人。未成年人的父母已经死亡或者没有监护能力的，由下列有监护能力的人按顺序担任监护人：（1）祖父母、外祖父母；（2）兄、姐；（3）其他愿意担任监护人的个人或者组织，但是须经未成年人住所地的居民委员会、村民委员会或者民政部门同意。

2. 遗嘱监护

被监护人的父母担任监护人的，可以通过遗嘱指定监护人。只有被监护人的父母担任监护人时才有权通过遗嘱指定监护人，其他监护人无此权利。

3. 指定监护

依据《民法典》第 31 条的规定，对监护人的确定有争议的，由被监护人住所地的居民委员会、村民委员会或者民政部门指定监护人，有关当事人对指定不服的，可以向人民法院申请指定监护人；有关当事人也可以直接向人民法院申请指定监护人。

居民委员会、村民委员会、民政部门或者人民法院应当尊重被监护人的真实意愿，按照最有利于被监护人的原则在依法具有监护资格的人中指定监护人。

依据《民法典》第 31 条第 1 款规定，在指定监护人前，被监护人的人身权利、财产权利以及其他合法权益处于无人保护状态的，由被监护人住所地的居民委员会、村民委员会、法律规定的有关组织或者民政部门担任临时监护人。

监护人被指定后，不得擅自变更；擅自变更的，不免除被指定的监护人的责任。

4. 委托监护

无民事行为能力人、限制民事行为能力人造成他人损害，监护人将监护职责委托给他人的，监护人应当承担侵权责任；受托人有过错的，承担相应的责任。

(二)成年人的监护人

成年监护人包括以下几种情形：

1. 法定监护

无民事行为能力或者限制民事行为能力的成年人，由下列有监护能力的人按顺序担任监护人：（1）配偶；（2）父母(亦可由遗嘱确定监护人)、子女；（3）其他近亲属；（4）其他愿意担任监护人的个人或者组织，但是须经被监护人住所地的居民委员会、村民委员会或者民政部门同意(《民法典》第 28 条)。其中，近亲属的范围依据《民法典》第 1045 条的规定予以确定。

2. 意定监护

具有完全民事行为能力的成年人，可以与其近亲属、其他愿意担任监护人的个人或者组织事先协商，以书面形式确定自己的监护人。协商确定的监护人在该成年人丧失或者部分丧失民事行为能力时，履行监护职责。

三、监护制度的具体内容

(一)监护人的职责范围

对外代理被监护人实施民事法律行为；对内保护被监护人的人身权利、财产权利以及其他合法权益等。

(二)监护人监护职责的履行

监护人应当按照最有利于被监护人的原则履行监护职责。监护人除为维护被监护人利益外，不得处分被监护人的财产。

未成年人的监护人履行监护职责，在作出与被监护人利益有关的决定时，应当根据被监护人的年龄和智力状况，尊重被监护人的真实意愿。

成年人的监护人履行监护职责，应当最大限度地尊重被监护人的真实意愿，保障并协助被监护人实施与其智力、精神健康状况相适应的民事法律行为。对被监护人有能力独立处理的事务，监护人不得干涉。

(三)监护的撤销

监护的撤销，指监护人存在法定情形，人民法院根据有关个人或者组织的申请，撤销其监护人资格，安排必要的临时监护措施，并按照最有利于被监护人的原则依法指定监护人，包括实施严重损害被监护人身心健康的行为；怠于履行监护职责，或者无法履行监护职责且拒绝将监护职责部分或者全部委托给他人，导致被监护人处于危困状态；实施严重侵害被监护人合法权益的其他行为。

(四)监护权的恢复

被监护人的父母或者子女被人民法院撤销监护人资格后，除对被监护人实施故意犯罪的外，确有悔改表现的，经其申请，人民法院可以在尊重被监护人真实意愿的前提下，视情况恢复其监护人资格，人民法院指定的监护人与被监护人的监护关系同时终止。经其申请，人民法院可以在尊重被监护人真实意愿的前提下，视情况恢复其监护人资格。

(五)监护权终止的情形

(1)被监护人取得或者恢复完全民事行为能力；
(2)监护人丧失监护能力；
(3)被监护人或者监护人死亡；
(4)人民法院认定监护关系终止的其他情形。监护关系终止后，被监护人仍然需要监护的，应当依法另行确定监护人。

四、案(事)例述评

(一)湖北农腾典当有限公司与洪某平、洪某等借款合同纠纷①

1. 案件事实

2015 年 12 月 4 日,湖北农腾典当与洪某平、洪某、朱某先签订典当合同一份,约定洪某平、洪某、朱某先向农腾典当借款 50 万元,借款期限自 2015 年 12 月 4 日至 2016 年 5 月 31 日止,洪某(洪某平之子出生于 2000 年 9 月 9 日,签订典当合同并办理房屋抵押手续时未满 16 周岁)以其所有的房屋向原告农腾典当作抵押担保,钟某平、徐某珍、康某源大药房提供连带责任保证。借款到期后,洪某平、洪某、朱某先在 2016 年春节后偿还 1 万元本金并支付 6 个月利息,自 2016 年 6 月 1 日后,即拒绝偿还剩余本息。农腾典当多次催讨未果,为维护自己的合法权益,故诉至法院,请求依法裁决。

2. 法院判决

被告洪某平、朱某先、洪某偿还原告湖北农腾典当有限公司的借款 49 万元、借款利息和逾期利息;被告钟某平、徐某珍、安陆市康某源大药房对上述债务承担连带偿还责任。

3. 案例评析

本案中被告洪某在签订典当合同并办理抵押登记时未满 16 周岁,属限制民事行为能力人,其民事行为应当由其法定代理人代理或征得其法定代理人同意方有效,但双方在签订典当合同并办理抵押登记时,被告洪某与其法定代理人洪某平、朱某先同时予以签字确认,应当视为其法定代理人已同意被告洪某的签字行为,被告洪某在典当合同中的签字及抵押登记行为合法有效,因此,原告农腾典当与被告洪某平、朱某先、洪某签订的典当合同及办理的抵押登记是双方当事人的真实意思表示,虽看似应合法有效,但贷款并未进入其子洪某的账户,而是进入洪某平的控制账户,此时还需考虑是否存在有损被监护人权益的行为?是否有滥用监护权的嫌疑,应使法律行为归于无效?以上问题值得深思。

(二)监护人意定与法定的冲突

1. 案件事实②

孙某成父母配偶均已过世,且未生育子女,被申请人孙某亚系被监护人孙某成弟弟孙某年的女儿,申请人孙某莉系孙某成的哥哥孙某明的女儿。2019 年 12 月 6 日,上海市普陀区公证处出具《公证书》,针对孙某成、孙某莉、陶某强于 2019 年 12 月 4 日申请办理《意定监护协议》公证,该协议约定孙某成委任孙某莉为意定监护人,委任陶某强为监护监督人。2019 年 12 月 31 日,孙某成经司法鉴定科学研究院鉴定患有器质性精神障碍,

---

① 湖北农腾典当有限公司与洪某平、洪某等借款合同纠纷,〔2016〕鄂 0902 民初 3279 号,【法宝引证码】CLI. C. 42955261。

② 孙某与孙某 1 申请变更监护人特别程序民事判决书,〔2020〕沪 0106 民特 209 号,【法宝引证码】CLI. C. 112230314。

孙某成目前应被评定为具有限制民事行为能力，该鉴定意见书载明委托日期为 2019 年 11 月 11 日，鉴定日期为 2019 年 12 月 16 日。2020 年 4 月 2 日，法院作出〔2020〕沪 0106 民特 110 号民事判决书，宣告孙某成为限制民事行为能力人，指定孙某亚为孙某成的监护人。孙某成现居住上海市静安区永兴路，同陶某强夫妇与陶某强母亲（孙某成姐姐）共同生活。

2. 法院判决

法院认为，监护权对监护人来说，既是一项权利，更是一项义务，设立监护制度目的是为了更好地保护被监护人的人身、财产及其他合法权益。认定监护人的监护能力，应考虑监护人的身体健康状况、经济条件、与被监护人在生活上的联系状况等因素综合确定。2020 年 4 月 2 日，法院经鉴定判决宣告孙某成为限制民事行为能力人并指定孙某亚为孙某成的监护人，后孙某莉于 2020 年 5 月 11 日表示孙某亚未尽赡养义务与孙某成曾确认孙某莉做监护人为由要求变更监护人。对此法院认为，根据户籍登记信息显示孙某亚为孙某成女儿、孙某莉为孙某成侄女，故孙某亚担任监护人的顺序理应先于孙某莉，但是，本案中各方均确认中兴路房屋拆迁后自 2020 年 1 月 6 日，孙某成便搬离与陶某强一家同住至今，此后再未与孙某亚共同生活，且孙某成的钱款和证件等均处于孙某莉及其父亲的保存与管理中，此外，孙某成虽为限制民事行为能力人，但有一定的理解表达与认知能力，其二次庭审与一次居住地调查中均一致表示不愿意让孙某亚担任监护人、同意孙某莉担任监护人，且态度始终十分坚决，甚至表示哪怕死了也不愿意和孙某亚生活，考虑被监护人孙某成目前的实际状况，孙某亚确实在客观上无法再继续履行监护职责，且亦未将监护责任部分或全部委托给他人。因此，从有利于被监护人孙某成的角度出发，本院对孙某莉要求变更监护人的申请予以支持。希望孙某莉能从维护被监护人利益的角度出发，依法行使监护的权利，认真履行监护职责，切实保护孙某成的人身、财产及其他合法权益，除为维护孙某成的利益外，不得擅自处理孙某成的财产。若孙某莉存在侵害被监护人利益的情况，孙某亚等其他愿意担任孙某成监护人的个人或组织亦可申请法院变更监护人。

3. 案例评析

意定监护制度作为民事监护制度的类型之一，是兼顾"尊重当事人意思自治"与"保护监护人利益"的重要制度。本案被监护人孙某成虽系限制民事行为能力人，但是其有一定的表达能力，当存在意定监护和法定监护竞合时，法院出于从被监护人的角度出发最终判决变更监护人，充分尊重了监护人意愿，打破了传统法定监护制度，充分体现了尊重当事人真实意思的表示原则，彰显了以人为本的立法理念。

第四节 自然人住所与宣告失踪

一、自然人的住所

（一）概念

自然人的住所是指自然人进行民事活动的中心场所，确定其权利义务的空间。一般来说构成住所应具备两个条件:(1)心素,即久住的意思;(2)体素,即经常居住的事实。

(二)确定住所的法律意义

住所的确定,使法律关系集中于一处,有利于确定权利义务,解决纠纷。如婚姻登记、失踪、继承开始、债务履行地、票据权利的行使、审判管辖、书状送达、国籍的取得和恢复,以及国际私法上关于法律的适用等问题,都需要以住所为标准来解决。法人住所的法律意义,一般与自然人相同。

(三)住所的确定

自然人以户籍登记或者其他有效身份登记记载的居所为住所;经常居所与住所不一致的,视经常居所为住所。自然人离开住所地最后连续居住一年以上的地方,为经常居住地。但住医院治病的除外。自然人由其户籍住所地迁出后至迁入另一地之前,无经常居住地的,仍以原户籍所在地为住所。

二、宣告失踪

(一)含义

宣告失踪,是指自然人下落不明达到一定期限,经利害关系人申请,人民法院宣告其为失踪人的法律制度。宣告失踪制度以推定方式确认自然人失踪事实,主要是保护失踪人的合法权益。

(二)宣告失踪的条件

(1)下落不明:自然人下落不明的时间从其失去音讯之日起计算。战争期间下落不明的,下落不明的时间自战争结束之日或者有关机关确定的下落不明之日起计算。(2)达法定期间(2年)。(3)经利害关系人申请。(4)经法院审理后作出宣告失踪判决。

(三)宣告失踪的法律后果:财产代管

1. 代管人的确定

失踪人的财产由其配偶、成年子女、父母或者其他愿意担任财产代管人的人代管。代管有争议,没有上述规定的人,或者上述规定的人无代管能力的,由人民法院指定的人代管。

当然,在代管人财产共有制(夫妻财产共有制)背景下,配偶的代管地位是否还需要重申,是否有重复规定的嫌疑,亦应关注。

2. 代管人的职责

(1)财产代管人应当妥善管理失踪人的财产,维护其财产权益。

(2)失踪人所欠税款、债务和应付的其他费用,由财产代管人从失踪人的财产中支付。

(3)财产代管人因故意或者重大过失造成失踪人财产损失的,应当承担赔偿责任。

（四）宣告失踪的撤销

被宣告失踪人重新出现，经本人或者利害关系人申请，人民法院应当撤销失踪宣告。失踪人重新出现，有权要求财产代管人及时移交有关财产并报告财产代管情况。

第五节　特殊自然人——个体工商户与农村承包经营户

一、个体工商户

（一）概念

个体工商户是自然人在法律允许的范围内，依法经核准登记，从事工商经营的个体经济单位。

（二）特征

(1)个体工商户的主体是个体劳动者，是个体经济的法律形式。
(2)个体工商户从事在法律允许经营的范围内的工商业经营活动。
(3)个体工商户必须履行一定的核准登记手续，并在工商登记管理机关核准的范围内从事生产经营活动。

（三）个体工商户的法律地位

个体工商户是商事主体之一。

二、农村承包经营户

（一）概念

农村承包经营户是指农村集体经济组织的成员，在法律允许的范围内，按照承包合同规定从事商品经营的经济单位。

（二）特征

(1)农村承包经营户为农村集体经济组织的成员；
(2)农村承包经营户是在法律允许的范围内从事商品生产、经营活动；
(3)农村承包经营户是通过各种承包合同产生的。

（三）法律地位

农村承包经营户自与所在农村集体经济组织签订承包合同之日起，即享有由承包经营合同所决定的特定的民事权利能力和行为能力。

三、个体工商户和农村承包经营户的财产责任

(1)个体工商户的债务:个人经营的,以个人财产承担;家庭经营的,以家庭财产承担。

(2)以个人名义申请登记的个体工商户,用家庭共有财产投资,或者收益的主要部分供家庭成员享用的,其债务应以家庭共有财产清偿。

(3)在夫妻关系存续期间,一方从事个体经营或承包经营的,其收入为夫妻共有财产,债务应以夫妻共有财产清偿。

(4)个体工商户的债务,如果以其家庭共有财产承担,仍不足以其家庭共有财产承担,仍不足以偿还债务的,由家庭成员个人财产偿还。

(5)不参加家庭经营但以家庭收益为主要生活来源的,也应承担偿还债务的责任,不参加家庭经营又不以家庭收益为主要生活来源的,则不承担偿还债务的责任,但应当保留家庭成员的生活必需品和必要的生产工具。

第六节 自然人的人格权

一、人格权概念概述

(一)人格与人格权的概念

1. 人格的概念

我国《民法典》第 4 编为人格权编,首创《民法典》专编保护模式,是立法模式的重大创新。人格是法律上一个抽象的概念,其在法律上具有多重含义,其一指私法上的权利义务所归属之主体,亦称法律人格;其二指民事权利能力,该含义可追溯至罗马法,此种意义上的人格概念等同于权利能力概念;其三指权利能力、行为能力、自由、名誉、姓名权之总和,《瑞士民法典》采此义;其四指一种受法律保护的利益,包括自然人的生命、身体、健康、自由、尊严、名誉等,为了区别于其他受法律保护的利益如财产利益,又称为人格利益。这种意义上的人格,是指人格权的标的。

2. 人格权的概念

人格权是指民事主体所固有的,以人格利益为客体,以维护和实现人格平等、人格尊严、人身自由为目标的权利。人格权因出生而取得,因死亡而消灭,不得让与或抛弃。

(二)人格权的性质

1. 非财产权

民事权利以权利之标的是否具有财产价值为标准,区分为财产权与非财产权。而民法关于财产权与非财产权的区分,是先确定哪些权利属于非财产权,非财产权之外的权利,均属于财产权。人格权是以与主体不可分离的人格利益为标的,而人格利益不具有财产价值,因此人格权属于非财产权。须注意的是,此所谓人格利益不具有财产价值,也并非绝

对的,如名人的肖像权可有偿许可他人使用,显然具有财产价值。此外,人格利益在遭受不法侵害的情形,亦可判决侵权行为人支付金钱赔偿。可知,民法关于财产权与非财产权的划分是相对的,并不是绝对的。

2. 支配权

民事权利以权利之作用为标准,区分为支配权与请求权。凡权利人可以直接支配其标的并具有排他性之权利,均属于支配权;权利人不能直接支配其标的,仅能请求义务人为特定行为的权利,均属于请求权。人格权之权利人得直接支配其人格利益,并排除他人之干涉,因此属于支配权。

3. 绝对权

民事权利以权利之效力是否可以对一切人主张为标准,区分为绝对权与相对权。所谓绝对权,是指可对一切人主张的权利,又称对世权。所谓相对权,是指仅能对特定人主张的权利,又称对人权。人格权的效力可以对一切人主张,因此属于绝对权。

4. 专属固有权(人之所以为人的要素)

民事权利以权利与其主体之关系为标准,区分为专属权与非专属权。专属权是专属于特定主体而不得让与他人的权利,此外的权利属于非专属权。人格利益,存在于主体自身,与主体有不可分离的关系,因此人格权属于专属权。

(三)一般人格权

1. 概念

一般人格权,是指关于人之存在价值及尊严之权利,其标的包括生命、身体、健康、名誉、自由、姓名、贞操、肖像、隐私等全部人格利益。一般人格权是相对于具体人格权而言的,是指法律采用高度概括的方式赋予民事主体享有的具有权利集合性特点的人格权,是关于人的存在价值及尊严的权利。《民法典》第 109 条规定,自然人的人身自由、人格尊严受法律保护。一般人格权理论系从侵权法领域发展而来,以实现对人格法益保护的扩张(侵权法保护);虽称其为权,但应该为法益。因此,一般人格权是以主体全部人格利益为标的的总括性权利。且一般人格权也是一种具有发展性、开放性的权利,随着人类文化及社会经济之发展,其范围不断扩大,内容也越来越丰富。

2. 特征

(1)抽象概括性。一般人格权是一种框架性的结构,权利的具体内容并不明确,它需要法官根据案件的具体情况,通过解释予以补充,具有极强的包容性。

(2)专属性。一般人格权与权利主体的人身密不可分,只能由权利人自己行使,不可转让或抛弃。

(3)一般人格权是人的基本权利,其性质为一般条款。一般人格权作为民事主体享有的人格利益,不会因为权利主体或权利构成的不同而出现差别。自然人无论其民族、种族、性别、年龄、教育程度、财产状况等个体因素的差异如何,社会组织不论其组织形式、财产多寡、规模大小有何不同,均普遍享有一般人格权。

3. 内容

(1)人格独立:民事主体对人格的独立享有,表现为人格一律平等。民事主体的人格不受他人干涉，不受他人控制。

(2)人格自由：经过高度抽象、高度概括的人格不受约束、不受控制的状态。

(3)人格尊严：民事主体对自身价值的认识，是他人、社会对特定主体作为人的尊重，是人的主观自我认识和客观社会评价的结合体。

4. 功能

(1)解释功能：在对立法上所规定的特别人格权进行必要解释时，一般人格权为解释之标准。

(2)创造功能：当特别人格权保护范围之外的具体的人格利益依一般人格权而得以保护之后，该具体人格利益就有可能逐渐获得区别于其他人格利益的独立地位和清晰的概念，新的特别人格权便得以形成。

(3)补充功能：一般人格权可以将尚未被特别人格权具体确认和保护的其他人格利益概括在一般人格利益之中，依据一般人格权进行法律保护。

二、具体人格权

具体人格权是指法律明确规定的各种人格权类型，包括生命权、身体权、健康权、姓名权、名称权、肖像权、名誉权、隐私权等权利。区分一般人格权与具体人格权的意义在于，凡关于该人格利益在法律上有具体人格权规定的，应适用该具体人格权的规定，该人格利益在法律上无具体人格权规定的，则应适用一般人格权保护的规定。

(一)生命权

生命权是指自然人享有的生命安全不受非法侵害的权利。生命权是自然人作为权利主体的前提条件，也是其行使其他民事权利的基础，故称之为自然人最基本的人格权。

生命权以自然人的生命安全为客体，以维护人的生命活动的正常延续为基本内容，以人的生命活动能力为保护对象，其实质是禁止他人非法剥夺生命而使人的生命按自然界的客观规律延续。

(二)身体权

身体权是指自然人保持身体组织的完整性并自主地支配其身体的权利。身体权的主体限于自然人，客体为身体，内容是自然人对其身体完整和行动自由的维护，以及对肢体、器官和组织的支配。身体权是不可转让的基本人格权。

(三)健康权

健康权是自然人以其身体的生理机能的完整性和保持良好的心理状态为内容的权利。所谓健康具体包括生理健康与心理健康，该权利旨在保障身体功能正常，而身体权则重在保障身体的肌体完整。实践中两种权利经常发生重叠，如在交通事故中，受害人双腿骨折，身体权与健康权则同时受到侵害。

（四）姓名权

姓名权是指自然人对其姓名享有的决定、使用、变更或者许可他人使用自己姓名，并排除他人非法干涉、盗用、假冒的权利。自然人享有姓名决定权，即决定自己姓名并排除他人非法干涉的权利。在姓氏选择上，自然人有权决定随父姓或者母姓；在名字选择上，自然人不仅有权决定自己在户籍簿上登记的正式名字，而且可以决定自己的别名、笔名、艺名，字或号等其他名字。自然人的姓氏应当随父姓或者母姓，但是有下列情形之一的，可以在父姓和母姓之外选取姓氏：（1）选取其他直系长辈血亲的姓氏；（2）因由法定抚养人以外的人抚养而选取抚养人姓氏；（3）有不违反公序良俗的其他正当理由。少数民族公民的姓氏可以跟从本民族的文化传统和风俗习惯。

侵害姓名权的行为包括干涉他人姓名使用、盗用他人姓名、假冒他人姓名。其中，干涉他人使用姓名的行为，是以违背本人意思为构成要件，而不论目的是否正当。但盗用和假冒他人姓名均以不正当目的为要件。此所谓不正当目的，包括牟利、营私、损害他人及规避法律等。

（五）肖像权

1. 概念

肖像权是指自然人对其肖像享有的支配权利，包括肖像的制作和使用。

2. 侵害肖像权的情形

任何组织或者个人不得丑化、污损，或者利用信息技术手段伪造侵害他人的肖像权。未经肖像权人同意，不得制作、使用、公开肖像权人的肖像，但是法律另有规定的除外。

3. 合理适用肖像的抗辩

合理实施下列行为的，可以不经肖像权人同意：

（1）为个人学习、艺术欣赏、课堂教学或者科学研究，在必要范围内使用肖像权人已经公开的肖像；

（2）为进行新闻报道，不可避免地制作、使用、公开肖像权人的肖像；

（3）为依法履行职责，国家机关在必要范围内制作、使用、公开肖像权人的肖像；

（4）为展示特定公共环境，不可避免地制作、使用、公开肖像权人的肖像；

（5）为维护公共利益或者肖像权人合法权益，制作、使用、公开肖像权人的肖像的其他行为。

4. 电影拍摄中拍摄到他人肖像是否构成侵害肖像权问题

关于这一问题，原则上应作肯定回答。因为在市场经济条件下，多数电影属于商业性电影，与其他营利行为在实质上无太大差别。无论何种行业，只要是营利性的，即不应允许擅自使用他人肖像。这应当是民法保护肖像权之立法真意所在，否则不利于保护自然人人格权。当然须作一些区分。首先，应区分商业性电影与非商业性电影。非商业性电影，如新闻片、科教片及纯艺术片，拍摄他人肖像时一般不认定侵害肖像权。非商业性电影以外的电影，属于商业性电影，如果偷拍他人肖像，将构成侵害肖像权，应当允许受害人提起侵权诉讼请求赔偿。其次，对于偷拍他人肖像，应作严格解释，应限于特写镜头或影像较大、时间较长，不仅本人而且本人的亲友同事也易于辨认。此外的情况，如系群众场面，或镜头一晃而过，一般难以辨认，均不宜认定为偷拍他人肖像。

（六）名誉权

1. 概念

名誉权是指自然人（法人）对其名誉享有的支配权。名誉作为一种社会评价，是指社会或他人对特定自然人的品德、声望和形象等方面的客观评判。这种评价直接关系到民事主体的人格尊严和社会地位，属于重要的人格利益。

2. 名誉侵权的认定

（1）有贬损他人名誉的行为（不正确评价）。

（3）贬损他人名誉的行为系不法行为。

（3）有降低他人社会评价的可能，正常的舆论监督除外。

3. 名誉权的特别救济方式

（1）民事主体有证据证明报刊、网络等媒体报道的内容失实，侵害名誉权的，有权请求该媒体及时采取更正或者删除等必要措施。

（2）民事主体可以依法查询自己的信用评价，发现信用评价不当的有权提出异议并请求采取更正、删除等必要措施。

4. 关于死者名誉

关于侵害死者的名誉是否构成侵权行为，曾经发生争论。但所谓侵害死者名誉，包括三种情形：第一种，仅造成死者的社会评价降低，而与生者无关；第二种，因侵害死者名誉而导致死者遗属的名誉受损害；第三种，侵害死者名誉并不对死者遗属的名誉造成损害，但损及遗属对死者的敬爱追慕之情。第一种情形仅侵害死者名誉，因死者人格已不存在，不可能成为权利主体，因此不构成侵害人格权的侵权行为。第二种情形已构成对死者遗属人格权的侵害。当然构成侵权行为，但受害人系生者而非死者。第三种情形因降低死者的社会评价导致损失及遗属对先人的敬爱追慕之情，此对先人的感情亦属于人格利益而应受保护，应允许遗属以侵害死者名誉为由诉请损害赔偿及停止侵害。

关于死者名誉侵权问题，我国《最高人民法院关于确定民事侵权精神损害赔偿责任若干问题的解释》（以下简称《精神损害赔偿司法解释》）第 3 条规定，死者的姓名、肖像、名誉、荣誉、隐私、遗体、遗骨等受到侵害，其近亲属向人民法院提起诉讼请求精神损害赔偿的，人民法院应当依法予以支持。

（七）荣誉权

1. 概念

荣誉权是指自然人、法人或其他组织依法享有的保持自己的荣誉称号并排除他人非法侵害的权利。

2. 特征

（1）荣誉权的主体是自然人、法人或者其他组织；

（2）荣誉权的客体是民事主体获得的荣誉；

（3）荣誉权可因荣誉的取消而消灭。

（八）隐私权

1. 概念

隐私权是指自然人对其隐私的享有的支配并排除他人非法侵害的权利。隐私权为现代人格权的一种。所谓隐私，又称个人秘密，是指个人生活中不愿为他人知悉的秘密，包括私生活、日记、照相簿、储蓄、财产状况、通信秘密等。

2. 内涵

稳私权包括与特定人的利益或人身发生联系且权利人不愿为他人所知晓的私人生活、私人信息、私人空间及个人生活安宁。但是个人秘密并非全部受到保护，凡与社会或者公众利益直接相关的事项不属于隐私权范围。因此，法律不禁止基于社会或公众利益的需要而公开他人的秘密。

3. 特征

（1）隐私权的主体限于自然人。

（2）隐私权的客体是隐私利益。

（3）隐私权是支配权，权利人既可以利用隐私也可以放弃隐私。

4. 侵害隐私权的情形

任何组织或者个人不得以刺探、侵扰、泄露、公开等方式侵害他人的隐私权。除法律另有规定或者权利人明确同意外，任何组织和个人不得实施下列行为：

（1）以电话、短信、即时通信工具、电子邮件、传单等方式侵扰他人的私人生活安宁；

（2）进入、拍摄、窥视他人的住宅、宾馆房间等私密空间；

（3）拍摄、窥视、窃听、公开他人的私密活动；

（4）拍摄、窥视他人身体的私密部位；

（5）处理他人的私密信息；

（6）以其他方式侵害他人的隐私权。

（九）个人信息

个人信息，是指以电了或者其他方式记录的能够单独或者与其他信息结合识别特定白然人的各种信息，包括自然人的姓名、出生日期、身份证号码、生物识别信息、住址、电话号码、电子邮箱地址、健康信息、行踪信息等。个人信息中的私密信息，适用有关隐私权的规定，没有规定的适用有关个人信息的规定。

三、案（事）例述评

（一）文某与刘某人格权纠纷案①

1. 案件事实

文某于 2014 年 1 月 17 日向资兴市信访局反映"20 世纪 70 年代受批判，要求平反昭

---

① 文某与刘某人格权纠纷案，〔2016〕湘 10 民终 410 号，【法宝引证码】CLI. C. 8523044。

雪，恢复名誉"等问题。刘某时任资兴市兴宁镇人民政府政法委书记，为处理文某信访事项的主要负责人。资兴市兴宁镇人民政府进行调查了解后，于 2014 年 3 月 25 日作出兴政函〔2014〕5 号兴宁镇政府关于资信联办交〔2014〕1 号文某信访件的答复函，答复内容为："1974 年你被两江口大队批判一事并非因为建房，而是另有其他原因，与你反映的情况不相符合。'文化大革命'始于 20 世纪 60 年代，距今已有近半个世纪，你被批判是在当时特殊历史背景下发生的事情，你提出的相关诉求没有依据。"文某认为，刘某作为办理信访事项的主要负责人，在兴政函〔2014〕5 号答复函中歪曲事实，侵害了文某的名誉和人格尊严，故起诉至法院，请求判令刘某消除影响、停止侵害、赔礼道歉，赔偿文某精神损害费 5000 元，并负担本案案件受理费。

2. 法院判决

法院判决驳回了文某的诉讼请求。

3. 案例评析

人格尊严，是指公民所具有的自尊心以及应当受到社会和他人最起码尊重的权利，是主体对自己尊重和被他人尊重的统一，是对个人价值主客观评价的结合。人格尊严包括名誉权、肖像权、姓名权、隐私权、荣誉权等。判断自然人人格尊严是否受到侵害，不能仅考虑自然人的主观自尊感受，更要从客观角度考虑其在通常社会范围内所享有的作为人之最基本尊重是否被贬损。本案中刘某在处理文某信访事项中并没有诽谤、侮辱、诬告陷害等行为，答复函中答复的内容也未贬损文某的人格或致文某的社会评价降低而给文某造成精神损害，文某人格权并没有受到侵害。

(二)荷花女案①

1. 案件事实

吉文贞，1925 年出生在上海一个曲艺之家，曾红极一时，1944 年病故。自 1985 年起，魏某林拟以吉文贞为原型人物创作小说。《今晚报》副刊对小说配插图进行连载。小说在内容中使用了吉文贞的真实姓名和艺名，内容除部分写实外，还虚构了部分有关生活作风、道德品质的情节。在小说连载过程中，陈某琴及其亲属以小说损害了吉文贞的名誉为由，先后两次找到报社要求停载遭拒。1987 年 6 月，陈某琴向天津市中级人民法院起诉，以魏某林未经其同意在创作发表的小说《荷花女》中故意歪曲并捏造事实，侵害了已故艺人吉文贞和自己的名誉权以及《今晚报》未尽审查义务致使损害扩大为由，提起诉讼，要求停止侵害、恢复名誉、赔偿损失。

天津市中级人民法院判决，魏某林和《今晚报》报社分别在《今晚报》上连续三天刊登道歉声明，为吉文贞、陈某琴恢复名誉，消除影响，并各赔偿陈某琴 400 元。同时魏某林停止侵害，其所著小说《荷花女》不得再以任何形式复印、出版发行。《今晚报》报社、魏某林不服，向天津市高级人民法院提起上诉。天津市高级人民法院在认定天津市中级人民法院判决合法的基础上，主持双方达成调解协议。

---

① 人民法院报发布 21 个庆祝改革开放 40 周年典型案例之四："荷花女"名誉权纠纷案——中国死者名誉权保护"第一案"，载《人民法院报》2018 年 12 月 18 日，第 26 版：特刊 18。

2. 法院判决

天津市中级人民法院参照文化部颁发的《图书、期刊版权保护试行条例》第 11 条"关于作者死亡后，其署名等权利受到侵犯时，由作者的合法继承人保护其不受侵犯"的规定精神，认定公民死亡后，其生前享有的名誉权利仍受法律保护。在案件审理期间，天津市高级人民法院曾向最高人民法院发函请示意见。1989 年 4 月 12 日，最高人民法院通过复函的形式答复，死者名誉权应受到保护，其母有权提起诉讼。最高人民法院的复函成为审理此类案件的重要参照。

3. 案例评析

"荷花女"案成为我国首例在司法实践中确认保护死者名誉权益的案件，开启了保护死者人格利益的先河。这一案件在当时引起了法学界和法学部门的广泛讨论，使保护死者名誉权益的观念深入人心，进而推动了我国名誉权保护的立法、司法和理论研究进程。

（三）冷冻胚胎案①

1. 案件事实

沈某与刘某于 2010 年 10 月 13 日登记结婚，之后双方在南京市鼓楼医院（以下简称鼓楼医院）做试管婴儿，留下 4 枚冷冻胚胎。2013 年双方不幸死亡，对于 4 枚胚胎的监管权和处置权，沈某父母与刘某父母发生纠纷诉至法院。

2. 法院判决

二审法院判决沈某、刘某双方父母均享有监管权和处置权。

3. 案例评析

胚胎是介于人与物之间的过渡存在，具有孕育成生命的潜质，比非生命体具有更高的道德地位，应受到特殊尊重与保护。根据《人类辅助生殖技术管理办法》第 3 条的规定，胚胎不能买卖、赠送，禁止实施代孕，但并未否定权利人对胚胎享有的相关权利，在沈某、刘某意外死亡后，其父母不但是唯一关心胚胎命运的主体，而且亦应当是胚胎之最大和最密切倾向性利益的享有者。法院判决合理合法。

（四）金某某、中山大学附属肿瘤医院返还原物纠纷案②

1. 案件事实

2015 年 5 月 22 日，金某某因患子宫内膜癌在肿瘤医院进行了腹腔镜下全宫双附件切除术+盆腔淋巴结活检术。术后诊断为子宫内膜癌 IA1。金某某在术前术后均要求肿瘤医院归还其手术中切除的器官、组织，但遭该医院拒绝。故金某某诉至法院请求中山大学附属肿瘤医院归还金某某手术中被切除的子宫及其附件。

---

① 冷冻胚胎案，沈某等与刘某等胚胎继承纠纷上诉案，〔2014〕锡民终字第 1235 号，【法宝引证码】CLI. C. 8259818。

② 金某某、中山大学附属肿瘤医院返还原物纠纷案，广州市中级人民法院〔2018〕粤 01 民终 11254 号。

2. 法院判决

驳回金某某的诉讼请求。

3. 案例评析

我国现行法律并没有对患者在手术诊疗中被切除的人体的组织、器官的归属作出明文规定。人体器官或组织属于自然人身体的组成部分，是人格的载体，未与人体分离前，不得成为权利客体。已与人体分离的人体器官或组织，能否成为物而成为物权客体，学说与判例见解不乏争议。通说认为，自然人的器官、血液、骨髓、组织、精子、卵子等，以不违背公共秩序与善良风俗为限，可以作为物。手术过程中废弃的人体组织和器官，从文意解释，不应解释为患者抛弃之组织或器官，而是指手术中切除不能再加以利用的人体组织或器官。即按照《医疗废物分类目录》的规定，即使案涉子宫及其附件未附着恶性肿瘤，也应属于医疗废物。《医疗废物管理条例》第13条第1款规定："医疗卫生机构和医疗废物集中处置单位，应当采取有效措施，防止医疗废物流失、泄漏、扩散。"第14条第1款规定："禁止任何单位和个人转让、买卖医疗废物。"

（五）惊吓损害案之郭某栓与韩某闷健康权纠纷案[①]

1. 案件事实

2014年3月12日晚7时许，因宅基地纠纷被告郭某栓到原告韩某闷家滋事。当晚事发后，原告韩某闷被送往医院进行治疗，经诊断为：冠心病；高血压病；头外伤，并要求住院15天。韩某闷有冠心病、高血压病史且一个人在家的情况下，郭某栓的滋事行为与造成原告韩某闷因冠心病、高血压、头外伤住院治疗的结果之间存在因果关系。一审法院判决被告郭某栓赔偿原告韩某闷医疗费、护理费、营养费、交通费共计3774.37元，郭某栓不服提起上诉。

2. 法院判决

二审法院维持原判。

3. 案例评析

虽然原告有既往病史，但郭某栓因宅基地纠纷到韩某闷家门滋事的行为与导致韩某闷受到惊吓、刺激、受伤后并住院治疗的结果之间存在因果关系。此案中虽无直接的物质性伤害，但惊吓行为侵害了韩某闷的健康权，对此被告应当承担侵权的民事责任。

（六）林某暖诉张某保等人身损害赔偿纠纷案[②]

1. 案件事实

2005年4月17日下午，被告张某保接到"阿溜"电话告知，其亲戚在某公司办公室内被人殴打。被告张某保即前往该处，在办公室内与"阿溜"等两人殴打原告的儿子曾某斌，致曾某斌头部受伤倒地，血流满面。此时，原告林某暖进入办公室，看到此情形，当即昏

---

① 郭某栓与韩某闷健康权纠纷案，新安县人民法院〔2014〕新民初字第1498号。

② 林某暖诉张某保等人身损害赔偿纠纷案，〔2006〕思民初字第5968号，【法宝引证码】CLI. C. 361159。

厥，被送往医院救治，住院 12 天。原告诉至法院请求赔偿医疗费、护理费、营养费等共 8371.15 元，以及精神损害抚慰金 10000 元。

2. 法院判决

判决被告张某保赔偿原告人身损害赔偿金 1554.23 元及精神损害抚慰金 2000 元。

3. 案例评析

本案中，受到直接伤害的是曾某斌，原告作为曾某斌的母亲目睹儿子被殴致血流满面而昏厥，是间接受害人。所谓间接受害人，是指侵害行为直接指向的对象以外因法律关系或者社会关系的媒介作用受到损害的人。虽然，我国法律所保护的间接受害人仅指死亡受害人的近亲属以及其生前依法承担扶养义务的被扶养人、残疾受害人丧失劳动能力前依法承担扶养义务的被扶养人，但在司法解释上，可以允许健康权受损的间接受害人享有人身损害赔偿请求权。

(七) 第三人惊吓损害案

1. 案件事实

李某与孟某两人于某日傍晚收工后骑车并排行走在公路右侧非机动车道上，突然，一辆满载钢筋的货车从后面蹿上来。孟某葬身车轮之下，李某目睹车祸现场，而后精神便出现异常，经某精神病医院诊断为急性应激障碍精神病。李某将肇事司机诉至法院，请求赔偿损失及精神抚慰金。

2. 法院判决

法院基于公平观念责令加害人对李某给予适当补偿，当事人应合理分担损失，因此对精神抚慰金的请求不予支持。

3. 案例评析

我国侵权行为法的归责原则有三种：一是适用最广泛的过错责任原则，以行为人的过错作为责任的构成要件，以行为人过错程度作为确定责任范围、责任形式的依据。二是无过错责任原则，如高度危险作业、动物致人损害、环境污染、产品责任等，不问行为人主观上是否有过错，只要其行为与损害后果间存在因果关系，就应当承担民事责任。三是以"分配不幸"为主要功能的公平责任原则，又称衡平责任原则，指在当事人双方对损害的发生均无过错，法律又无特别规定时适用无过错责任原则。本案适用第三种原则。

(八) "北雁云依"诉济南市公安局历下区分局燕山派出所公安行政登记案①

1. 案件事实

原告"北雁云依"出生于 2009 年 1 月 25 日，其父亲名为吕某峰，母亲名为张某峥。因酷爱诗词歌赋和中国传统文化，吕某峰、张某峥夫妇二人决定给爱女起名为"北雁云依"，并以"北雁云依"为名办理了新生儿出生证明和计划生育服务手册及新生儿落户备查登记。2009 年 2 月，吕某峰前往燕山派出所为女儿申请办理户口登记，被民警告知拟被登记人

---

① "北雁云依"诉济南市公安局历下区分局燕山派出所公安行政登记案，本案例为最高人民法院指导案例 89 号，参见《最高人民法院公报》2018 年第 2 期(总第 256 期)。

员的姓氏应当随父姓或者母姓，即姓"吕"或者"张"，否则不符合办理出生的登记条件。因吕某峰坚持以"北雁云依"为姓名为女儿申请户口登记，被告燕山派出所遂依照《婚姻法》第 22 条之规定，于当日作出拒绝办理户口登记的具体行政行为。根据《中华人民共和国婚姻法》《中华人民共和国民法通则》关于姓名权的规定，原告"北雁云依"法定代理人吕某峰请求法院判令确认被告拒绝以"北雁云依"为姓名办理户口登记的行为违法。

2. 法院判决

济南市历下区人民法院于 2015 年 4 月 25 日作出〔2010〕历行初字第 4 号行政判决：驳回原告"北雁云依"要求确认被告燕山派出所拒绝以"北雁云依"为姓名办理户口登记行为违法的诉讼请求。

一审宣判并送达后，原、被告双方均未提出上诉，本判决已发生法律效力。

3. 案例评析

本案不存在选取其他直系长辈血亲姓氏或者选取法定扶养人以外的抚养人姓氏的情形，案件的焦点就在于原告法定代理人吕某峰提出的理由是否符合"有不违反公序良俗的其他正当理由"的规定。首先，从社会管理和发展的角度，子女承袭父母姓氏有利于提高社会管理效率，便于管理机关和其他社会成员对姓氏使用人的主要社会关系进行初步判断。倘若允许随意选取姓氏甚至恣意创造姓氏，则会增加社会管理成本，不利于维护社会秩序和实现社会的良性管控，而且极易使社会管理出现混乱，增加社会管理的风险性和不确定性。其次，公民选取姓氏关涉公序良俗。在中华传统文化中，"姓名"中的"姓"，即姓氏，主要来源于客观上的承袭，系先祖所传，承载了对先祖的敬重、对家庭的热爱等，体现着血缘传承、伦理秩序和文化传统。而"名"则源于主观创造，为父母所授，承载了个人喜好、人格特征、长辈愿望等。公民对姓氏传承的重视和尊崇，不仅仅体现了血缘关系、亲属关系，更承载着丰富的文化传统、伦理观念、人文情怀，符合主流价值观念，是中华民族向心力、凝聚力的载体和镜像。公民原则上随父姓或者母姓，符合中华传统文化和伦理观念，符合绝大多数公民的意愿和实际做法。反之，如果任由公民仅凭个人意愿喜好，随意选取姓氏甚至自创姓氏，则会造成对文化传统和伦理观念的冲击，违背社会善良风俗和一般道德要求。再次，公民依法享有姓名权，公民行使姓名权属于民事活动，既应当依照《民法通则》第 99 条（现为《民法典》第 101 条）第 1 款和《婚姻法》第 22 条（现为《民法典》第 1015 条）的规定，还应当遵守《民法通则》第 7 条（现为《民法典》第 8 条）的规定，即应当尊重社会公德，不得损害社会公共利益。通常情况下，在父姓和母姓之外选取姓氏的行为，主要存在于实际抚养关系发生变动、有利于未成年人身心健康、维护个人人格尊严等情形。

本案中，原告"北雁云依"的父母自创"北雁"为姓氏、选取"北雁云依"为姓名给女儿办理户口登记的理由是"我女儿姓名'北雁云依'四字，取自四首著名的中国古典诗词，寓意父母对女儿的美好祝愿"。此理由仅凭个人喜好愿望并创设姓氏，具有明显的随意性，不符合《全国人民代表大会常务委员会关于〈中华人民共和国民法通则〉第九十九条第一款、〈中华人民共和国婚姻法〉第二十二条的解释》第 2 款第 3 项的情形，不应予以支持。

（九）贾某花诉北京电影学院青年电影制片厂侵害肖像权案①

1. 案件事实

1992年2月，北京电影学院青年电影制片厂（以下简称青影厂）和香港银都机构有限公司合作拍摄故事影片《秋菊打官司》，为了体现故事片纪实性的特点，采取偷拍的手法摄制，结果将正在贩卖棉花糖的贾某花摄入镜头，并在制成的影片中使用。影片公开放映后，贾某花认为自己的平静生活不断被打扰，一些亲友、同事和其他人的讽刺挖苦，使其精神受到压抑，给其工作、生活带来许多麻烦。贾某花认为青影厂的行为侵害了其肖像权，为此诉请法院认定其侵权行为，判令剪除《秋菊打官司》一片中其肖像镜头；在一家全国发行的报刊上公开致歉，赔偿精神损失8000元，赔偿经济损失4720.78元。

2. 法院判决

法院认为，在一定条件下，即在合理范围内，在法律原则上又有直接使用的通例，那么，是否构成侵权，还要看被使用的肖像与营利目的之间是否存在直接的因果关系，只要内容健康，符合社会公共准则，不侵害他人合法权益，就不为法律所禁止。出于影片创作需要，拍摄街头实景时摄入其肖像，并无过错，摄制者主观上没有恶意，客观上也没有渲染贾某花任何不完善之处。因此，该人物镜头的拍摄与使用应被列入合理的直接允许的范围。

3. 案例评析

根据当时适用的《民法通则》第100条"公民享有肖像权，未经本人同意，不得以营利为目的使用公民的肖像"的规定，是否构成侵权要看被使用的肖像与营利目的之间是否存在直接的因果关系。另外，故事影片创作的纪实手法与其他艺术表现方式具有不同的特点，采取偷拍暗摄是实现客观纪实的需要，贾某花在公众场所从事个体经营，处在公共环境之中，未经其同意使用其肖像镜头具有社会实践的合理性，不违背法律关于保护公民该项权利的禁止性规定，因此不构成对贾某花肖像权的侵害，判决驳回原告的诉讼请求。

（十）孔某东案②

1. 案件事实

2013年5月11日，在南京广播电视台"听我韶韶"栏目的当期节目中，主持人吴某平在读报时，以《扬子晚报》的报道——《微博上骂人"狗汉奸"，北大孔某东被判赔礼道歉》为引子，引发对该事件乃至知识分子言行、修养、中国高等教育现状等方面的评论和反思。孔某东认为该报道的标题以及报道中的相关内容属于对自身的侮辱，损害其名誉权，故将南京广电集团、吴某平诉至法院，请求其停止侵害、消除影响、赔偿损失。

2. 法院判决

法院指出，孔某东系北京大学教授，近年来因"爆粗口"骂人等事件引发不少争议。

① 贾某花诉北京电影学院青年电影制片厂侵害肖像权案〔1995〕中民终字第797号，【法宝引证码】CLI. C. 233669。

② 孔某东与南京广播电视集团（南京广播电视台）等名誉权纠纷二审民事判决书，〔2015〕一中民终字第02203号，【法宝引证码】CLI. C. 83133655。

吴某平是南京广电集团(南京广播电视台)十八频道"听我韶韶"栏目的主持人,而其论述的本篇报道是以孔某东的例子为引子,并在读报基础上展开的评论,《扬子晚报》上报道所涉及的事件是真实存在的,不构成对孔某东的侮辱,不存在侵犯其名誉权,故判决驳回原告的诉讼请求。

3. 案例评析

如何判断言论是否构成对当事人名誉的侵权,不能单纯从字词上进行单一判断,应当综合人物的行为影响以及该文章的内容综合判别,对于新闻评论而言,如果依据的是事实,主观上不具有侮辱他人人格的恶意,即使在个别范畴内出现言辞激烈甚至稍有过激的语句,仍应予以理解与宽容,视为在正常的评论范畴之内。孔某东作为北京大学的教授,有一定的社会知名度,近年来因为骂人事件引发了不少争议,甚至形成了民众关心的公共事件。基于公共利益的考虑,应允许相关公众对公众人物的行为特别是不当行为提出合理的质疑、指责甚至刺耳的批评,不能简单地认为仅是质疑和批评本身就构成侵犯公众人物的名誉权,除非发言人发表相关言论时具有明显的恶意,以保证公民和媒体在涉及公共事务、公共利益问题的辩论中享有充分的言论自由。因此,公众人物的人格利益在法律保护上应当适当克减,公众人物对于媒体不具恶意的批评、质疑亦应有一定的宽容度量。

(十一)庞某鹏诉中国东方航空股份有限公司、北京趣拿信息技术有限公司隐私权纠纷案①

1. 案件事实

2014年10月11日,庞某鹏委托其助理鲁某通过北京趣拿信息技术有限公司(以下简称趣拿公司)下辖网站"去哪儿网"购买中国东方航空股份有限公司(以下简称东航公司)机票,去哪儿网订单详情页面显示该订单登记的乘机人信息为庞某鹏姓名及身份证号,而联系人信息、报销信息为鲁某及其尾号××58的手机号。2014年10月13日,庞某鹏尾号××49手机号收到来源不明号码发来短信称由于机械故障,其所预订航班已经取消。该号码来源不明,且未向鲁某发送类似短信。2014年10月14日,东航客服电话向庞某鹏手机号码发送通知短信,告知该航班时刻调整。庞某鹏认为自己个人信息中的手机号及确切的航班信息被趣拿公司和东航公司泄露了,侵犯了其隐私权及其个人信息,于是诉至法院。

2. 法院判决

法院在本案中认定,原告庞某鹏的非隐私信息与隐私信息结合之后已形成不可分的权利整体,应当按照隐私权的保护规则一体救济。被告东航公司和趣拿公司掌握了原告庞某鹏身份证号、手机号和航程信息,其后,相关信息又在合理时间内被泄露,根据高度盖然性的证明标准,足以认定信息泄露系被告导致,故二被告构成对原告隐私权的侵犯,应当承担侵权责任。最终判决趣拿公司、东航公司向庞某鹏赔礼道歉,驳回其他诉讼请求。

---

① 庞某鹏诉中国东方航空股份有限公司、北京趣拿信息技术有限公司隐私权纠纷案,〔2017〕京01民终509号,来源于最高人民法院发布的十起中国互联网司法典型案例之八。

3. 案例评析

随着科技的飞速发展和信息的快速传播，现实生活中出现大量关于个人信息被泄露的情况，个人信息的不当扩散与不当利用已经逐渐发展成为危害公民民事权利的一个社会性问题。本案是由网络购票引发的涉及航空公司、网络购票平台侵犯公民隐私权的纠纷，各方当事人立场鲜明，涉及的焦点问题具有代表性和典型性。公民的姓名、电话号码及行程安排等事项属于个人信息。在大数据时代，信息的收集和匹配成本越来越低，原来单个的、孤立的、可以公示的个人信息一旦被收集、提取和综合，就完全可以与特定的个人相匹配，从而形成某一特定个人详细准确的整体信息。此时，这些全方位、系统性的整体信息，就不再是单个的可以任意公示的个人信息，这些整体信息一旦被泄露扩散，任何人都将没有自己的私人空间。因此，基于合理事由掌握上述整体信息的组织或个人应积极地、谨慎地采取有效措施防止信息泄露。任何人未经权利人的允许，都不得扩散和不当利用能够指向特定个人的整体信息，而整体信息也因包含隐私而整体上成为隐私信息，可以通过隐私权纠纷而寻求救济。

第七节　身　份　权

自然人的身份权是自然人对于其特定关系而具有的身份或者地位的权利。这里所说的地位，应限于自然人在婚姻、家庭中的地位。自然人因婚姻、家庭关系派生的人身权利是具有特定亲属身份的婚姻双方和其他家庭成员依法享有的人身权利。身份权最大的特点是基于婚姻关系和亲属关系产生，有关系则有权利，无关系则无权利。身份权主要包括亲权、配偶权与亲属权。

一、亲权

亲权是指父母对其未成年子女所行使的权利，该权利的基础在于父母与未成年子女之间的特定的身份关系。亲权是父母对于未成年子女的身心抚养教育、监护权利。一般来说，亲权是基于父母子女的身份关系而产生的权利和义务的结合体，包括亲生父母与子女、非婚生子女、养父母子女以及继父母与子女的关系。

二、配偶权

配偶权是指在合法有效的婚姻关系存续期间，夫妻双方基于夫妻身份所互享的民事权利。婚姻是男女两性结合的行为，既具有法律属性，也建立在双方真实自愿的基础上。两性结合之后互为配偶。《民法典》对夫妻关系的具体内容予以规定，也即对配偶权给予了确认。我国现行法律中已规定的配偶权的派生权利有夫妻姓名权、同居权、平等从业权、生育权、扶养权、相互继承权。

三、亲属权

亲属权是指民事主体因血缘、收养等关系产生的特定身份而享有的民事权利，如监护权、收养权等。在我国现阶段的家庭关系中，一般情况下，除夫妻关系外，还有父母与子女的关系、祖父母与孙子女间的关系和兄弟与姐妹的关系。他们之间相互享有的身份权，就是亲属权。有扶养关系的祖父母与孙子女、外祖父母与外孙子女相互之间的关系，有监护关系的兄弟姐妹或其他近亲属、其他监护人，与被监护人之间的人身权等，这些权利均受到我国法律的保护。

四、案(事)例述评

(一)周某诉张某离婚后损害责任纠纷案①

1. 案件事实

2003 年原告周某与被告张某登记结婚，婚后生育一女一子。2013 年 7 月，张某提起与周某离婚之诉，经法院主持调解离婚，调解书的主要内容为，双方自愿离婚，张某一次性给付周某人民币 38000 元，双方互不再追究。而 2013 年 5 月，张某与案外某女生育一女。周某诉称离婚后才发现此事，现起诉要求张某赔偿精神损害赔偿金 3 万元。

2. 法院判决

河南省滑县人民法院经审理认为，依据《中华人民共和国婚姻法》第 4 条(现为《民法典》第 1043 条)规定："夫妻应当互相忠实，互相尊重；家庭成员间应当敬老爱幼，互相帮助，维护平等、和睦、文明的婚姻家庭关系"；《民法典》进一步明确规定，离婚时，无过错方有权请求损害赔偿；《最高人民法院关于适用〈中华人民共和国婚姻法〉若干问题的解释》第 28 条(《现为最高人民法院关于适用〈中华人民共和国民法典〉婚姻家庭编的解释(一)第 86 条)及《婚姻法》第 46 条规定的"损害赔偿"，包括物质损害赔偿和精神损害赔偿。被告张某在与原告婚姻关系存续期间，与他人存有不正当男女关系，并生育一女，导致离婚，应该承担相应的民事赔偿责任。

3. 案例评析

夫妻互相忠实，不背叛婚姻关系，不仅是传统美德，也是法定义务。对婚姻不忠实，是难以容忍的不诚信，它不仅破坏了夫妻关系，拆散了家庭，也伤及无辜的子女，败坏了社会风气，是法律所禁止的行为。因此，在离婚后发现被告在婚姻存续期间的出轨行为，请求精神损害赔偿，人民法院依法予以支持，以彰显法律的公正。

(二)沈某芹与涟水帝豪置业有限公司、上海三菱电梯有限公司一般人格权纠纷案②

1. 案件事实

2013 年 1 月 23 日 10 时左右，沈某芹丈夫朱某生与他人一同到帝豪置业开发建设的某楼盘看房，在查看三楼房屋时从没有安全防护栏也没有安全警示标志的电梯井口跌落致

---

① 周某诉张某离婚后损害责任纠纷案，来源于 2015 年最高人民法院公布四十九起婚姻家庭纠纷典型案例之十二。

② 沈某芹与涟水帝豪置业有限公司、上海三菱电梯有限公司一般人格权纠纷〔2016〕苏 08 民终 202 号，【法宝引证码】CLI. C. 8482001。

伤。南京东南司法鉴定中心鉴定意见书载明：被鉴定人朱某生构成人体损伤二级伤残，目前遗留的双下肢完全瘫痪，日常生活不能完全自理。2014 年 8 月 20 日涟水县人民法院作出〔2013〕淮涟民初字第 386 号民事判决：帝豪置业赔偿朱某生各项损失合计 529181.46 元，上海三菱赔偿朱某生各项损失合计 255672.58 元，帝豪置业、上海三菱互负连带责任。一审判决后，帝豪置业和上海三菱不服判决，上诉至淮安市中级人民法院，江苏省淮安市中级人民法院于 2014 年 12 月 1 日作出〔2014〕淮中民终字第 2120 号民事判决：驳回上诉，维持原判。2015 年沈某芹再次将两被告诉至法院。沈某芹认为帝豪置业、上海三菱的行为严重侵犯了沈某芹的配偶权，使其失去夫妻生活的温馨和权利，给自己造成巨大的精神和肉体痛苦，请求法院依法判决帝豪置业、上海三菱赔偿沈某芹精神损失费 40000 元。

2. 法院判决

判决帝豪置业赔偿沈某芹精神损害抚慰金 20000 元，由上海三菱赔偿沈某芹精神损害抚慰金 8000 元。

3. 案例评析

本案中沈某芹与朱某生于 1991 年 10 月结婚，1992 年 3 月 30 日儿子朱某伟出生，因此，在涉案事故发生时沈某芹与朱某生之间存在事实婚姻。夫妻的性生活权利是一个整体，由于朱某生受伤，导致沈某芹的夫妻性生活权利受到损害，沈某芹有权提起损害赔偿诉讼。本案中沈某芹主张的是其正常夫妻性生活权利受到损害的赔偿，与朱某生的人身损害赔偿是不同的损害赔偿主张。

（三）董某某、张某与谭某乙探望权纠纷案①

1. 案件事实

董某某与张某系夫妻，二人婚后育有一独生子董某。董某与谭某乙于 2012 年 6 月 6 日登记结婚，婚后于 2012 年 12 月 14 日生育一子谭小某（董小某）。2014 年 8 月 2 日，董某被确认死亡。谭小某（董小某）自出生至董某死亡均由董某某与张某帮助照顾抚养。后董某某与张某要求探望谭小某（董小某）均遭谭某乙拒绝，遂诉至法院请求确认其对孙子谭小某（董小某）享有探望权。

2. 法院判决

本案中，法院则考虑到董某某与张某实际上尽到了抚养孙子谭小某（董小某）的义务。根据权利与义务相一致的原则，董某某与张某应当享有定期探望谭小某（董小某）的权利，肯定了（外）祖父母对（外）孙子女在特定情形下的探望权。因此，法院最终支持了董某某与张某的探望权主张，判令董某某、张某每月可在谭小某（董小某）的经常居住地或与谭某乙商定的地点（本市市区范围内）探望谭小某（董小某）2 次，每次探望不超过 3 个小时，谭某乙负有协助配合义务。

3. 案例评析

隔代探望权不仅回应了祖孙的人伦情感，也是《民法典》探望权规范的应有之义。司

---

① 董某某、张某某与谭某乙探望权纠纷〔2018〕渝 0103 民初 11722 号。

法实践中法院对于隔代探望权案件的裁判虽存在分歧，但其裁判理由无不包含未成年人利益最大化的考虑。本案判决表达出对隔代探望权持肯定的态度，对司法实践中类似案件的判决有重要的示范作用，同时法院判决的执行方式也对审理隔代探望权具有重要参考意义。但是对于(外)祖父母的隔代探望权的性质以及主体现行法律没有规定，如果将其与父母的探望权等量齐观，显然不符合立法原意。因此，对于隔代探望权在司法适用时应当持审慎的态度，同时对于该权利的行使还亟待细化，从而更好地维护子女的最大利益。本案正是基于维护孙子谭小某(董小某)的最大利益，从而支持了董某某和张某探望的请求。

第三章　民事主体之法人

第一节　法人概述

一、法人的概念

法人是具有民事权利能力和民事行为能力，依法独立享有民事权利、承担民事义务的组织。法人为自然人之外的另一类民事权利主体，由法律创设的权利主体，以从事交易及相关活动。

(一)法人成立的条件

(1)法人应当依法成立。具体条件和程序依照法律、行政法规的规定。

(2)法人应当有自己的名称、组织机构、住所、财产或经费。

(3)设立法人，法律规定须经有关机关批准的，依照其规定。

(二)成立的效果：独立责任

法人以其全部财产独立承担民事责任。法人对外所欠债务，应由法人以其独立支配的财产予以偿还，其债务清偿责任不能由该法人之外的其他民事主体(包括法人的设立者、捐助人、法人成员、法人的上级行政主管机关等)承担。有限责任是指法人的出资人(捐助人)对于法人的债务，仅以其出资额为限承担清偿责任。

二、法人的法律特征

(1)法人系一组织体，或为自然人的组合，或为具有特定目的的独立财产。

(2)法人具有独立法律人格。法人人格独立于其成员或设立者的人格。

(3)法人具有独立的财产。法人财产独立于其成员或设立者。

(4)法人承担独立的责任。法人责任独立于其成员或设立者。但也有例外，如现代公司法上的"刺破公司面纱"。

(5)从理论上来说，法人可以具有永续性。

三、法人的本质

自然人为法律主体的原型，自然人的伦理性构成其法律主体资格的基础；而无生命的法人获得主体资格，关于法人的本质学说包括拟制说、否定说(目的财产说)、实在说。[①]

法人否定说认为，法人是人类所创造出的组织体，其仅为一抽象的概念，并非像自然人一般可现实存在，并享受财产利益。法人拟制说认为，法人的本质在于其是法律拟制的产物，在民事主体上仅限于自然人，而法人能够取得人格，只是由法律将其拟制为与自然人并列的民事主体，其仅因法律上的目的而被承认的人格。法人实在说认为，法人系社会生活上独立的实体，并非法律所拟制的空虚体，该组织的存在，有其必要的社会价值与目的。

在今天，法人在社会中的地位已经确立，相应的法律技术业已完备。在这样的背景下，法人拟制说与实在说哪一个正确的这种问题，只会误导对法人的理解。法人，作为一个法律实体，与其作为法律实体的成员或者职能机关的个人分离，从而能够独立承担权利和义务。同时，法人并不是原始意义和伦理意义上的人，只是形式化的权利主体，仅仅意味着法律效果的承受者而已，需要借助自然人予以实现。因此，将法人与自然人相提并论也并不恰当。

事实上，法人本质的讨论在实践中并无太大的实质意义。拟制说与实在说在关于法人作为权利义务主体方面无任何差别。私法中的人都是法律上的人而非现实中的人，即使是民法上的自然人也是法律世界中的人而不是现实中的人。诚如梅迪库斯所言：人们更倾向于采取中性的表述，法人就其宗旨(现实需求)而言被视为载体。[②]

第二节 法人的分类

一、以公法与私法的标准划分为公法人、私法人

(一)公法人

国家依其意思设立，目的由法律直接规定，人员由国家任免，依照法律授权执行公权力，不许擅自解散，主要系指国家机关、地方自治团体、行业自治团体。

(二)私法人

由社员和捐助人设立，目的由社员和捐助人制定，内部具有平等关系，以贯彻和实现私权为目的，得由社员大会决议解散。

区分公法人与私法人的意义在于，决定其设立的准据法及登记管理。需注意，公法人与私法人为民法理论上的分类，在民法上并无关于公法人、私法人分类的明文规定。

二、以法人的成立基础为标准划分为社团法人、财团法人

我国《民法典》目前没有关于财团法人的一般立法性规定。针对基金会，国务院制定

---

① 李永军著：《民法总则》，中国法制出版社 2018 年版，第 364~366 页。

② ［德］梅迪库斯著：《德国民法总论》，邵建东译，法律出版社 2000 年版，第 823 页。

了《基金会管理条例》(2004 年 6 月 6 日起施行)。根据该条例成立的法人被称为"基金会法人"，它必须具有特定公益目的且须经民政部门登记(同时须有业务主管部门)，包括"公募基金会"和"非公募基金会"组织机构。社团法人与财团法人是私法人下的再分类，系以其成立的基础再进行区分。

(一)社团法人

以社员为基础成立的法人，属于人合团体，经由订立合同(共同)行为设立，由成员组成意思机关。如公司、社会团体等，通常因登记而取得权利能力。

(二)财团法人

以捐助财产为其基础的法人，属于财合团体，经捐助行为设立，通常也需要经登记或国家认许而取得权利能力。设立人通常不介入法人之运作和管理，而是选任管理人代为管理。如慈善机构、公益性基金、宗教团体等。

(三)区分社团法人与财团法人的意义

1. 成立基础不同

社团法人为人的结合，其成立基础在于人，以社员(成员)为必要条件。财团法人为财产的结合体，其成立基础在于财产，并无社员(成员)。因此，同一法人不得既是社团法人又是财团法人。已设立之社团法人不得再办理财团法人登记。只能由社团法人以捐助财产另外设立财团法人。

2. 设立人数及性质不同

设立社团法人，须有二人以上之设立人，自然人或法人均可。设立财团法人，可由一人以单独行为或遗嘱设立。社团法人或财团法人，均可为财团法人之设立人。

3. 目的及设立方式不同

社团法人，因目的为营利或者公益，分为营利社团法人与公益社团法人。财团法人只能是公益目的。现代民法中，因公益目的而设立的法人，无论公益社团法人或财团法人，其设立人抵采行政许可主义。而营利社团法人，其设立人抵采准则设立主义。

4. 组织不同

社团法人以社员大会为其意思机关，属于自律法人。财团法人无意思机关，为他律法人。社团法人既为自律法人，得由社员大会变更组织及章程。财团法人属于他律法人，其捐助章程及组织不得自行变更。

5. 解散原因不同

社团法人和财团法人，均得因章程所定目的之实现、目的注定不能实现及主管机关之决定而解散，唯社团法人得因社员大会决定解散。

三、以法人的目的与功能为标准分为营利法人、公益法人和中间法人

营利法人，以营利事业为目的的法人，系以寻求法人内部组成人员的特定利益为目的之法人。

公益法人，以公益事业为目的的法人，系以寻求社会上不特定多数人利益为目的。

中间法人，既不以营利为目的，也不具有公益属性的法人，介于营利法人与公益法人之间，并非完全以社会上不特定多数人之利益为目的，亦将其所得之利益分配给组成人员。如工会、商会、欧美同学会等。

四、《民法通则》时代的法人的分类

（一）企业法人

企业法人概念是中国民法学者的新创。所谓企业，是指营利性的经济组织，尤以股份有限公司和有限责任公司为其典型形式。因此，企业法人相当于传统分类中的营利性社团法人。企业法人以外的一切法人属于非企业法人，包括机关法人、事业单位法人、社会团体法人。

（二）机关法人

机关法人，是指依法享有国家赋予的权利，以国家预算为运行经费，因行使职权的需要而享有民事权利和民事行为能力的各级国家机关。机关法人为公法人，如税务总局。

有独立经费的机关和承担行政职能的法定机构从成立之日起，具有机关法人资格。机关法人被撤销的，法人终止，其民事权利和义务由继任的机关法人享有和承担，没有继任的机关法人，由作出撤销决定的机关法人享有和承担。

（三）事业单位法人

事业单位法人，指为公益或者其他非营利目的设立，不向其出资人设立人或者会员分配所取得的利润，且具有国家或者地方财政支持、从事国家管理职能之外的服务于公众的非经营性活动的组织。

（四）社会团体法人

社会团体法人，是指具有法人资格，基于会员共同意愿，为实现公益目的或者会员共同利益等非营利目的设立的法人类型，包括各类协会、学会、联合会、研究会、商会等。

五、《民法典》（总则编）确立的法人类型体系

营利法人	非营利法人	特别法人
有限责任公司 股份有限公司 其他企业法人	事业单位法人 社会团体法人 捐助法人	机关法人 农村集体经济组织法人 城镇农村的合作经济组织法人 基层群众性自治组织法人

(一)营利法人

1. 概念

营利法人是以取得利润并分配给股东等出资人为目的成立的法人,为营利法人。营利法人包括有限责任公司、股份有限公司和其他企业法人等。

2. 程序与要件

营利法人依法登记设立,取得法人资格,设立营利法人依法制定章程。

3. 法人机关

营利法人的机构包括权力机构(意思表示机关)、执行机构、监督机构。依据《公司法》的规定,监督机构并非必设机构。

4. 禁止权利滥用

营利法人的出资人不得滥用法人独立地位和出资人有限责任损害法人的债权人利益。滥用法人独立地位,出资人利用有限责任逃避债务,严重损害债权人利益的,应当对法人债务承担连带责任。

5. 社会责任

营利法人从事经营活动,应当遵循商业道德,维护交易安全,接受政府机关和社会的监督,承担社会责任。

(二)非营利法人

1. 概念

《民法典》第87条规定:"为公益目的或者其他非营利目的成立,不向出资人、设立人或者会员分配所取得利润的法人,为非营利法人。非营利法人包括事业单位、社会团体、基金会、社会服务机构等。"

2. 事业单位法人

具备法人条件,为适应经济社会发展需要,提供公益服务设立的事业单位,经依法登记成立,取得事业单位法人资格;依法不需要办理法人登记的,从成立之日起,具有事业单位法人资格。

3. 社会团体法人

具备法人条件,基于会员共同意愿,为公益目的或者会员共同利益等非营利目的设立的社会团体,经依法登记成立,取得社会团体法人资格;依法不需要办理法人登记的,从成立之日起,具有社会团体法人资格,如中国法学会。

4. 捐助法人

具备法人条件,为公益目的以捐助财产设立的基金会、社会服务机构等,经依法登记成立,取得捐助法人资格。依法设立的宗教活动场所,具备法人条件的,可以申请法人登记,取得捐助法人资格。法律、行政法规对宗教活动场所有规定的,依照其规定,如逸夫基金。

(三)特别法人

1. 机关法人

有独立经费的机关和承担行政职能的法定机构从成立之日起,具有机关法人资格,可以从事为履行职能所需要的民事活动。

2. 农村集体经济组织法人

农村集体经济组织必须"依法"取得法人资格。"依法"首先应该符合法人成立的条件,即依法成立,有自己的名称、组织机构和住所,有独立的财产和经费,能够独立承担民事责任四个原则性条件。其次,应符合法律法规关于农村集体经济组织取得法人资格的特别规定,如是否需要经过有关机关批准,是否需要向有关机关进行登记。

3. 城镇农村的合作经济组织法人

城镇农村的合作经济组织法人,又称为合作社法人,指劳动者在互助基础上,自筹资金,共同经营、共同劳动并分享收益的经济组织,主要指供销合作社等。根据《民法典》的规定,城镇农村的合作经济组织依法取得法人资格。法律、行政法规对城镇农村的合作经济组织有规定的,依照其规定。这里的"依法",指有关供销合作社的专门立法,可以是法律,也可以是行政法规。

4. 基层群众性自治组织法人

居民委员会、村民委员会具有基层群众性自治组织法人资格,可以从事为履行职能所需要的民事活动。未设立村集体经济组织的,村民委员会可以依法代行村集体经济组织的职能。

第三节　法人的民事能力

一、法人的权利能力

《民法典》第59条规定:"法人的民事权利能力和民事行为能力,从法人成立时产生,到法人终止时消灭。"法人以成立为始期,消灭为终期(法人营业执照或法人登记证所注明的日期、主管机关批准法人设立之日)。

(一)法人权利能力的取得(法人的设立)

因法人类型和时代的不同,其设立的原则也不同,主要有如下四种类型:

1. 放任主义

放任主义又称为自由设立主义,即法人的设立完全听凭当事人的自由,国家不加以干涉或限制。

2. 特许主义

法人的设立需要有专门的法令或国家的特别许可,在特许主义下设立的法人被称为"特许法人"。

3. 行政许可主义

行政许可主义又称为核准主义，指法人设立时除了应符合法律规定的条件外，还要经过行政主管部门的批准。

4. 准则主义

准则主义又称为登记主义，指由法律规定法人的条件，法人设立时，如果其章程具备规定的要件，无须主管部门批准，就可以直接向登记机关登记，法人即告成立。此模式为我国法律所采。

在实践中，对筹建中的法人(如公司筹备处)的性质是什么存在较大争议，主要有以下几种观点。

观点一：筹建中的法人不具有民事主体资格，亦不具有民事权利能力和民事行为能力，筹建中的行为为筹建人或设立人的个人行为，设立人或筹建人应对设立行为承担责任。

观点二：筹建中的法人与成立后的法人应视为同一法人(同一体说)，认为两者有如胎儿和婴儿关系，即认为法人成立前所享有的权利及形成的债权债务关系都应由成立后的法人享有和承担。如果法人不能成立，则其权利能力溯及消灭，即由筹建人或设立人承担相应的法律后果。[①]

观点三：合伙说认为，发起人之间关系是合伙关系，相互之间负连带责任，因而筹建中法人属于合伙，设立登记手续完结后，法人成立，原来的合伙取得法人资格，设立中的权利义务无须移转自动归于成立后的公司。

观点四：无权利能力社团说。该说认为，筹建中公司尚未取得法人资格，因而不具有权利能力和行为能力，不能充当任何法律关系，在性质上属于无权利能力团体组织。

对此问题，依据《民法典》第 75 条的规定，设立人为设立法人从事的民事活动，其法律后果由法人承受；法人未成立的，其法律后果由设立人承受，设立人为二人以上的，享有连带债权，承担连带债务。据此规定，我国法律似采观点二。

(二)法人权利能力的限制

1. 性质上的限制

自然性质的限制，是指因法人与自然人在性质上的差异所产生的对法人权利能力的限制。如基于自然人固有的性别、年龄、亲属关系的权利义务，法人不能享有。法人不具有结婚能力、收养能力、继承能力。但法人不具有继承能力，只是不得成为继承人，但可成为受遗赠人、遗嘱执行人。此外，法人不享有生命权、健康权等专属于自然人的人格权，但享有名称权、名誉权等人格权。

2. 法律的限制

不存在一般的对法人权利能力予以限制的法律，只有个别的法律规定。如法人设立的

---

① 王利明著：《民法总则》，中国人民大学出版社 2017 年版，第 165 页。

特别法有对其权利能力的限制，公司法有公司不得为其他企业的连带责任出资人的限制，破产法有对清算法人权利能力的限制等。如《公司法》第 14 条规定：公司可以向其他企业投资；但是，除法律另有规定外，不得成为对所投资企业的债务承担连带责任的出资人。

3. 法人目的的限制

法人与自然人不同，是为了实现一定目的而成立的组织体。其章程所规定的目的，成为对法人活动的限制。如果对其目的范围作比较宽松的解释，则法人的活动范围则相当广泛；反之，作严格的解释，则法人的活动将受到相当的限制。无论如何，是否属于法人目的外的行为，是法律上的一个重要问题。如财团法人、公法人不得从事营利性活动。

(三)法人权利能力的消灭

1. 法人的终止

即法人的民事主体资格消灭，丧失民事权利能力和民事行为能力。

2. 法人终止的程序

发生法人终止原因——清算——法人终止，即法人终止程序大致经过如下阶段，首先出现了终止法人的缘由，再经过相关权利人的清算申请，进行清算之后，便可注销法人资格，至此，法人组织体归于终止、消灭。

3. 解散事由

(1)自行解散：因法人的目的事业完成或无法完成；因法人机关决议；因法人章程规定的解散事由出现，被撤销。

(2)依法被宣告破产：法人因丧失清偿能力而不能对债权人的全部债权实行清偿的状态。法人一旦破产并受破产宣告后，财产要清偿破产债权，在破产程序终结时，依法律规定解散。

(3)其他原因：自然灾害、战争等重大事由导致的解散。

4. 法人的清算与注销登记

清算是指清理已发生终止原因的法人的尚未了结的事务，使法人归于消灭的程序。清算组及清算法人：清算组在清算期间取得清算法人的执行机关和代表机关的地位，对内执行清算事务，对外代表清算法人为意思表示。虽不能从事清算范围外的活动，但与清算有关的事务仍被允许实施。清算事务处理完毕，清算即完结，经办理法人注销登记后，法人自注销登记之日起消灭。法人一经消灭，其民事主体资格不复存在，其民事权利能力和民事行为能力也同时消灭。

二、法人的行为能力

(一)行为能力之有无

民法学说关于法人民事行为能力的论述较少。因关于法人本质所持见解不同，对于法人是否具有行为能力的回答亦不相同。法人实在论者认为法人有自己的行为，因此肯定法人有行为能力；法人拟制论者则否定法人有行为能力。根据《民法典》第 57、59 条的规定，法人的民事权利能力和民事行为能力，从法人成立时产生，至法人终止时消灭；明确承认法人有行为能力，为自己取得权利、负担义务，这似乎意味着关于法人的本质采"法人实在说"。

（二）特征（与自然人的区别）

自然人的民事行为能力须具备一定的年龄和精神状态才能取得。而法人的民事行为能力自法人成立时取得，至法人消灭时终止。

法人的民事行为能力与其民事权利能力范围总是一致。

法人的民事行为能力是通过法人机关、法定代表人或法人的代理人的活动来实现的。

（三）法人行为能力的实施方式：法人机关

机关为法人组织体的构成部分，法人意思的形成、执行与表示，通过意思机关、执行机关、代表机关等完成。

社团法人的机关：以营利法人为例。股东会或股东大会（会员大会）为意思机关（《民法典》第 80 条），董事会为执行机关（《民法典》第 81 条），董事长（董事）或总经理为代表机关（《民法典》第 61 条），监事会为监督机关（《民法典》第 82 条）。

财团法人的机关：以捐助法人为例，财团法人无意思机关（如捐助人大会）；意思由章程决定，并受到公共机构的监督；其理事会相当于执行机关。

（四）法定代表人的相关问题

依据《民法典》第 61 条第 1 款的规定，法定代表人，是指依照法律或法人章程规定，代表法人从事民事活动的负责人。

依据《民法典》第 61 条第 2 款的规定，法定代表人以法人名义从事民事活动，其法律后果由法人承受。但在司法实务上，该法定代表人中的代表制度是代理法在企业法人中的特别规定，在无明确规定时，可类推适用代理法的一般规定。

依据《民法典》第 61 条第 3 款的规定，法人章程或者权力机构对决定代表人代表权的限制，不得对抗善意第三人。依据《民法典》第 504 条的规定，法人的法定代表人超越权限订立的合同，除相对人知道或者应当知道其超越权限外，该代表行为有效，订立的合同对法人发生效力。

此处对法定代表人的权限范围属于章程或权力机构的内部（意定）限制，而如果属于法律、行政法规的限制，法律是公布于众的，推定大家都知道并且遵守，所以可以合理推定第三人应知晓该法律限制。基于此，《最高人民法院关于适用〈中华人民共和国民法典〉合同通则若干问题的解释》第 20 条规定，法律、行政法规为限制法人的法定代表人或者非法人组织的负责人的代表权，规定合同所涉事项应当由法人、非法人组织的权力机构或者决策机构决议，或者应当由法人、非法人组织的执行机构决定，法定代表人、负责人未取得授权而以法人、非法人组织的名义订立合同，未尽到合理审查义务的相对人主张该合同对法人、非法人组织发生效力并由其承担违约责任的，人民法院不予支持。

依据《民法典》第 62 条的规定，法定代表人因执行职务造成他人损害的，由法人承担民事责任。法人承担民事责任后，依照法律或者法人章程的规定，可以向有过错的法定代表人追偿。2023 年修订的《公司法》第 11 条第 3 款规定，法定代表人因执行职务造成他人损害的，由公司承担民事责任。公司承担民事责任后，依照法律或者公司章程的规定，可以向有过错的法定代表人追偿。学理上的过错，包括故意与过失，其中，过失又可分为重大过失、一般过失与轻过失，为避免法定代表人忌惮责任的"寒蝉效应"，对于追偿行为，应作目的性限缩解释为故意与重大过失行为。

第三人能否直接向法定代表人索赔，2023 年新修订的《公司法》第 191 条规定，董事、高级管理人员执行职务，给他人造成损害的，公司应当承担赔偿责任；董事、高级管理人员存在故意或者重大过失的，也应当承担赔偿责任。新《公司法》似乎肯定在特殊情形下，第三人可以直接向董事、高管（包括法定代表人）进行直接索赔。两法之间似乎存在一定的矛盾之处，这有待于将来司法实践的进一步明确规定。

实践中，较有争议的法定代表人与代理关系的区分：(1)在"代表人"部分，代表人在职务范围内所为的一切行为，包括法律行为、事实行为，甚至是违法行为（如侵权行为），都相当于法人"自己"所为的行为；于此没有效力归属的问题，民法是直接将代表人与法人视为同一个法人格，代表人的行为即为法人的行为。(2)相对地，代理人在代理权限范围内，其所为之"法律行为"的效力可以归属于本人（亦即对本人发生效力），但事实行为或违法行为均不生代理之效力。

(五)关于法人的住所

法人住所的意义与自然人住所的意义相同。《民法典》第 63 条规定：法人以其主要办事机构所在地为住所。依法需要办理法人登记的，应当将主要办事机构所在地登记为住所。如果法人有两个以上的办事机构，即应当区分何者为主要办事机构规定，主要办事机构以外的办事机构均为次要办事机构，而以主要办事机构为法人的住所。

三、案(事)例述评：公司法定代表人越权行为

(一)案件事实①

汕头经济特区新业发展有限公司（以下简称新业公司）、汕头宏业（集团）股份有限公司（以下简称宏业公司）分别致国华商业银行香港分行（以下简称国华银行）《不可撤销担保契约》，为达利丰集团有限公司在该行贷款、透支或其他银行授信，提供无条件的及不可撤销担保。1998 年 9 月 2 日，国华银行向达利丰集团发出档号 P/113/98HKL《一般授信函》。2003 年 11 月 24 日，香港达利丰集团有限公司清盘人廖某强以档案编号 SLIU/GH/st/0311-L31854 函，再次确认国华银行对达利丰公司的债权数额为本金港币 44082157.07

---

① 中银香港公司诉宏业公司等担保合同纠纷案，〔2002〕民四终字第 6 号，来源于《最高人民法院公报》2005 年第 7 期（总第 105 期）。

元、美元 25771093.15 元，利息港币 1443383.13 元、美元 708517.61 元；宏业公司、新业公司均为上列贷款之国内担保人，各担保人于其个别担保契约之责任均不超过港币31300 万元。自 2001 年 10 月 1 日起，国华银行的全部资产、负债、权责及所有权利义务均由中国银行(香港)有限公司享有及承担。

（二）法院判决

法院认为，宏业公司主张本案担保契约上的盖章是一种越权行为，且国华银行应当是知道的，因此担保契约对国华银行不发生法律效力。《最高人民法院关于适用〈中华人民共和国担保法〉若干问题的解释》第 11 条规定："法人或者其他组织的法定代表人、负责人超越权限订立的担保合同，除相对人知道或者应当知道其超越权限的以外，该代表行为有效。"而宏业公司未能提供证据证明国华银行取得担保契约时知道或者应当知道该担保契约是其法定代表人越权订立的。国华银行在取得宏业公司担保契约的同时，还取得了一份盖有宏业公司真实印章的该公司董事会决议，该决议表明宏业公司的担保行为是经过董事会同意的。虽然本院经过审理，最终对该份《董事会会议决议》所载内容的真实性不予确认，但宏业公司仅是在本案纠纷发生后，对《董事会会议决议》的真实性提出异议，其不能提供充分证据证明国华银行取得担保契约时，即知道或者应该知道该担保契约是越权签订的。相反，国华银行取得盖有宏业公司真实印章的董事会决议的事实，恰恰表明国华银行当时是有充分理由相信宏业公司出具的担保契约，是经过其董事会同意的，不存在越权行为。因此宏业公司主张本案中担保契约上的盖章是一种越权行为，担保契约对国华银行不发生法律效力的上诉理由不能成立。

（三）案例评析

法定代表人越权担保本质上涉及不同主体的利益平衡问题。一方面，债权人基于公司担保的合理信赖与相对人进行交易，降低交易风险；另一方面，公司担保并非公司常规性经营项目，擅自对外担保或为股东提供担保，极有可能损害公司其他股东特别是中小股东、公司其他债权人的利益。实践中，相对人负有审查法定代表人代表权限的义务，对法定代表人的担保权限起决定作用的公司章程和担保决议，也就纳入相对人的审查范围。为平衡审查义务对交易安全的影响，相对人的审查标准应采形式审查，相对人无须对公司章程、担保决议的真实性、合法性及有效性进行审查。在相对人未能举证证明自己不知道也不应当知道代表人超越权限时，应类推适用无权代理规则，担保合同是否对公司发生效力留待公司追认。

第四章　民事主体之非法人组织

第一节　概　　述

一、概念与特征

（一）概念

非法人组织指虽不具有法人资格，但是依法能够以自己的名义从事民事活动的组织，包括个人独资企业、合伙企业、不具有法人资格的专业服务机构等。非法人组织应当依照法律的规定进行登记。

（二）特征

(1)非法人组织是依法成立的人合组织体；
(2)有一定的财产或经费；
(3)有自己的名称、组织机构和场所；
(4)有权利能力和一定的行为能力，但无独立的民事责任能力。

二、《民法典》(总则编) 规定的"非法人组织"

（一）概念

非法人组织是不具有法人资格，但是能够依法以自己的名义从事民事活动的组织。

（二）类型

非法人组织包括个人独资企业、合伙企业、不具有法人资格的专业服务机构等。

（三）设立

非法人组织应当依照法律的规定登记。设立非法人组织，法律、行政法规规定须经由关机关批准的，依照其规定。

（四）执行

非法人组织可以确定一人或者数人代表该组织从事民事活动。非法人组织除适用本章规定外，参照适用本法第三章第一节的有关规定。

（五）责任的非独立性

非法人组织的财产不足以清偿债务的，其出资人或者设立人承担无限责任。法律另有规定的，依照其规定。这类似于域外法上无限责任法人。

第二节　合伙企业与民事合伙

一、合伙概述

（一）合伙的概念

合伙是指自然人、法人或其他组织订立合伙合同，共同出资、合伙经营、共享收益、共担风险的营利性组织。

（二）法律特征

合伙是共同出资、共同经营、共享收益、共担风险的营利性组织。

（三）责任形态

合伙承担连带无限责任。

（四）类型

合伙主要包括民事合伙和商事合伙。

（五）合伙事务的管理

我国目前调整合伙的法律规范，一是《民法典》第967～978条有关合伙合同的规定，二是《中华人民共和国合伙企业法》的相关规定。《民法典》（合同编）第967条规定：合伙合同是两个以上合伙人为了共同的事业目的，订立的共享利益、共担风险的协议。原《民法通则》规定，个人合伙是指两个以上公民按照协议，各自提供资金、实物、技术等，合伙经营、共同劳动。

《合伙企业法》第2条规定："本法所称合伙企业，是指自然人、法人和其他组织依照本法在中国境内设立的普通合伙企业和有限合伙企业。普通合伙企业由普通合伙人组成，合伙人对合伙企业债务承担无限连带责任。本法对普通合伙人承担责任的形式有特别规定的，从其规定。有限合伙企业由普通合伙人和有限合伙人组成，普通合伙人对合伙企业债务承担无限连带责任，有限合伙人以其认缴的出资额为限对合伙企业债务承担责任。"

二、合伙的分类：民事合伙与商事合伙

商事合伙一般要有字号和商号，在法律上称之为商人，应建立商业账簿，受商法规范

调整；民事合伙是由民法确认的合伙，一般按合同关系处理，不须建立商业账簿。

商事合伙一般都应当按商法的规定办理登记手续；民事合伙一般不需要登记，合伙协议生效则民事合伙成立。

在对外关系上，商事合伙实行代理制或代表制，只要以合伙组织的名义从事行为，行为结果就归合伙组织；民事合伙的合伙人必须以全体合伙人的名义执行合伙事务，否则效果不归全体合伙人。

三、个人合伙的财产关系

（1）对共同出资部分：共同管理和使用。

（2）对经营积累的财产，成立共同共有关系。

四、内部关系与外部关系

（一）内部合伙事务的执行

共同决定权，可由全体合伙人共同行使。

执行权，可由全部合伙人共同执行、部分合伙人执行或单一合伙人执行。

（二）外部债务负担

合伙企业对其债务应以其全部财产进行清偿，合伙企业不能清偿到期债务的，合伙人承担无限连带责任。

（三）内部求偿权

合伙人对债务份额有约定的，对超过的部分有权向其他合伙人追偿。

五、个人合伙的终止

个人合伙终止的原因如下：（1）期限届满；（2）一致同意终止合伙；（3）合伙目的已达到或不可能达到；（4）因从事违法活动被有关部门勒令终止或法院判决解散；（5）其他原因。

第五章　民事法律关系与民事权利

第一节　民事法律关系概说

一、民事法律关系的概念与特征

民事法律关系是基于民事法律事实，由民法规范调整而形成的民事权利义务关系。民事法律关系，是现代社会中最重要的一类社会关系。一个自然人，从出生至死亡；一个企业，从登记成立到宣布解散，时刻都处在各种民事法律关系中。例如，一个自然人一出生，即发生各种身份关系、监护关系和法定代理关系；成年后将直接同商业企业发生购买消费品的关系，同房屋所有人发生房屋租赁关系，同银行发生储蓄关系，对自己的合法收入和所购置的财产则发生财产所有关系等。以上种种关系均属于民事法律关系。由此可见，民事法律关系对于每一个人来说都具有重要的意义。郑玉波先生曾言，法书万卷，法典千条，头绪纷繁，莫可究诘，然一言以蔽之，其所研究或者规定之对象，莫不法律关系而已。①

人类社会生活内容错综复杂，故所发生的关系不止一种，如宗教关系、同乡关系、师生关系、同学关系、同事关系、恋爱关系、朋友关系等。但是这些关系并不属于法律关系，因此不受法律所支配。而所谓法律关系，是指人类社会生活关系中，受法律所支配的关系。法律关系的本质在于，因法律之规定而在当事人间发生的权利义务关系。而民事法律关系则是法律关系的一种，即以民事权利义务为内容的社会关系，基于民事法律事实而形成的社会关系，由国家强制力保证实施的社会关系，由民事法律规范调整人身关系和财产关系而形成的社会关系。因而，一般的社交关系，如友谊关系、好意施惠关系，通常也被认为有某种"权利义务"但并不属于法律上的权利义务关系，因此不是民事法律关系。民事法律关系是由民法规范调整的社会关系，也就是由民法确认和保护的社会关系。

民事法律关系的主要特征在于：民事法律关系的主体地位平等；民事法律关系主体的权利义务通常具有对等性；民事法律关系的形成具有一定程度的任意性，即自治性的法律关系；民事法律关系的救济措施一般具有财产性和补偿性。

在社会生活中，存在大量的(民)法外空间，主要是好意施惠关系，不能在当事人之间产生合同关系的约定或承诺，多体现为社交行为。所谓无法律上的拘束力，即当事人之

---

① 郑玉波著：《民法总则》，中国政法大学出版社 2003 年版，第 93 页。

间不产生债的关系，当然也就不发生给付请求权，难以诉求履行，不具有法律上的强制力，若好意施惠如为"有偿"则可认定为合同关系。司法实践中，好意施惠关系并不绝对排除损害赔偿责任的成立，在满足特定情形下仍可成立侵权责任。好意施惠关系仅排除合同之债的成立，好意施惠的施惠者不为履行或不为完全履行，对相对人所受损害，不负不完全给付的损害赔偿责任，依据《民法典》第 1217 条的规定，非营运机动车发生交通事故造成无偿搭乘人损害，属于该机动车一方责任的，应当减轻其赔偿责任，但是机动车使用人有故意或者重大过失的除外。即在免费搭便车的过程中，车主因为重大过失发生交通事故，导致搭便车者人身伤害的，受害者可以主张侵权损害赔偿。当然，有争议的是该"好意"，虽不能否定责任成立，但能否减轻赔偿额度，这值得进一步探讨。

二、民事法律关系的构成

法律关系的构成可以分为动静两种要素。静的要素包括主体和客体；动的要素则包括权利义务，以及变动和变动的原因。换言之，主体为权利义务之所属，客体为权利义务之所附，而主体之间，系通过客体彼此联系，联系的主要内容则为权利义务。关于权利义务由何开始，由何终止，产生何种效果，则属于权利义务变动以及变动之原因的问题。由此可见，法律关系虽错综复杂，然而也不过分析上述问题而已。纵观法律之规定，无论其范围之大小，总不外乎法律关系，法律关系之构成，也不外乎上述构成要素。民事法律关系的要素则是指构成民事法律关系的必要因素。任何民事法律关系都由几项要素构成，要素发生变化，具体的民事法律关系也随之发生变化。而民事法律关系之要素，主要包括主体、客体、内容三个要素。

(一)民事法律关系的主体

民事法律关系的主体，又称民事权利义务的主体，或简称民事权利主体或权利主体，是指参加民事法律关系，享有民事权利并承担民事义务的人。目前我国民事主体主要包括自然人、法人和非法人组织，在一些特殊情形下国家也能成为民事法律关系的主体。任何个人或组织要成为民事权利主体，首先须是适于享有民事权利之社会存在；其次必须由法律赋予其主体资格。虽有适于享有民事权利之社会存在，若法律不予认可，仍不能成为民事权利之主体，比如，古罗马以及中国奴隶社会中的奴隶；反观现代社会，凡自然人均可成为民事权利主体。

在具体民事法律关系中，一般都要有双方或多方当事人参加。在参与民事法律关系的当事人中，又可分为权利主体和义务主体。享有权利的一方是权利主体，承担义务的一方则是义务主体。在部分民事法律关系中，存在一方只享有权利，另一方只承担义务的情形。但在大多数民事法律关系中，双方当事人都既享有权利，又承担义务。

民事法律关系的每一方主体可以是单一的，也可以是多数的。例如，在债权关系中，债权人和债务人每一方都既可以是一个人，也可以是多个人。在相对法律关系中，每一方主体都是特定的，比如买卖合同关系；而在绝对法律关系中，承担义务的一方是不特定的任何人，比如物权关系中的所有权，不特定的任何人都负有不得侵犯的义务。

(二)民事法律关系的客体

1. 概述

民事法律关系的客体，是与民事法律关系的主体相对的概念，即民事法律关系的客体是指民事权利和民事义务所指向的对象。若没有客体，则民事权利和民事义务就无法确定，更不能在当事人之间分配权利、义务。

各国民法典大多未对民事权利的客体作一般性的规定，而是仅规定其中适用于民法各编的客体为物。但在实际上，物仅为民事权利客体中一种，民事权利因其种类不同，可以有不同的客体。因此，对于民事法律关系的客体不可一概而论，应区分不同的关系、不同的民事权利而论其客体：就物权法律关系而言，其客体应为物；就知识产权法律关系而言，其客体应为智力成果；就债权法律关系而言，单纯的物和行为一样，都不能作为债权法律关系的要素，只有把它们结合起来，即结合成"体现一定物质利益的行为"[①]，才能成为债权法律关系的客体，例如买卖关系中的客体是交付买卖标的物的行为；运输关系中的客体是安全、及时送达运输标的物的行为。

一般而言，民事法律关系中的客体主要包括物、行为、智力成果等。其中，民法上的物，指人体以外，人力所能支配可满足社会生活需要，独立存在的有体性、无体性客体及土地空间等。行为也可以成为权利的客体，行为包括作为与不作为。债权的客体即是债务人向债权人为一定行为或不为一定的行为，称之为给付。给付的对象大多为物，称为给付物。智力成果同样为权利的客体。知识产权的权利义务所共同指向的对象就是智力成果。

2. 民事法律关系客体的主要表现：物

(1)物的概念与特征。关于物的定义，向来存有争议，现今通说认为，所谓物，存在于人的身体外，能够独立存在于一定之空间，为人力所支配，并能满足人类社会的生活需要，有经济效用的有体物和自然力，但不以有体物为限。其具有如下特征：不以有体物为限、须具有独立性、受人类支配可能性、可满足人类生活所需、存在于人体之外。

在民法规定中，经常提及的"财产"，系指一切权利及权利关系的综合概念，包含动产物权、不动产物权、债权以及其他具有财产价值的权利。

(2)物的主要分类。分类之一：动产与不动产。这是以物是否能够移动并且是否因移动而损害其价值的分类。动产，即能够移动并且不至于损害价值的物。不动产，即性质上不能移动或虽可移动但移动会损害价值的物，主要指土地、附着于土地的建筑物及其他定着物、建筑物的固定附属设备。此种物的分类是物权法上最重要的区分，构成物权法体系的基础，影响了物权变动方式，动产物权的变动须以交付为生效条件，而不动产物权的变动须以登记为生效条件。再者，存在于其上的物权种类不同，例如用益物权基本建立在不动产之上，抵押权主要针对不动产，质权则主要针对动产。

分类之二：主物与从物。主物，指的是起主导地位并可独立发挥功能的物；从物，不构成主物的成分，但经常性地辅助主物效用的物，从物是一独立之物，非主物之成分，从物经常性地对主物起着服务、辅助的功效，从而使得主物的效用更为显著，利用更为便

---

① 佟柔主编：《民法原理》，法律出版社1983年版，第33页。

利。通常情况下，从物与主物归属同一人所有，因此，《民法典》第320条规定，主物转让的，从物随主物转让，但是当事人另有约定的除外，此即主物的处分效力及于从物。

分类之三：原物与孳息。原物乃孳息所出之物，孳息则为由原物所生之收益。孳息又可进一步分为，天然孳息与法定孳息。天然孳息（物的孳息），依物的自然属性或使用方法而产生的收获物、出产物。在与原物分离前，系原物的重要成分；分离后，孳息成为独立于原物之物，成为权利的客体。法定孳息，即原物依一定的法律关系而产生的收益物，主要表现为金钱，典型者为出租房屋收取的租金、借贷金钱而产生的利息。依据《民法典》第321条的规定，天然孳息，由所有权人取得；既有所有权人又有用益物权人的，由用益物权人取得。当事人另有约定的，按照其约定。法定孳息，当事人有约定的，按照约定取得；没有约定或者约定不明确的，按照交易习惯取得。

分类之四：单一物与集合物。单一物，在外部形态上，独自成一体之物；集合物，乃由多数之单一物或结合物聚合而成，各个聚合之物，并未丧失其独立之个性，仍为独立之物，得为独自使用，如图书馆的图书。单一物为法律上独立的物，物权应个别存在于该独立之物上。集合物则仍为数个物，基于一物一权主义，集合物仍属于数个物权。

分类之五：特定物与种类物。依当事人之意思，具体指定的物为特定物；当事人仅以种类、品质、数量抽象指定之物，为非特定物，又被称为种类物。区分的意义在于，特定物为特定之债的标的物，存在给付不能的问题，而种类物之债并无给付不能的问题。

（三）民事法律关系的内容

民事法律关系的内容是指民事法律关系中权利主体所享有的权利与义务主体所承担的义务，即民事权利和民事义务。任何个人或组织作为民事主体，参与民事法律关系，必然要享有民事权利和承担民事义务。如在所有权关系中，所有人为权利主体，所享有的权利包括对客体即所有物的占有、使用、收益和处分的权利。所有人之外的不特定人均为义务主体，负有不得妨害所有人对所有物占有、使用、收益和处分的不作为义务。

民事权利，是指由国家强制力予以保障的类型化的民事主体所享有的权益，这种法律之力和特定利益的结合则构成权利。我国《民法典》系统、全面地确认了民事主体所享有的各项民事权利，并规定了民事权利行使的原则与限制，以及因侵害民事权利所应当承担的民事责任等，从而确定了民事法律关系的基本内容。

民事义务，是指义务人为满足权利人的要求而为一定的行为或不为一定的行为的法律负担。民事义务是一种受到国家强制力约束的法律义务，如果义务人不履行其所负有的义务，将依法承担相应的法律责任。民事义务和民事权利一样，也是由国家法律确认的，它规定了义务主体的行为范围，即义务人必须这样或那样做，违反义务将转化为法律上的责任。

在民事法律关系中，权利和义务是相互对立也是相互联系在一起的。我国《民法典》第131条规定："民事主体行使权利时，应当履行法律规定的和当事人约定的义务。"该条对必须履行义务作出了规定。在一般情况下，权利和义务都是一致的，权利的内容要通过相应的义务来表现，而义务的内容则由相应的权利规定，没有民事义务也就无所谓民事权利。当事人一方享有权利，则另一方必然负有相应的义务，权利和义务往往是同时产生、变更或消灭的。故民事权利和民事义务是从不同的角度来表现民事法律关系的内容的。

三、案(事)例述评

(一)微信群踢人案①

1. 案件事实

2018年9月20日，平度市人民法院立案庭法官于某平建立了名为"五月花号"的微信群，平度市律师、法律工作者通过相互邀请的方式加入该群。律师柳某圣于2018年5月31日由律师唐某科邀请入群。2018年6月7日，于某平邀请该院立案庭庭长刘某治加入群聊，之后，刘某治成为该群组的群主。6月8日，刘某治修改群名为"诉讼服务群"。6月9日，刘某治在群内发布《群公告》，并@所有人，主要内容为：请大家实名入群；群宗旨主要交流与诉讼立案有关的问题；群内不准发红包；群内言论要发扬正能量，维护司法权威；违者，一次警告，二次踢群。该群成立后，群成员一直在交流、讨论有关诉讼立案、诉讼退费等事宜，并分享各自的经验，刘某治、于某平等立案庭人员亦与群成员之间互动交流。

2019年1月21日10时03分，柳某圣在该群内发布关于某司法鉴定所的视频及相关评论，刘某治就此提醒柳某圣。2019年1月22日20时50分许，柳某圣在该群内发布其认为公安机关存在执法不规范行为的微博截图，刘某治就上述内容再次提醒柳某圣。但柳某圣未予理睬，又与群成员何某某发生争执。经刘某治提醒后，柳某圣仍继续发布相关言论。当晚21时许，刘某治将柳某圣移出该群。

2. 法院判决

柳某圣遂以刘某治剥夺了柳某圣作为律师应该享有的接受公共服务的权利，在公共场合严重损害了柳某圣的声誉为由向人民法院起诉刘某治。2019年7月29日，山东省莱西市人民法院依照《中华人民共和国民法总则》第1条、第132条，《中华人民共和国民事诉讼法》第13条、第119条、第154条，《最高人民法院关于适用民事诉讼法的解释》第208条的规定，裁定驳回柳某圣的起诉。

3. 案例评析

本案所涉及的争议焦点是柳某圣与刘某治之间在互联网群组内因移出群组行为引发的纠纷是否属于人民法院受理民事诉讼的范围。即该行为是否属于法律行为，是否应当由法律调整。在该案判决中，山东省莱西市人民法院认为互联网群组是公众在线交流互动的网络空间，是弘扬社会主义核心价值观、传播社会正能量的重要载体。社会主义核心价值观被写入《民法总则》，各民事主体应共同遵循。群组创建者、参与者无论是基于工作、学习还是生活、娱乐目的的，都应坚持正确导向，积极向上，弘扬社会主义核心价值观。群组参与者通过在线交流信息、启迪思想、温润心灵、陶冶情操，符合广大网民共同利益和美好生活的需要。本案所涉群主创新服务方式，为群成员提供法律服务，并设立群规明示群

---

① 柳某圣诉刘某治名誉权纠纷案，〔2019〕鲁0285民初4407号，【法宝引证码】CLI. C. 86062640。

内言论要发扬正能量、维护司法权威，应予肯定。

其次，网络无限，行为有度。大数据时代的信息共享和即时交流，给人们带来了工作上的便利和生活品质的提升。网络是虚拟的，但权利义务和责任是真实的。网络空间有着足够的宽容和充分的自由，但也有红绿灯和斑马线。自由开放、包容和谐的网络世界，规则和秩序才是繁荣发展的基础。用户在线，规则也在线。《互联网群组信息服务管理规定》第9条第1款规定："互联网群组建立者、管理者应当履行群组管理责任，依据法律法规、用户协议和平台公约，规范群组网络行为和信息发布，构建文明有序的网络群体空间。"本案所涉群组内的成员，均为法律职业者，应带头遵守法律法规，文明互动、理性表达。刘某治使用互联网平台赋予群主的功能权限，将其认为违反群规发言不当的柳某圣移出群组，是互联网群组内"谁建群谁负责""谁管理谁负责"自治规则的运用。

再者，矛盾纠纷多样，解决机制多元。法律法规、道德规范、公序良俗、自治规约等社会规则，在各自领域发挥作用，相互补充，相得益彰，共同打造美好和谐的社会治理体系。司法裁判不是解决社会矛盾纠纷的唯一方式，有案必立、有诉必理的前提是符合法律规定的起诉条件。面对复杂纷繁的争议纠纷，应加强诉源治理，完善多元纠纷化解，构建人人有责、人人尽责的社会治理共同体。本案中，群主与群成员之间的入群、退群、解散群等行为，应属于一种社会交往情谊行为，不产生民事法律关系，可由互联网群组内的成员依照群规和功能设置权限自主进行。

关于法律行为与情谊行为之间的区别。法律行为是指具有法律意义或者能够产生法律效果的行为。因此，可以与不具有法律意义的行为相区分。日常生活中，不具备法律效果的交往行为有所谓的情谊行为，基于情谊行为所形成的社会关系则可称之为情谊关系。[①]情谊行为虽常以契约的形式出现，但并不具有法律拘束力，德国通说认为[②]，因其缺乏可探知的受法律拘束之意思。情谊行为如约定请人吃饭、搭便车，邀请参加宴会、舞会、郊游等，所谓的"君子协定"亦多属其列。

单纯的情谊行为不会进入法律评价领域，但在社会生活中往往存在一些临界行为，如何区分法律行为与情谊行为才是真正的难点。比如，相互之间结成博彩共同体，而其中一人忘记交出彩票，是否需要赔偿其他博彩人所错过的收益？行人免费指引驾车人将车倒出，却发生事故，是否需要承担责任？同居生活的一方未遵守服用避孕药之约，当中是否存在违反契约义务的行为？另一方若因此对所生子女负有抚养义务，是否享有损害赔偿请求权。由此，关于判断情谊行为的标准，德国通说认为，取决于行为人是否存在受法律拘束之意思。原则上，判断受法律拘束的意思之有无，采用客观的判断方法，不是以无法把握的行为人的内心意思为判断，而是以交易中诚实信用的理性人的理解为客观标准。与此同时，为最大限度尊重行为人的意志，在考虑客观标准时，也应尽可能地探知行为人的内心真意。

---

① 台湾地区通译为"好意施惠关系"。参见王泽鉴：《债债法原理》(第2版)，北京大学出版社2013年版，第209页。

② 王泽鉴著：《债法原理(第2版)》，北京大学出版社2013年版，第209页。

(二)民事法律关系客体之物与数据权益:"微信群控"不正当竞争纠纷案①

1. 案件事实

原告深圳市腾讯计算机系统有限公司与腾讯科技(深圳)有限公司,共同开发运营的个人微信产品,为消费者提供即时社交通信服务。被告浙江搜道网络技术有限公司、杭州聚客通科技有限公司开发运营的"聚客通群控软件",利用 Xposed 外挂技术将该软件中的"个人号"功能模块嵌套于个人微信产品中运行,为购买该软件服务的微信用户在个人微信平台中开展商业营销、商业管理活动提供帮助。两原告主张两被告擅自获取、使用涉案数据,构成不正当竞争,诉至法院。原告深圳腾讯公司、腾讯科技公司诉请判令搜道公司、聚客通公司:(1)立即停止对两原告微信产品的不正当竞争行为,包括:①停止通过聚客通"微信管理系统"群控软件突破原来微信产品限制实现功能的方式,妨碍破坏微信产品的正常运行;②停止收集并销毁已经收集到两被告服务器中的微信用户数据;③关闭聚客通网站;④停止销售聚客通定制的群控手机;⑤停止运营群控软件。(2)连带赔偿两原告经济损失及合理支出 500 万元。(3)共同在《法制日报》显著位置上连续十天发表赔礼道歉声明,消除影响。(4)承担本案全部诉讼费用。其理由主要为以下几点:第一,微信具有极高的美誉度,用户体验和数据安全是其核心竞争力。①微信产品具有海量用户和极高美誉度,两原告分别是微信软件的著作权人和微信产品的经营者。②微信用户体验是微信核心竞争力,其严格禁止采用技术手段向用户批量推送营销信息、自动加群、加好友、点赞等行为,这些操作会使用户频繁受到打扰,导致用户社交意愿严重降低,失去对微信真实及亲密社交环境的信赖。③数据安全是微信核心竞争力。第二,搜道公司、聚客通公司群控软件恶意破坏微信的用户体验和数据安全。①搜道公司开发和运营的群控软件干扰微信正常运营,破坏微信用户体验;②两被告开发和运营的群控软件影响微信的数据安全。被告搜道公司、聚客通公司答辩称:(1)两原告的涉案微信产品系提供即时社交通信服务的软件,两被告的涉案产品专注于电商服务领域为微商或电商的店铺运营与订单管理提高效率的工具支持,软件功能模块的设计均以服务社交电商为目的,故两款软件并非作用于同一领域,本身不具有竞争关系。(2)两原告并未禁止微商的运营,而涉案软件的使用是基于微商场景实现高效率的经营手段和方式,其本质以技术创新推动高效,与微信产品的理念一致,不存在不正当竞争的故意。(3)涉案软件未妨碍破坏微信产品的正常运行。(4)涉案群控软件未影响微信的数据安全,涉案软件所获得的微信用户信息均来自用户在淘宝、京东等平台上的相关店铺正常交易后留下的数据,涉案软件用户借此添加好友并等待对方同意确认,均是基于微信的使用规则。(5)涉案软件的被诉功能仅为软件功能的十分之一,即便构成不正当竞争,最多也是删除部分宣传功能,而无须关闭全部网站。(6)涉案软件并未造成微信产品的实际损失,两原告主张的经济损失及合理支出共计 500万元无依据。(7)两被告并无对两原告的商誉造成任何损害,依法不承担赔礼道歉、消除影响的责任。

---

① 腾讯公司诉搜道公司、聚客通公司案,杭州铁路运输法院〔2019〕浙 8601 民初 1987 号。

2. 法院判决

杭州铁路运输法院认为网络平台中的数据，以数据资源整体与单一数据个体划分，网络平台方所享有的是不同的数据权益。两被告的相关被诉行为已危及微信产品数据安全，违反了相关法律规定及商业道德，构成不正当竞争行为。杭州铁路运输法院判令两被告立即停止涉案不正当竞争行为，共同赔偿两原告经济损失及合理开支共计260万元。

3. 案例评析

本案系全国首例涉及微信数据权益认定的案件，原告深圳市腾讯计算机系统有限公司与腾讯科技(深圳)有限公司，共同开发运营的个人微信产品，为消费者提供即时社交通信服务。被告浙江搜道网络技术有限公司、杭州聚客通科技有限公司则利用 Xposed 外挂技术将其所开发的软件中的"个人号"功能模块嵌套于个人微信产品中运行，为购买该软件服务的微信用户在个人微信平台中开展商业营销、商业管理活动提供帮助，双方就两被告行为是否构成不正当竞争产生争议。数据作为数字经济的关键生产要素已成为市场激烈竞争的重要资源，数据权益的权属、权利边界以及数据抓取行为不正当性应如何判断，受到社会广泛关注。本案通过《反不正当竞争法》为构建数据权属规则、完善数字经济法律制度提供了可借鉴的司法例证。

但对数据权益保护仅局限于反不正当竞争法层面的兜底性保护，也在一定程度上反映了现有的个人信息及数据保护规则在解决数据权益纠纷方面发挥作用的有限性。未来随着大数据产业的发展，有关数据权益的争议与纠纷必将愈演愈烈，如何通过法律规则的设计对数据的权益归属进行合理的分配，是需要加以解决的重要议题。虽然《民法典》对于个人信息保护在人格权视角上的侧重，但其也并未否定企业数据权益，《民法典》第127条为数据、网络虚拟财产的保护预留了空间，立足于产业政策视角，对这些"无形资产"的定位和权属进行合理界分，实现民法"定纷止争"的具体要义，能够更好地促进数据产业的良性、健康发展。

(三)民事法律关系的联系与区分：王某诚等与中国建设银行股份有限公司青海省分行金融借款合同纠纷案①

1. 案件事实

2015年8月12日，王某诚与青海越州房地产开发有限公司(以下简称"越州公司")签订《商品房预售合同》，约定以147953124元的价格购买越州公司开发的商业用房，王某诚于2015年7月15日首付73983124元，剩余7397万元办理按揭贷款，合同约定交房时间为2015年10月30日前，逾期交房超过120日，买受人有权解除合同。2015年8月14日，借款人王某诚、王某博、王某宝(以下简称"王某诚等")与贷款人中国建设银行股份有限公司青海省分行(以下简称"建行")、保证人越州公司签订《个人住房(商业用房)借款合同》(以下简称《借款合同》)，借款金额7397万元，借款期限为2015年8月25日至2025年8月25日，采等额本息还款方法，每月归还本息金额为829227.74元；同时，越

---

① 王某诚等与中国建设银行股份有限公司青海省分行金融借款合同纠纷案，最高人民法院〔2017〕最高法民终683号民事判决书。

州公司、王某诚分别与建行签订《保证合同》及《房地产抵押合同》，王某诚以购买的商业用房及相应的土地使用权作为抵押标的物，并办理了抵押登记。截至 2016 年 12 月 29 日，越州公司未能依约交付房屋，因而王某诚诉请解除《商品房预售合同》《借款合同》《房地产抵押合同》，判令越州公司返还王某诚购房首付款、偿还王某诚已向建行偿付的贷款本息、赔偿王某诚购房首付款的利息损失、偿还建行借款担保合同项下剩余的贷款本息等。

2. 法院判决

一审法院认为，首先本案纠纷的起因在于越州公司未按照约定向购房人王某诚交付所购房屋，致使《商品房预售合同》因越州公司的违约行为而被解除。随之，导致贷款人建行与借款人王某诚、保证人越州公司签订的《借款合同》《抵押合同》因合同目的无法实现而被解除，上述合同的解除不能归责于被告。其次本案诉争的标的是建行发放的贷款，法院基于〔2017〕最高法民终 683 号民事判决的裁判结果，明确了王某诚等的还款责任，但认为王某诚等应承担补充责任，建行回避越州公司的还款责任，而直接向借款人主张与越州公司共同承担剩余全部借款本息，存在补救措施不当，亦不能排除建行与越州公司恶意串通的可能。若单独要求借款人承担共同还债责任，不仅与生效判决和《最高人民法院关于审理商品房买卖合同纠纷案例适用若干问题的解释》精神相悖，而且无限扩大借款人责任，故王某诚等承担责任的前提是建行在穷尽对越州公司的救济方式仍不能受偿。故驳回建行的诉讼请求。

二审法院认为，上述案涉当事人之间发生民事行为产生的民事法律关系不同，建行与王某诚等因签订《借款合同》形成借贷民事法律关系。王某诚与越州公司因签订《商品房预售合同》形成商品房民事法律关系。应当从案涉当事人形成的民事法律关系分析认定权利义务。因此，一审认定王某诚等承担补充还款责任错误。基于合同相对性，王某诚等为越州公司债券请求权人及贷款本息返还的委托人，王某诚等所负债务在未清偿的情况下，双方的借贷民事法律关系未消除，负有还款义务。

最高人民法院再审认为，根据《最高人民法院关于审理商品房买卖合同纠纷案例适用若干问题的解释》第 25 条第 2 款的规定，可以直接确认开发商越州公司是贷款返还的责任主体。要判断作为购房者的王某诚是否承担责任，需以商品房按揭贷款模式下各方当事人权利义务为突破口。本案涉及商品房买卖合同和商品房贷款合同双重法律关系。在上述合同均解除后，越州公司应将收到的购房贷款本息返还给银行。若严守合同的相对性，开发商是受购房者的委托向银行归还贷款本息，越州公司所还款项就是购房者的还款，王某诚作为借款合同主债务人不能免除还款责任。但是，此种做法会导致各方权利义务严重失衡。作为购房者的王某诚既未取得所购房屋的所有权，亦未实际占有购房贷款，且对合同解除无过错，却需要承担剩余贷款的返还责任，建行既享有抵押权，又同时享有对越州公司、王某诚的债权，考虑到商品房按揭贷款商业模式下各合同之间的密切联系，基于平衡各方权利义务关系的公平原则，建行要求王某诚归还剩余贷款并支付利息的请求不能成立。

3. 案例评析

本案属于典型的金融借款纠纷，在商品房按揭贷款商业模式下，应充分考虑商品房买卖合同与商品房按揭贷款合同之间的密切联系，以及各方权利义务的平衡。若强调单个合同的相对性，王某诚对合同解除无过错却仍要承担剩余贷款的返还责任，明显不合理地加重了其负担。故购房人在此种情形下是否承担贷款返还责任存在极大争议。因此，本案出于保护购房者的目的，突破了合同的相对性，排除了购房者的贷款返还责任。① 通过分析购房者、出卖人、出借人三方主体的权利义务关系，论证了公平原则下购房者不承担补充或连带责任的合理性。本案的处理回应了社会上关于"《商品房买卖合同》和《借款合同》解除后贷款返还责任"这一争议，对同类型案件裁判具有重要的参考价值，也很好地保护了购房人的利益。

第二节　权利的一般理论

一、权利的概念

关于权利，德国著名法学家图尔(Andreas von Tuhr)曾说："主体的权利是私法的核心概念，亦是法律生活多样性的最终抽象。"② 但是，这其实仅是对 19 世纪以来法律状况的判断。由于个案导向的思维，罗马法学始终未能抽象出一般性的权利概念，个人利益的保护体现在个案诉讼中，权利并未取得所谓"法律生活多样性的最终抽象"之地位。这一局面直到温得沙伊德提出实体请求权理论，才为之彻底改观。

权利作为私法核心概念的历史同样年轻。萨维尼虽然使用一般性的权利概念，但在其理论体系中，核心概念不是"权利"，而是"法律关系"。改变局面的，仍是温得沙伊德，他在 1862 年首版的《潘德克顿法学教科书》第 1 卷中为"权利的一般理论"单辟一编(第 2编)，以"权利"一词取代了"法律关系"的地位。此后，在直到 20 世纪的近百年时间里，权利一直是无可争议的私法核心概念③。

二、"权利"的语源

尽管古代西方存在不少与权利含义相近的词语表达，但"权利"概念本身的出现却相对较晚。根据陈弘毅教授的考证，在公元 1400 年以前，无论是古典抑或中世纪的希伯来语、希腊语、拉丁语或阿拉伯语中都没有任何关于权利概念的表达。直到中世纪即将结束之时，情形发生变化。一般认为，欧洲语言中出现"权利"一词系拉丁语 ius 在用法上变化的结果。到中世纪末期，ius 获得新的含义，即指称人类的一种属性，依此属性，人应当拥有某些东西，能够做或不做某些事而不被外力所扰。即所谓的"权利"。相应地，西文表达"权利"概念之语词，多带有"正确"之义，如英文 right、意文 diritto、法文 droit 以及德文 Recht。可见，在西方法律文化中，"权利"与"正当性"有其天然的内在关联。

---

① 罗亚文：《商品房买卖合同与借款合同的效力关联——以最高人民法院"王忠诚案"为例》，载《财经法学》2023 年第 1 期。

② 王泽鉴著：《民法总则(2022 年重排版)》，北京大学出版社 2022 年版，第 99 页。

③ 参见陈弘毅著：《法治、启蒙与现代法的精神》，周叶谦译，中国政法大学出版社 1998 年版，第 118~119 页。

对于"权利"的汉语表达出现在我国的问题，学界存在"本国固有"和"东瀛输入"两种学说。但李贵连教授的考证结论却认为，汉语"权利"的现代用法最早见丁韪良将之翻译的《万国公法》。该书原是英文著作，1864年通晓汉语的美国传教士丁韪良将之译为中文出版。翻译时，丁韪良及其中国助手将古代汉语中的"权"与"权利"对应英文的right。无论"权利"一词是本国固有还是异域输入，无法否认的是现代权利理念与传统中国社会所追求的价值大相径庭。

三、权利的本质

目前关于权利的本质问题仍无定论，新见依旧层出不穷。主要存在意思说、利益说、法律之力说等几种观点。

(一)意思(意志)说

意志理论以康德为旗手。康德对于权利的界定是："任何人的任性意志都能够根据自由的普遍法则与他人的任性意志相协调之整体条件。"与此同时，康德还指出，权利所涉及者，并非彼此的内部意志关系，而是通过行为联接的意志外化及实践关系，简言之，权利表现的是意志支配的行为自由。因此，权利的普遍法则是："外在行动应如此展开：任性意志之自由行使能够根据普遍法则与任何人的自由并存。"[①]受康德影响，以萨维尼、温得沙伊德为代表的潘德克顿法学家普遍将权利本质归结为自由意志。

故这派学者主张权利的本质就是意志，是个人意志所支配的范围。意志说解释了权利的本质是个人的意志。权利作为法律赋予权利人享有的行为自由，体现了权利人的自由意志。自由意志是权利存在的内在力量，某个主体选择何种权利通常都是基于其自由意志。显然，意志理论表达的是古典意志哲学背景下私法自治的要求。

(二)利益说

利益说为德国著名学者耶林所倡。耶林认为将权力本质归结为意志的论证近乎倒果为因，因为，意志并非导致权力产生的原因，相反，权利意志以权利之存在为前提。对此，耶林以船夫为例，船夫对船拥有支配权，有权依其意志决定如何将船安全驶入港口以及如何避开暗礁，但是，船应当驶向何方，却无关船夫意志，而由航行目的决定。[②] 权利亦是如此，权利人可以依其自由意志支配权利，但是权利的产生，无关意志，而是权利人想要实现的目的。

在耶林看来，任何权利都不是自我生成或由意志造就的，而是利益塑造了权利的实质。换言之，决定权力本质的目的是利益。不过，单用利益本身尚不足以成就一项法律上的权利，毋宁说，这只是权利的实质因素。除了实质因素，权利还有其形式因素，即该利益应当受到法律的保护。简言之，耶林对于权利的定义为：受法律保护的利益。按照这种观点，凡依法律规定归属个人生活的利益即为权利，权利主体与受益主体同一。任何权利

---

① ［德］康德著：《法的形而上学原理》，沈叔平译，商务印书馆1997年版，第39~40页。
② 朱庆育：《意志抑或利益：权利概念的法学争论》，载《法学研究》2009年第4期。

的设定最终都是为了实现权利人的利益。

(三)法律之力说

法力说，又称为法律力量说，由德国法学家梅开尔所倡导，在欧洲许多国家和我国台湾地区，法律力量说正成为通说。这种学说认为，权利的本质表现为法律上之力，权利是由特殊的利益和法律上之力两种因素构成的：特定利益为权利的内容，法律上之力为权利的外形。法律为保护或充实个人的特定利益，才给人以特定的法律上的力，使其借以享受特定的利益。[①]

(四)我国的主流观点

权利的本质并非追究真实与否的逻辑问题，更多的是表现言说者的价值取向。民事权利，是法律为保障民事主体实现某种利益的意思而允许其行为的界限和满足其利益的法律手段。换言之，民事权利意味着权利人在一定范围内的意志自由；民事权利意味着权利人实现一定利益的可能性，民事权利的落脚点在于利益，但是，利益本身不一定构成权利。如时效经过之债，债务人自愿履行后不得以不知时效已过而要求返还，对债权人而言显然属于受法律保护的利益，但因不具备诉请法院强制执行的效力，难谓为法律上的权利。最后，民事权利应具有法律保障性。没有法律保障的权利为"裸体权利"，不具有实际意义。

四、权利的取得与丧失

(一)权利的取得

权利的取得是指某项权利(主要指财产权)归属于特定主体的情形。权利取得视权利具体类型之不同，存在各种方式，主要有原始取得与继受取得。

所谓权利的原始取得是指权利的取得不是来自他人继受。典型的原始取得如基于对无主物的先占而取得所有权，依自己所有权而取得原物孳息，通过建造而取得房屋所有权等。继受取得，又称为传来取得是指权利自前手继受而来。继受取得的典型是通过法律行为让与权利，如通过签订买卖合同取得物品的所有权。但亦可基于法律行为之外的方式发生，如继承。权利的继受取得可能是移转型，如所有权人将其所有权让与他人，亦可能是创设型，如所有权人为他人设立限制物权。这也表明了，原始取得的特点虽然在于权利"新生"，但是单凭是否有新的权利产生仍不足以区分原始取得与继受取得，因为创设型的继受取得在表面也具备这一特点。区分二者的关键在于，权利的取得，是否源自权利前手。

(二)权利的丧失

与权利的取得相反，权利的消灭是指某项权利与特定主体相分离的情形。主要有两种形态：首先绝对消灭是指权利本身不复存在的情形，比如，所有权因标的物的灭失而消

---

① [德]卡尔·拉伦茨著：《德国民法通论》(上册)，王晓晔等译，法律出版社 2003 年版，第 279 页。

灭，债权因清偿而消灭，形成权因罹于除斥期间而消灭等。其次相对消灭是指权利本身并不消灭，只是在不同主体之间发生移转，对于权利的移出方而言，属于权利的相对消灭，而权利的移入方则发生权利的取得。

五、民事权利的行使和保护

(一)民事权利的行使

民事权利的行使是指民事权利内容的实现。即权利人通过实施行使权利的行为，可以实现权利所体现的利益，以满足自身的需要。权利都包含一定的利益，权利人为实现该利益以满足自己的需要，就应当行使自己的权利。权利人得以行使权利使得权利中包含的行为的可能性成为现实性。当事人所实施的行为主要为事实行为和民事行为两种，故，权利行使的方式也主要分为事实方式和法律方式两种。事实方式是指权利人通过实施某种事实行为来行使权利，比如所有人通过使用自己的财产来行使所有权。法律方式则是指权利人通过实施某种民事法律行为来行使权利，如所有人通过签订买卖合同来行使对自己财产的处分权。

民事权利的行使，除了关系到权利人的相关利益，也关系到义务人的利益，更甚者关系到国家以及社会的利益。故民事权利的形式应受到一定的限制。而对民事权利行使作出限制能更好地维护社会公共利益、维护社会生活的和谐有序以及节约资源，保护生态环境。换言之，民事权利的行使应当遵循如下的原则：

1. 自由原则

所谓权利行使的自由原则，是指民事主体有权按照自己的意愿行使权利，不受他人的非法干涉。根据我国《民法典》第130条的规定："民事主体按照自己的意愿依法行使民事权利，不受干涉。"权利行使的自由原则是民法自愿原则的具体体现。根据该规定，权利主体在行使民事权利时，首先表现为可以选择行使或不行使自己所享有的某项权利，因为权利本身就是赋予权利人一种行为自由。在民事领域中，除了法律进行规定之外，权利人是否行使某种权利，或不行使某种权利，从事或不从事某种行为，这都是民事主体的自由，完全由民事主体自主决定。其次还表现为民事主体依法行使权利的行为不受他人的非法干涉。换言之，权利人享有的权利同样也是他人不得非法逾越的行为边界，在享有的权利范围内，任何个人或组织，即便是公权力机构，在没有法律依据的情况下也不得非法干涉他人合法行使权利的行为。

2. 禁止权利滥用原则

关于权利滥用是指行使权利时违背权利设定的目的，损害了他人利益。比如，某人因工作原因长期居住在国外，拜托邻居帮忙照看国内的房屋，邻居自作主张将房屋出卖给不知情的第三人，侵害了某人的所有权，构成权利滥用。我国《宪法》第51条规定："中华人民共和国公民在行使自由和权利的时候，不得损害国家的、社会的、集体的利益和其他公民的合法的自由和权利。"《民法典》根据《宪法》的相关规定，通过第132条规定："民事主体不得滥用民事权利损害国家利益、社会公共利益或者他人的合法权益。"故此确立了诚信之禁止权利滥用的原则。《民法典总则编司法解释》第3条做了进一步细化，对于《民法典》第 132 条所称的滥用民事权利，人民法院可以根据权利行使的对象、目的、时间、方式、造成当事人之间利益失衡的程度等因素作出认定。行为人以损害国家利益、社会公共利益、他人合法权益为主要目的行使民事权利的，人民法院应当认定构成滥用民事权利。构成滥用民事权利的，人民法院应当认定该滥用行为不发生相应的法律效力。滥用民事权利造成损害的，依照《民法典》第七编等有关规定处理。

权利虽意味着主体的意志自由，但这种自由是具有一定的限度的。法律从未允许权利人以任何方式随心所欲地行使自己的权利，民事权利也包含其中。实现任何权利不仅关乎权利人的利益，而且关乎义务人的利益、国家以及社会的利益。故，各国都对权利的行使规定了一定的限制。如罗马法谚有云："凡行使权利者，无论于何人皆非不法"的规定。但近代以来，各国都更倾向于认可禁止权利滥用的原则。这是因为"权利存在于将要实现其作用的范围内，超出这一范围，便可能构成滥用权利。滥用权利的行为是一种与国家制度和精神不相符合的行为"。因而我国民法也遵循这一宗旨，一方面鼓励权利人合法行使自己的权利，满足自己的需要；另一方面又对权利的行使作出限制，禁止权利人滥用自己的权利侵犯他人和社会的利益。

关于如何判断滥用权利的问题，各国的立法与实践各不相同，但大致可分为主观说和客观说两种。主观说认为应以权利人行使权利时的主观状态为准，行使权利时有故意滥用的主观意思，就应认定为滥用权利。而客观说认为应当以权力行使的客观结果为准，只要行使权利造成他人和社会利益损害的结果，就构成滥用权利。

本书认为，判断滥用权利的标准应为主客观标准的统一。首先，要存在权利。若没有权利的存在，也就没有"滥用权利"一说。其次，行使权利的行为损害了他人合法权益、社会公共利益或国家利益。损害他人利益是滥用权利的客观标志。行使权利须在法律规定的范围内，虽然行使权利属于权利人的自由，但权利人须遵守一定的界限，即不得损害他人的合法权益、社会公共利益或国家利益。最后，行为人主观上应具有过错。这是构成滥用权利的主观标准。当然，主观有过错并不一定是指有损害的恶意，虽大多数情况下表现为故意，但有时候也表现为过失。

(二) 民事权利的保护

1. 概述

"无救济，无权利"，权利是由法律赋予的，但同时也是受法律保护的。权利的法律保障的重要内容就是法律确认保护权利的种种措施。根据其性质可将民事权利的保护措施分为自我保护和国家保护两种形态。法定的民事权利体系需要借助个人为权利而斗争的行为加以实现。

民事权利的自我保护是指权利人自己采取各种合法手段来保护自己的权利不受侵犯。是由当事人自己采取保护措施，故又可以称之为私力救济或自我救济。但在采取手段进行自我保护时受到了法律的严格限制，只能以法律许可的方式以及在法律允许的限度内保护自己的权利。除此之外，权利主体还可以通过当事人协商解决争议。只有双方当事人根本利益一致，才不会产生根本性的利益冲突。因此，在权利受到侵害，产生民事纠纷，当事人可以自行协商解决、通过非讼程序解决或者请求人民法院或其他国家机关依法给予保护。民事救济奉行"同质救济"原则，它的基本含义是权利人在行使救济请求权时，请求的数额以自己遭受的实际损失为限，损失多少赔多少，不能从中获取超损失的利益作为制裁或惩罚。

民事权利的国家保护，是指权利被侵犯时，由国家机关给予保护。由于这种保护手段是由国家机关采取的，故又称之为公力救济。其中最典型的形式便是权利人通过诉讼的方式，请求人民法院对权力予以国家保护。由于民事权利的种类不同，受到侵害的方式不同，因而当事人提起诉讼请求保护的目的和要求也不同，故当事人提起的民事诉讼请求主要有确认之诉、给付之诉、形成之诉三种类型。

2. 民事权利的私力救济

所谓私力救济，即权利人依靠自己的力量对抗他人，从而保护自己受到侵犯的权利。原则上，不允许自力救济，以免造成拥有绝对优势武力的人，代表绝对正义，使得法律形同虚设。特殊情况下，之所以允许私力救济，系因公力救济的事后性，紧急情况来不及要求公力救济。因此，私力救济，仅在紧急情况下，诉诸公力救济有所不及之时方可采用。一般而言，私力救济主要包括自卫行为与自助行为。

（1）自卫行为，目的在于防卫或避免自己或他人所面临的侵害，包括正当防卫与紧急避险。

正当防卫，依据《民法典》第181条以及《民法典总则编司法解释》第30条的规定，为了使国家利益、社会公共利益、本人或者他人的人身权利、财产权利以及其他合法权益免受正在进行的不法侵害，而针对实施侵害行为的人采取的制止不法侵害的行为，因此，正当防卫，主要是对现实的不法侵害人加以反击，以防卫自己或他人权利的行为。

正当防卫的构成要件与法效果：须有不法侵害自己权利或他人权利的行为；侵害行为只能来自于人；侵害具有紧迫性，即须有为防卫自己或他人权利之意思，所保护的权利一般限于生命、身体、自由与财产；须该侵害行为正在进行之中（现时性）；须防卫未逾越必要限度（适度性），何谓"适当"依据《民法典总则编司法解释》第31条的规定，对于正当防卫是否超过必要的限度，人民法院应当综合不法侵害的性质、手段、强度、危害程度和防卫的时机、手段、强度、损害后果等因素判断。经审理，正当防卫没有超过必要限度的，人民法院应当认定正当防卫人不承担责任。正当防卫超过必要限度的，人民法院应当认定正当防卫人在造成不应有的损害范围内承担部分责任；实施侵害行为的人请求正当防卫人承担全部责任的，人民法院不予支持。实施侵害行为的人不能证明防卫行为造成不应有的损害，仅以正当防卫人采取的反击方式和强度与不法侵害不相当为由主张防卫过当的，人民法院不予支持。成立正当防卫的效果，排除行为的违法性，行为人不承担侵权责任。

紧急避险，依据《民法典》第182条以及《民法典总则编司法解释》第32条的规定，为了使国家利益、社会公共利益、本人或者他人的人身权利、财产权利以及其他合法权益免受正在发生的急迫危险，不得已而采取紧急措施的行为，因此，紧急避险主要是为避免自己或者他人的人身以及财产上的急迫危险，不得已而采取的规避危险的行为（两害相权取其轻）。

紧急避险的构成要件：须存在现实的急迫危险；目的必须是为避免自己或他人的人身以及财产可能受到的侵害；避险行为所带来的损害须不超过危险所能导致的损害，对此，《民法典总则编司法解释》第33条规定，对于紧急避险是否采取措施不当或者超过必要的限度，人民法院应当综合危险的性质、急迫程度、避险行为所保护的权益以及造成的损害后果等因素判断。经审理，紧急避险采取措施并无不当且没有超过必要限度的，人民法院应当认定紧急避险人不承担责任。紧急避险采取措施不当或者超过必要限度的，人民法院应当根据紧急避险人的过错程度、避险措施造成不应有的损害的原因力大小、紧急避险人是否为受益人等因素认定紧急避险人在造成的不应有的损害范围内承担相应的责任；避险行为所针对的对象必须是侵害人以外的其他人(第三人)或财产。

成立紧急避险的法效果有三：第一，依据《民法典》第 182 条第 2 款之规定，成立违法性阻却事由，危险由自然原因引起的，紧急避险人不承担民事责任，不构成侵权行为，不负赔偿之责，但可予以补偿；第二，依据《民法典》第 182 条第 1 款之规定，行为人如对危险的发生有责任，则仍应承担赔偿责任；第三，依据《民法典》第 182 条第 3 款规定，紧急避险采取措施不当或者超过必要的限度，造成不应有的损害的，紧急避险人应当承担适当的民事责任。

学理上，紧急避险还有防御性紧急避险与攻击性紧急避险之分，前者系避险行为损害的是危险物或者引发危险之人的财产。后者，避险行为损害的是无辜第三人的和平物(攻击他人之物)，对此第三人负有相应的容忍义务。

(2)自助行为，权利人为了保护自己的权利，在来不及请求公力救济的情况下，对义务人的财产予以扣押、毁损或对其人身进行适当约束(强制)等行为。法律规范依据我国《民法典》第 1177 条之规定，合法权益受到侵害，情况紧迫且不能及时获得国家机关保护，不立即采取措施将使其合法权益受到难以弥补的损害的，受害人可以在保护自己合法权益的必要范围内采取扣留侵权人的财物等合理措施；但是，应当立即请求有关国家机关处理。

自助行为的构成要件：为保护自己的合法权利；须情势紧迫来不及请求公力救济，非于其时为之则将致权利无法实现；采取的方法适当、须不超过必要程度；事后须及时请求国家机关予以处置。

自助行为的法效果：属合法行为，构成违法性阻却事由(从而使该行为不构成侵权行为)；通过此方法保全权利实现之机会，而不能直接借此实现其权利；限制他人之自由的，应立即寻求公力救济。

六、案(事)例述评

(一)民事权利与民事利益之保护：电缆案①

1. 案件事实与法院判决

2005 年 7 月 15 日 9 时许，被告人重庆市黔江区永安建筑有限公司(以下简称永安公司)在所承包金三角河堤段工程的施工过程中，损害了被告重庆市黔江区供电有限责任公司(以下简称供电公司)埋在该地段的 10KV 电力电缆，导致输电线路中断，造成原告重庆黔江区民族医院(简称民族医院)停电 26 个小时，影响了原告民族医院的正常经营。事故

---

① 重庆市黔江区民族医院与重庆市恰江区永安建筑有限责任公司、重庆市黔江区供电有限责任公司财产损害赔偿纠纷案，〔2006〕渝四中法民一终字第 9 号。

发生后，被告永安公司于当日支付被告供电公司维修材料费 10000 元。被告供电公司于次日上午将被损坏的线路予以修复，并于 12 小时左右恢复通电。原告民族医院从 2005 年 6 月 28 日至 7 月 27 日的经营收入为平均每日 6 万多元，而 2005 年 7 月 15 日的经营收入为 13246. 17 元。

在一审判决中，法院认为，被告永安公司在建设施工过程中，因其注意义务不够而损坏了被告供电公司的电力设施，导致停电事故发生，并影响原告民族医院的正常运行而造成其可得收入减少，其行为符合侵权行为的构成要件。同时，《电力法》第 60 条第 3 款规定："因用户或第三人的过错给电力企业或其他用户造成损害的，该用户或第三人应当依法承担赔偿责任"，故被告永安公司理应承担民事赔偿责任。被告供电公司在其供电设施遭受损坏后积极履行抢修义务，并有证据证明事发当日的天气不宜进行安装及修复工作，故被告供电公司的行为无过错，其不应承担民事赔偿责任的辩解理由成立。因承建公用工程并不符合法定免责的条件，故被告永安公司辩称其承建工程系公用工程，应当免责的辩解不成立。

原告民族医院主张因停电导致原告民族医院于事发当日的经营收入减少，确给其造成一定经济损失（可得利益减少）属实。但原告每日的经营收入额具有不确定性，受多种因素影响。同时，其收入越高，成本支出越大。故以原告提供的 2005 年 6 月 28 日至 7 月 27 日的收支报表为参照，结合本案实际情况，在自由裁量权范围内酌情认定其应获赔的损失额为 25000 元。最终，法院一审判决被告永安公司赔偿原告民族医院经济损失 25000 元，并驳回了原告民族医院的其他诉讼请求。

被告永安公司对此判决不服，并向一审法院提出了上诉，请求撤销原判，改判驳回对上诉人永安公司的诉讼请求，并负担本案的一、二审诉讼费用。被告永安公司上诉理由主要有：本案三方当事人法律关系不同，不能相提并论。民族医院与供电公司是供用电合同关系，永安公司与供电公司是侵权法律关系，民族医院与永安公司无法律意义上的任何关系，故永安公司不是本案适格的被告。永安公司不对民族医院负赔偿责任；其次，永安公司承建的系公用工程，具备法定免责条件，不应当负赔偿责任。原判以《电力法》第 60 条第 3 款规定，判决永安公司承担赔偿责任系适用法律错误。

对于上诉人永安公司的上诉理由，被上诉人民族医院答辩称，上诉人永安公司施工过程中挖断电缆线，对民族医院构成了侵权行为，故应适用《民法通则》关于侵权损害赔偿之相关规定对民族医院的损失负赔偿责任。永安公司以其施工的工程系公用工程，应当免责的理由不成立，永安公司赔付给电力公司的是材料款而非损失，没有对答辩人尽赔偿责任。

被上诉人供电公司也答辩称，本案的法律关系是侵权法律关系，上诉人对民族医院的损失有过错责任，供电公司本身无过错，上诉人关于公用工程施工应予免责的上诉理由不成立，电力公司及时履行了抢修义务，民族医院提起的是侵权之诉而非违约之诉，故供电公司不应负担赔偿责任。

二审法院经审理查明，上诉人永安公司及被上诉人供电公司就停电期间民族医院的收入损失具体数额有异议，被上诉人民族医院认为原判就 2005 年 7 月 15 日晚上至次日上午 8 时黔江区降雨 5.7 毫米之事实认定不实，认为不可能全天都在下大雨。对其余认定实施，双方无异议。故二审法院认为，供电公司与民族医院之间存有供用电合同关系，供电公司没有对涉案电缆线实施侵权行为，也没有与永安公司共同实施侵权行为，故民族医院基于侵权之诉向供电公司请求赔偿不当，供电公司在本案中不对民族医院负赔偿责任。

最终，二审法院认为原判认定事实清楚，但适用法律不当，应予改判。

2. 案例评析

用户因电缆被挖断而遭受损失，从侵权行为法的基本理论来讲，加害人对电缆线的切断，损害了供电部门的物权，是"第一次损害"，而电缆线的毁损致用户因供电不能而遭受的损失，系"后续损害"。该后续损害是否应当得到赔偿，须依据侵权法的基本构成要件，结合该用户致损的损失应否属于民法所应当保护的法益范围等进行综合评定。从因果关系要件上看，用户招致的损害与加害人的加害行为之间存有相当因果关系，用户可以基于侵权法的规定向加害人请求损害赔偿，即电力用户对此享有诉权。但侵权法不能对一切的权益作同样的保护，必须有所区别，即以"人"的保护最优先；"所有权"的保护次之；"财富"（经济上利益）又次之，仅在严格的要件下，始受保护。但该种情形下的"后续损害赔偿"，一般仅限于人身权、所有权，即除经济损失系因用户的人身或所有权遭受侵害而发生者外，原则上不予赔偿。

经济损失一般又称"纯粹经济上损失"，系指被害人直接遭受财产上不利益，而非因人身或物被侵害而发生，除加害人系故意以悖于善良风俗之方法致用户受损害的特殊情形除外，不在赔偿之列。在电缆线毁损而导致电力供应中断时，用户所遭受的多属纯粹经济上损失，以不能营业之损失最常见。同时，纯粹经济上损失又可具体化为包括债权、营业权在内的损失，用户多因不能营业而受有经济损失。营业经营权被侵害的请求损害赔偿，须以所受侵害与企业经营之间具有内在关联、不易分离的关系为要件。因停电而遭受不利益的，不限于企业，亦包括家庭用户等消费者。供电关系非属企业特有，故因电缆被挖断导致电力中断，不能认为是对企业营业权的侵害。企业纵因此受有经济上的损失，亦不能以企业营业权受侵害为理由，请求损害赔偿。

纯粹经济上损失应否赔偿，一般从以下几个方面进行考量：(1)电力企业是法定的供应者，因过失不能提供电力时，无须对消费者所受的经济上的损失负赔偿责任。(2)电力中断后，人身或物品未遭受损害的情况下，虽对人们的生活造成不便，有时产生经济上的损失，但电力供应短期即告恢复，纵有经济损失，亦属轻微，一般人观念中多认为对此应负容忍义务。(3)被害人对于此等意外事故，若皆得请求经济上损失的赔偿，则其请求权将漫无边际，严重地加重了加害人的赔偿义务，有违公平正义，也不利于整个社会经济的发展。综上所述，除经济损失系因用户的人身或所有权遭受侵害而发生外，原则上不予赔偿。对《中华人民共和国电力法》第60条第3款的适用，应当基于上述适当限制加害人赔偿责任的政策考量，对"损害"作限缩解释为因"人身或所有权遭受侵害而发生的损害"。

权利作为一种法律上之力，与通常所谓实力不同。通常所谓实力，乃个人的腕力，法律上之力乃由法律所赋予，受法律的支持和保障的一种力量，通过该力量既可以支配标的物，也可以请求他人为特定的行为。此种法律上之力，还须与"特定的利益"要素相结合，才构成权利。该利益指生活利益，可分为财产利益和非财产利益两种。其中受法律保护者，又称为法律利益，简称法益。法律为保护个人特定法益，特予以法律上之力，使之能够享受特定的利益，同时也规定了相对人负有一定的义务，以确保权利人得以享受此利益。换言之，此可享受特定利益的法律上之力，即为权利。

人群共处，各有需求，意味着涉及不同的利益，不免会发生冲突。在当今法治的背景下，权利受侵害的救济制度，只准依赖国家公权力作为救济手段，不许私人以私刑方式自行救济，其目的在于避免以暴制暴，维护社会的和谐。但在司法实践中，公权力的救济有时缓不济急，若被害人不能及时反应制止加害行为，则可能会造成更大的损害，这并非事后的司法救济所能弥补的。故，国家法也承认正当防卫、紧急避险以及自助行为等作为被害人自力救济的合法手段。

（二）私力救济：土地承包合同案①

1. 案件事实与法院判决

2018 年 1 月 1 日，原告孙某某与被告上海六墩兴洲农业专业合作社签订一份《上海市农村土地承包经营权流转合同》。合同约定，被告将位于上海市奉贤区××镇××村××组的 9.66 亩土地出租给原告，用于葡萄种植，流转期限自 2018 年 1 月 1 日至 2020 年 12 月 31 日；流转单价为每年每亩 1600 元，合计 15456 元/年，租金一年一付，原告应于每年 1 月 1 日前支付当年的租金；被告有权获得流转收益，有权按照合同约定的期限收回流转土地；合同期满后，原告的相关设施及地上附着物，双方协商通过折价方式由被告给予补偿，归被告所有；若协商不成，原告应于 15 日内拆除，恢复原状，被告不做补偿。合同还约定，当事人发生争议，可以请求村民委员会、乡政府等调解，也可以向奉贤区农村土地承包仲裁委员会申请仲裁，还可以直接向人民法院提起诉讼。合同签订后，被告交付涉案土地，原告在土地上种植葡萄。2021 年 1 月，原告向被告缴纳租金时，被告拒收，双方为续租事宜协商不成。2021 年 5 月 24 日，上海六墩兴洲农业合作社向原告送达要求其于 2021 年 6 月 7 日前搬离的告知书。期限届满后，因原告拒不搬离，故被告于 2021 年 6 月 17 日铲除涉案土地上的葡萄和附属设施，自行收回土地。

上海市奉贤区法院认为，根据我国农村土地承包法的相关规定，农村土地承包经营权可以采取转包、出租、互换、转让或者其他符合有关法律和国家政策规定的方式流转。农村土地承包经营权流转的受让方可以是承包农户，也可以是法律、法规允许的其他从事农业生产经营的组织和个人。本案中，原、被告签订的《上海市农村土地承包经营权流转合同》是双方真实的意思表示，内容合法有效，双方均应恪守履行。根据合同约定，合同期限届满后，被告有权收回流转的土地。该合同有效期已于 2020 年 12 月 31 日届满，在双方无法达成续租的情况下，被告有权收回土地，原告理应及时归还。然而，直至 2021 年 6 月 17 日，原告仍未归还涉案土地，其行为已然构成违约。被告诉请要求原告向其支付 2021 年 1 月 1 日至 2021 年 6 月 17 日期间的土地占有使用费，具有事实和法律依据，应依法予以支持。占有使用费，故参照原土地承包经营权流转合同中约定的每年每亩 15456 元的标准计算，数额应为 7160 元。

---

① 孙某东与上海六墩兴洲农业专业合作社土地承包经营权转让合同纠纷民事一审案件民事判决书〔2021〕沪 0120 民初 18832 号，【法宝引证码】CLI. C. 430272624。

在原告逾期搬离的情况下，被告能否强行铲除涉案土地上的作物及附属设施，被告应否承担由此给原告造成的损失，是本案中原、被告的主要争议焦点。奉贤区法院认为，虽然《中华人民共和国民法典》第1177条规定，当事人合法权益受到侵害时，受害人可以采取自助行为。但实施自助行为的前提是，情况紧迫且不能及时获得国家机关保护，并且受害人采取的措施也应得当。从庭审查明的事实看，原告在合同期限届满后，拒不返还被告土地，确实侵害了被告的合法权益。但是，被告并未向国家机关寻求帮助，而是径直铲除原告种植的即将成熟的葡萄，被告采取的自助行为不仅不够妥当，也缺乏其紧迫性。其次，《中华人民共和国民法典》第9条规定了"绿色原则"，即民事主体从事民事活动，应当有利于节约资源、保护生态环境。尽管，原、被告之间的土地经营权流转合同已经期限届满，被告也按合同约定给予原告15天的搬离期和宽限期，但被告选择在原告种植的葡萄即将成熟之际，强行铲除葡萄，并就地掩埋相关附属设施，确实是对生产、生活资源的巨大浪费，该自助行为也超出必要限度，不应得到提倡或鼓励。最后，原、被告在土地经营权流转合同中约定，合同期满后，对相关设施和地上附着物应协商通过折价的方式予以补偿。现因被告的自助行为，涉案土地上的葡萄和附属设施的损失已无法评估鉴定，考虑到原告违约在先，且损失确实存在，结合当事人的过错程度、涉案土地的面积、葡萄的产量和市场价格等因素，酌情确定被告兴洲合作社赔偿原告孙某某各项损失32600元。

2. 案例评析

本案涉及民事权利的行使与《民法典》绿色原则之间的冲突，当事人选择通过私力救济的形式行使自身的民事权利，但由于不符合私力救济行使的条件和前提，并且违反了绿色原则，超出了必要限度，最终法院判决被告向原告进行了赔偿，本案中，奉贤区法院也说明了私力救济行使的条件，即情况紧迫且不能及时获得国家机关保护，司法实践中，对于私力救济合法范围的把握相当重要，是否属于情况紧急，是否向国家机关请求过保护，也都是司法审查的重点，一旦把握不当，就极易导致私权利与公益的冲突，对本案进行分析，有助于深刻理解私力救济制度与绿色原则等法律原则，认识秩序与正义、个人权利与国家权力、权利保障与防止权力滥用的对立统一。

第三节 民事权利体系

一、财产权、人身权与社员权

根据权利客体的不同，民事权利可分为财产权、人身权和社员权。作出此种区分的重要意义在于：第一，权利的客体不同。第二，在是否可以转让方面具有区别。第三，保护方法不同。下面对这三种权利分别阐述。

(一)财产权

财产权，是指以某种财产利益(经济利益)为客体的权利。财产权的客体具有经济价值，可给予经济评价，其中可能是主观的经济评价。其主体限于现实地享有或可以取得财产的人，而不同于人格权那样可以为所有人普遍享有。故财产权不具有专属性，可以由主体自由地转让、抛弃，也可以继承。财产权利主要包括物权、债权、知识产权、数据、虚拟财产等，其中最主要的是物权与债权。所谓物权，是指权利人依法对特定的物享有直接支配和排他的权利。若对物权作进一步划分，又可分为四类：所有权、不动产用益物权、担保物权、准物权。所谓债权，则是指特定的债权人一方请求债务人为一定行为或者不为一定行为的权利。债权在内容上表现为一种请求关系，而且只能发生在特定的当事人之间。对于债权，我国有关债权的规范最丰富，主要集中于合同之债及损害赔偿之债的领域。除此之外，主要还有无因管理所产生的债权与不当得利所产生的债权。无因管理系指管理人没有法定的或者约定的义务，为避免他人利益受损失而管理他人事务的，可以请求受益人偿还因管理事务而支出的必要费用；管理人因管理事务受到损失的，可以请求受益人给予适当补偿。不当得利系指因他人没有法律根据，取得不当利益，受损失的人有权请求其返还不当利益。

（二）人身权

人身权，是指以民事主体的人身性要素为客体的权利，是与权利人的人身不可分的民事权利，包括人格权和身份权。人格权是指以生命、健康、名誉等人格利益为内容，并排斥他人侵害的权利。它主要包括生命健康权、姓名权、名誉权、肖像权、荣誉权、隐私权、性自主权等。而身份权是指基于权利人的特定身份而产生的权利，包括亲属权、抚养权等。身份权须基于一定的身份或者资格才能产生，典型如须具有夫妻的身份，夫妻双方才能享有配偶权。人身权所体现的价值与个人尊严或身份相关，虽然原则上不具有经济价值，但其受到侵害时，应当进行精神赔偿。其主要的特点在于：该权利的内容主要体现为人格和身份等精神利益。人身权一般具有专属性，尽管其中个别例外人格权的权能，例如肖像权的权能可以进行转让，但人身权作为整体是不能转让的，也不能抛弃和继承的。

（三）社员权

社员权是指团体中的成员以其在团体中的地位而产生的各种权利的总体。换言之社团法人有其社员，社员基于其在该社团中的地位与社团发生特殊的法律关系，在此关系中，社员对社团所享有的各项权利的总和，便是社员权，主要是公司法上的股东权。社员权所具有的特点包括：（1）社员权是基于社员资格而产生的，与此种资格不可分离，并与此种资格相伴始终。（2）社团与其组成人员即社员并非完全平等，社员有时须受团体意思如社团决议的约束。（3）社员权是一种复合权利。社员权既包括经济性质的权利，也包括非经济性质的权利。经济性质权利如自益权，所谓自益权是指专为社员个人的利益所有之权；非经济性质权利如共益权等。所谓共益权是指以完成法人所担当的社会作用为目的，而参与其事业的权利。（4）社员权在一定程度上具有专属性。由于社员权以社员资格为前提，故其转让就必须与社员资格一同转让，不得脱离社员资格而单独让与。根据团体的不同，社员权大致包括公司的股东权、合作社的社员权、俱乐部的会员权等。

尽管我国《民法典》未规定社员权，我国法律也未使用"社员权"这一表达，但所有关于社团法人的法律都必须处理社员与社团的关系，也就是说，必须规定社员权的内容。

(四)财产权与人身权区分实益

1. 权利的行使方式因二者性质不同而有所区分

财产权利，通常可以转让；人身法律关系中确立的权利与权利主体的人身通常是不可分离的、不能转让的(自然人的肖像权、非自然人的名称权例外)。

2. 保护方法不同

财产权利体现的是具体的财产利益，受到侵害时，主要适用财产补救方法，如返还原物、赔偿损失；人身权利体现的是抽象的利益，受到侵害，可以通过恢复被侵害的权利的方式来保护，如赔礼道歉、消除影响、恢复名誉、精神损害赔偿。但如果侵害人身权的结果可以用财产衡量时，也可以适用赔偿损失(如住院费)。

3. 保护的顺位不同

当财产权利与人身权利发生冲突时，首先保护带有人身属性的权利，而后再保护带有财产属性的权利。

二、绝对权与相对权

根据权利效力所及范围，权利可有绝对与相对之分。

(一)区分界限

绝对权的效力及于所有人，即绝对权的义务人是不特定的所有人。又因其义务人为不特定的所有人，即世上的一切人，所以又称为对世权。有此权利者，得以请求一般人不得侵害其权利。绝对权的典型如所有权、知识产权等之类的支配权，除此外还包括人格权和无财产内容的人格性亲属权，如父母的人身照管权。相对权又被称为对人权，效力仅及于特定人，以特定人为义务人。相对权的典型如请求权、形成权与抗辩权等。有此权利者，不仅可以请求特定人不得侵害其权利，也可以请求其为该权利内容的行为。

通说认为，相对权的特点是得以请求义务人为特定的行为，或者说，权利的实现依赖于相对人的协助行为。但这明显是基于对请求权的认识而得出的结论。实际上，请求权虽然系相对权概念的原型，但二者并不能等同。如形成权的实现并不需要相对人的协助，抗辩权的效力则恰恰是组织对方的请求行为，而这两类权利都被归类为相对权。之所以如此划分，关键在于，这些权利的效力都仅及于特定人。

(二)区分意义

绝对权与相对权之区分可追溯到罗马法，最初的目的是确定不同权利类型的保护方法。这一思路，直到今天仍在为德国法所贯彻。德国法上，绝对权的保护方式可通过适用或准用《德国民法典》第985条的返还请求权、第1004条的妨害除去请求权和妨害防止请求权(合称物权请求权)，如果因为过错而遭受损害的，还可以适用第823条第1款的侵权保护，即损害赔偿请求权。而相对权因为其效力仅及于相对人，与第三人无关，故一般不存在被第三人所侵害的问题。因此上述两种保护方式原则上均不适用。

绝对权与相对权的分类对于德国民法体系的建立影响甚大，乃至是《德国民法典》债编和物编分立的基础。雅科布斯指出："德国法典编纂的体系特点既不在五编制，亦非前置总则之体例，而是物法与债法的截然区分。"①由此可见，绝对权与相对权的区分，对于德国民法而言具有根本意义，可以说是最重要的权利分类。

德国法的思维也在一定程度上影响了我国私法体系的建构，首先表现为既有法律体系基本在债物二分的格局下展开，其次更重要的是，原《侵权责任法》第2条第2款所列举的受保护的各项民事权益，大多可归为绝对权之列，以债权为典型的相对权则被排除在外。但是，德国法体系也只是在"一定程度上"在我国得到贯彻，除了债物二分导致的负担行为与处分行为的区分在实证法中含糊不清以外，我国《民法典》第1167条将类似于德国法上的物权请求权与损害赔偿请求权混为一谈，均称之为"承担侵权责任的方式"。而此种立法处置，无疑为解释诸如"停止侵害""排除妨碍"等请求权是否以过错为要件等问题增加了难度。上述种种在客观上也表明了，区分绝对权与相对权的脉络并未得到我国立法者的自觉遵循。

与此同时，学界中不少学者对于绝对权与相对权的区分颇有微词。而质疑也主要集中在权利效力范围的分类标准上。有学者认为：任何权利都具有不可侵犯性。即使是相对权，也不容第三人侵害。若有人故意唆使他人破坏契约，那也应当构成侵权。因而，债权应当与物权一样，同受侵权法的保护。同时，由于实践中情况复杂，绝对权与相对权的区分，还因为债权的物权化效力而变得模糊不清。

认为债权应当受侵权法保护的这一判断不能说绝对错误，但需要界定其适用条件。债权仅为双方当事人之间的法律关系，效力并不及于第三人，不具有公示性，故第三人往往不知道债权的存在。如因路人甲和乙之间发生口角，导致乙未能及时履行对丙的契约义务。如果丙因此具有起诉甲侵害债权而寻求侵权法保护的权利，那么社会稳定和法律安全将荡然无存。因为，没有人能知道，与自己发生纠纷之人背后有多少相对权会因此受到影响。德国法上，除非是以违反善良风俗的方式故意侵害，否则债权是不受侵权法保护的。而对于某些债权的物权化效力，无非是针对某些特殊债权的特殊处置，并不具有一般意义。

总而言之，绝对权与相对权即使没有绝对区分，但也不表示，中间存在的混杂因素足以动摇二者的区分基础与意义。相反，只有在区分绝对权与相对权的基础上，才可以准确界定侵权法的适用边界，才可能准确认知各项权利效力强度之差序格局。

三、支配权、请求权、抗辩权与形成权

以民事权利发生作用的方式为标准，可将权利分为支配权、请求权、抗辩权与形成权。

（一）支配权

支配权，是指权利人可以现实地和直接地支配权利客体，并具有排他性的权利。物权

---

① 朱庆育：《法典理性与民法总则——以中国大陆民法典编纂为思考对象》，载《中外法学》2010年第4期。

和知识产权均属于支配权，物权支配有体物，而知识产权则支配无体的非物质利益，即智慧产品。占有虽也属于对物的支配，但是此种支配可以基于不同的法律关系。可能基于有权占有，也有可能是无权占有。因而，占有本身并未显示正当性，不足以成为一项权利，而只是对物的单纯事实支配状态。支配权具有两方面的作用，从积极方面看，支配权可直接支配其权利客体以满足自己的利益需要，而不需要他人行为的介入；从消极方面看，权利人可禁止他人妨碍其支配，而具有排他性，支配权通常是确认之诉的对象。

支配权的特点是：（1）支配性。权利人可以直接依自己的意志实现权利，不需要他人的协助。例如我国相关法律规定，所有权人可直接依其意志占有、使用或处分标的物。（2）排他性。对于权利客体，支配权人有权直接支配并排除他人的相同意志。如，一物之上不能同时成立两个所有权。（3）优先性。支配权可能存在优先现象。如，针对在同一标的物上设立的抵押权，在先抵押权优于在后抵押权；又如，限制物权存续期间，效力优于完全物权（所有权）。（4）对应义务的消极性。由于支配权人在实现其权利时无须他人积极协助，故与支配权相对应的义务即表现为消极地容忍、尊重、不干涉支配权的实现。

（二）请求权

请求权，是指权利人请求（要求）他人为特定行为（包括作为和不作为）的权利。其权利人不能对权利客体直接支配，必须通过义务人的作为或不作为，才能实现其权利。从实现方式来看，请求权与支配权相对。因为权利人不能对标的为直接支配，只能对义务人为请求。典型的请求权为债权，债权人不能直接支配债务人的行为，也不能支配债务人的人身，只能请求债务人为特定行为。除此之外，还包括物权请求权、人格权请求权、亲属请求权以及继承请求权。请求权在权利体系中居于枢纽之地位。因为任何权利，不论其为相对权还是绝对权，为了能发挥其功能，或者说恢复不受侵害之圆满状态，均需要借助请求权来行使。

请求权系由基础权利而发生，必先有基础权利，而后才有请求权。因此，依据基础权利的不同，请求权可分为：债权上请求权、物权上请求权、准物权上请求权、知识产权请求权、人格权上请求权、身份权上请求权。其中仅有债权上请求权是从债权成立时当然发生，并且请求权为债权最主要的作用。因此债权为典型的请求权，而其余的请求权，则大多在基础权利遭受侵害时，才会发生。

除此之外，还需对请求权与诉权加以区别。请求权的概念是由德国学者温德夏德所提出的。[①] 在此概念出现之前，只有诉权，而并不知道有请求权。温德夏德在研究后，在诉权之外，承认私权之请求权的存在。故，请求权存在于平等的当事人之间，属于私权，而诉权又属于私人请求国家予以保护的诉讼权利，存在于私人与国家之间，应属于公权。一般情况下，请求权均伴有诉权，在对方当事人不依法请求履行相关义务时，请求权人则可以诉请法院强制对方当事人履行义务。尽管请求权与诉权关系紧密，但两者性质不同，不得视为一体。在请求权不存在或者已消灭的情形下，也不妨碍诉权的存在。

在了解请求权的同时也需要注意请求权基础的概念，请求权基础是指足以支持某项特

---

① 参见金可可：《德国民法上的请求权概念》，载《求索》2007 年第 3 期。

定请求权的法律规范。比如，甲乙签订货物买卖合同，甲违反约定不履行给付货物的义务，构成违约，乙得向甲请求违约损害赔偿。即应以《民法典》合同编中的相关规定为基础。没有请求权基础，也就没有请求权可言。在实践中，若权利人同时拥有两个以上的请求权可以行使时，则称之为请求权竞合。典型如《民法典》第 186 条规定："因当事人一方的违约行为，损害对方人身权益、财产权益的，受损害方有权选择请求其承担违约责任或者侵权责任。"对于此种请求权竞合的情况，权利人可以选择其一而行使。

在判断请求权是否产生时，也可以借助"涵摄"法。涵摄是审查待决的案件事实是否可归属在某一法律规范的构成要件之下，并得出法律效果是否发生的结论。在请求权的具体案例中，其具体步骤主要是（见图 5-1）：第一步，选择案件事实可能适用的请求权基础规范（T），并就所分析的案例提出"某人可能依此规范向另一人主张某种请求权"的待检验命题；第二步，将法律规范分解为各个构成要件（$t1$，$t2$，$t3$……），并逐一与案件事实（$s1$，$s2$，$s3$……）进行比较，判断具体事实是否可归入抽象的构成要件（涵摄）；第三步，对每一个构成要件和案件事实的涵摄都进行审查，得出相应的是或否的中间结论；最后一步，一旦案件事实满足请求权基础规范的每一构成要件，即可得出结论认为发生相应的法律效果（R），即案件当事人的请求权成立；如果欠缺任何一项构成要件，则不发生相应的请求权。由上可见，涵摄的核心就是亚里士多德的三段论，即大前提——小前提——推论。

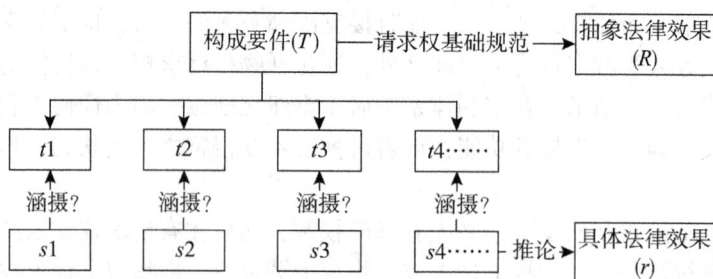

图 5-1

请求权具有以下特点：（1）请求性。权利的作用表现为对特定人行为的请求，而不是对特定标的物的直接支配。比如，双方就某房屋签订买卖合同，买受人所拥有的权利是请求对方移转标的物的所有权，而不是可以直接依据买卖合同而获得标的物的所有权。（2）合作性。由于仅凭权利人的意志并不足以实现权利，故作出请求后，尚需义务人的相应行为与之配合。例如，买受人要取得标的物所有权，需要出卖人作出给付行为。（3）非排他性。请求权所针对的权利客体是义务履行行为，而义务无妨多次负担，并不具有如同特定物的唯一性，因此在同一标的物上可以成立数项内容相同的请求权。比如，同一标的物之上可同时有效成立双重甚至多重买卖。（4）平等性。由于请求权效力不具有排他性，故同一标的物之上的数项请求权便理应相互平等，即任何一项请求权皆不享有对其他请求权的优先效力。原则上，对于均已到期的债权，债务人可以自由决定清偿顺序。

（三）抗辩权

所谓抗辩权，是指权利人用以阻止他人请求权之权利，即请求权的反对权。抗辩权的作用在于防御，而不在于攻击，因此需要他人提出请求，才能对其请求行使抗辩权。典型如同时履行抗辩权、不安抗辩权、先诉抗辩权等。抗辩权还可分为永久的抗辩权和延期的抗辩权。如诉讼时效届满之后的债务人所取得的抗辩权，便是永久的抗辩权。而其余的同时履行抗辩权和不安抗辩权则属于延期的抗辩权。请求权与抗辩权处于对立的地位。在运用相关知识进行解题或分析具体案件时，应当兼顾。

抗辩权具有阻止请求权行使的功能，即请求权的"反对权"。支配权的行使无须他人协助，他人仅袖手旁观即可；请求权的行使则需要相对人作出一定行为予以配合，故权利主张可能会遭到拒绝。一般情形中，相对人有义务满足请求权人的权利主张，但在某些特殊情况下，相对人有权拒绝，且拒绝具有正当性，换言之，此种有权拒绝的权利便是抗辩权。

实体上的抗辩权与诉讼中的抗辩二者容易造成混淆。抗辩是诉讼中的防御方法之一。而在诉讼中，被告针对原告提出的诉讼请求，通过以下两种途径进行反驳，要么否认原告的事实陈述，要么否认原告诉讼请求的正当性。若被告仅仅是否认原告的事实陈述，将令原告就其事实承担举证责任，而不会使得被告负举证义务。上述情形构成的是诉之否认，而未涉及诉讼抗辩问题。

所谓的诉讼抗辩，是指凡诉讼中用以对抗原告请求的理由。根据诉讼中被告提出抗辩的效力不同，诉讼抗辩可以分为权利阻却抗辩、权利消灭抗辩和权利障碍抗辩。权利阻却抗辩，是指被告陈述阻止原告请求权发生的一个或多个事实，例如否定某项买卖合同的缔结；而权利消灭之抗辩是指，被告陈述一个或多个能够消灭已发生的请求权事实。例如，被告陈述已经向原告支付了价款；权利障碍之抗辩，即被告不反对请求权的产生和存在，但主张拒绝履行，从而妨碍原告的请求权，其属于反对权，典型如消灭时效抗辩权。

按德国民法学说，[①] 前二者概括称为"无须当事人主张的抗辩"，即当事人只要提到相关事实，即使未援引或主张，法院也必须予以考虑。而且，其目的在于否认对方的权利，故又称为"权利否定之抗辩"。例如，被告主张缔约时酩酊大醉，根据《德国民法典》第105条第2款，其意思表示无效，从而买卖合同未成立，法院必须判决驳回原告诉讼请求。第三种"权利障碍之抗辩"是实体法上的抗辩权，它不影响请求权的存续，只是妨碍其行使，且必须由当事人主张，才可发生法律效果，包括延期的抗辩权（例如同时履行抗辩权）和永久的抗辩权（消灭时效抗辩权）。此处抗辩就是狭义上的、民事实体法意义上的抗辩权。因此，布洛克斯指出：民法典意义上的抗辩权等同于与程序法意义上的权利障碍之抗辩。[②]

其中，关于权利未发生的抗辩，这种抗辩即主张对方的请求根本不存在。如民法规定

---

① 朱晓喆：《布洛克斯的〈德国民法总论〉及其法学方法论》，载《东方法学》2014年第1期。

② ［德］布洛克斯著：《德国民法总论》，张艳、杨大可译，中国人民大学出版社2014年版，第276页。

的主要抗辩事由包括：合同不成立、行为人无行为能力、行为违法、无权代理，未经被代理人同意、行为的形式不符合法律规定，如所有权的转移没有登记等。关于权利消灭的抗辩，即对方的权利曾经存在，但却因符合法律规定的方式消灭，例如因清偿、免除等原因消灭。主要的原因有清偿、提存、免除、抵销、混同等。关于排除权利的抗辩，即指当一方当事人提出请求权时，对方有拒绝履行的权利，也就是民法实体法上的抗辩权。

（四）形成权

形成权概念的提出，拓展了权利的范畴，被称为法学上的重要发现。形成权源于恩内克策鲁斯提出的"取得权"概念，后经不断发展，最终由泽克尔提出形成权之名并予以完善。[①]

形成权，是指权利人依据自己的单方意思表示，使其与他人之间的民事法律关系发生变动的权利。就其效力而言，其相当于私法中的权力。形成权与支配权相似，二者都仅需依据权利人的意志即可实现权利效力。但也存在不同，主要在于，形成权并不支配具体权利客体，或者说，其"客体"是所要改变的法律关系。同时，依德国通说，形成权属于相对权。属于形成权的有解除权、抵销权以及继承权中的抛弃权等。

依据私法自治，没有当事人意志的参与，法律关系不能被改变。因此，形成权之享有须有特别的正当性。形成权的正当性主要存在于两个方面。其一，当事人的约定。例如约定解除权，若当事人事先通过约定授予一方形成权，形成权的行使便无违背自治原则，因为对方当事人的意志参与此形成权的设定；其二，立法者的价值判断。法律特别规定的形成权，正当性也各不相同。例如，法定代理人对于限制行为能力人所订合同的追认权，旨在保护限制行为能力人不受侵害，本人对无权代理以及无权处分的追认权，都是基于对本人自由意志的尊重。再如表意错误的撤销，主要为表意人提供纠错机会，而受欺诈、胁迫的撤销权，则是为了矫正被干扰的自由意志；合同编中的抵销避免了不必要的相互给付，节约资源，简化给付过程。

依据形成权效力的不同，可以将形成权分为三种：生效形成权，即使法律关系发生效力，如追认权；变更形成权，使法律关系发生变更，比如选择之债中的选择权；消灭形成权，使法律关系消灭，如抵销权、撤销权、解除权等。根据权利性质的不同可将形成权分为原权性质的形成权和救济性质的形成权。前者如选择之债中的选择权，后者如撤销权等。根据行使方式的不同，又可将形成权分为单纯形成权与形成诉权。前者是指仅依一方的意思表示即可行使的权利，比如追认权、解除权等；而后者则是指权利的行使须依靠诉讼，目的是约束权利行使行为，同时也是为了避免形成行为效力的不确定性。

由于形成权的形式会对相对人产生重大的影响，因此只有及时行使，才能尽快明确法律关系，维护法律关系的稳定。针对形成权的行使，法律上为其规定了除斥期间，即形成权若在一定的期限内未行使的，将会导致权力消灭。实践中，若法律规定了一定期限的，则该期限便是形成权的存续期限；若法律未规定其行使期间的，但权利人也应当在合理期

---

① ［德］Hans Dolle 著：《法学上之发现》，王泽鉴译，载王泽鉴著：《民法学说与判例研究（重排合订版）》，北京大学出版社 2015 年版，第 9 页。

限内行使，否则会产生权利消灭的不良后果。

因此，形成权的行使应当遵循以下两项规则：第一是形成权的行使不得附条件或者附期限。因为行使形成权旨在尽快确定法律关系，迪特尔·梅迪库斯曾说："既然形成权相对人必须接受他人行使形成权的事实，那么不应该再让他面临不确定的状态了。"[1]第二则是形成权的行使不得撤销，因为形成权行使完成后，便产生法律关系变动的法律效果，为维护法律关系的稳定，则形成权一旦行使，就不能撤销该意思表示。但在该意思表示尚未到达相对人之前，该意思表示并未生效，此时则可以撤回。除此之外，形成权的行使也应受到民法权利不得滥用的一般原理的约束，即形成权应当合理行使。

四、专属权与非专属权

以权利可否与特定主体相分离为标准，可分为专属权和非专属权。专属权，是指属于特定民事主体的权利，不得转让与继承，如人格权与以特定身份为基础的财产权、抚养费请求权。非专属权，是指不属于某特定民事主体专门享有，可以转让、继承和由他人代替行使的权利。一般财产权都属于非专属权，如物权、债权等，但国家所有权中也存在许多专属权，如人格权、身份权等。

区分专属权与非专属权可以明确什么权利作为交易的标的，专属权因与主体不能分离，所以不能作为交易标的，权利人也不能任意处分。其次。在强制执行中，专属权不能作为强制执行的对象。

五、原权与救济权

以属于原生还是派生为标准，则权利可以被分为原权与救济权。救济权是因基础权利受到侵害或有受侵害之时产生的援助基础权利的权利，其基础权利称为原权。一般情形下，救济权主要以请求权的形式出现，但也可表现为形成权。例如，请求返还所有物的权利，因物被损害而请求赔偿的权利，因债务人不履行债务而要求解除合同、损害赔偿的权利等。

救济权主要具有以下特点：一是援助性派生权利。救济权本身并无独立存在的价值，其旨在为遭受侵害的基础权利提供援助，因此须依附于相应的基础权利，由基础权利派生而出；二是实体权利。救济权是当事人为了救助其受侵害的原权而产生的实体权利。该权利的实现既可直接通过向侵害人提出，也可以此为基础向法院提起诉讼。

六、既得权与期待权

以权利要件是否全部具备为区分标准，民事权利可分为既得权与期待权。

所谓既得权是指成立要件已全部实现的权利。除个别情形外，通常所说的权利均为既得权。期待权，是指将来可能取得的权利，且具有相当程度的确定性，并非是单纯的期待利益。如民事行为中附条件或者附期限的权利在条件成就前便是期待权。继承开始前，法定继承人享有的继承权，也属于期待权。

---

① 　[德]梅迪库斯著：《德国民法总论》，邵建东译，法律出版社 2000 年版，第 79 页。

尽管期待权是对未来的一种期望或期待的利益。但该利益仍然是可以实际取得的，而不是一种想象的不可能实现的利益。故期待权主要包括以下几种类型：

一是在民事行为中附生效条件或期限的合同中，在条件尚未成就或期限尚未到来之前，即使合同已经实际成立但仍未生效，当事人一方只能就合同所产生的债权享有一种期待的利益，还不能实际地享有合同债权。

二是在所有权保留合同中买受人的权利。在此种交易合同中，买受人对标的物的所有权享有一定的期待利益。尽管卖方将标的物先交付给买方，并享有占有、使用和收益的权利，但在该标的物的价金部分或者全部付清之前，或者当事人之间约定的其他债权债务关系结束之前，卖方仍然拥有对该标的物或加工物及其转售所得的所有权。在此期间，买方并不享有该标的物的所有权，但是对取得其所有权享有合理的期待利益，法律对买方的这种期待或者期待地位予以保护并赋予其作为权利的性质，因此产生了期待权。

三是保险合同中受益人的权利。在保险合同中，合同在成立和生效之后，受益人并不能实际地获得保险赔付，而是只有在发生法定或约定的保险事故后，受益人才能实际地取得保险赔付，故产生了保险合同受益人的期待权。然在保险法学界，对于受益权的属性，有学者认为其仅仅属于期待利益而已，并不构成期待权。

四是继承人的权利。在继承中主要涉及两种情况：其一是在遗嘱成立之后，遗嘱继承人对遗产的继承便享有期待权，但须在遗嘱人死亡这一法定事实发生后，遗产继承人才实际取得继承权；其二是当事人之间约定遗赠抚养协议之后，尽管受遗赠人对遗赠人履行协议相关规定的义务，但也没有对遗赠协议约定的遗赠财产享有所有，而只是享有一种期待权。当遗赠人死亡后，受遗赠人所享有的期待权才转化为实际的权利。

七、主权利与从权利

相互关联的权利间，依其相互依赖关系可划分为主权利与从权利。可以独立存在、不依赖于其他权利的民事权利为主权利，又称之为独存权；而必须依附于其他民事权利、不能独立存在的权利则为从权利，又称之为附属权。典型如担保人为担保债权的实现而设立的担保物权或债权，此种权利相对于主债权来说便是一种从权利，而主债权便是主权利。主权利和从权利之间，只有主权利存在，从权利才能存在；若主权利因履行、抵销、免除等原因而消灭时，从权利也同时消失。在一般情况下，从权利并不能与主权利分离而转让。总而言之，从权利与主权利共命运。

八、案(事)例述评——案外人执行异议案①

1. 案件事实与法院判决

2004 年 9 月 7 日，时风公司与陈某亭签订《商品房买卖合同》，约定陈某亭以 443688 元的价格购买时风公司开发建设的位于常熟市海虞路 62 号时风国际广场 22-A 室商品房。建筑面积为 49.23 平方米，2004 年 9 月 8 日前付款 223688 元，2004 年 9 月 15 日前支付

---

① 陈某亭与上海市住安建设发展股份有限公司等案外人执行异议之诉再审案，〔2019〕最高法民再 49 号，【法宝引证码】CLI. C. 86968023。

220000 元，房产交付日期为 2006 年 6 月 30 日；合同还明确项目地块土地规划用途为商业服务业，土地使用权自 2003 年 1 月 29 日至 2043 年 11 月 29 日，买受人的房屋用途为商业用房。合同签订后，2004 年 9 月 8 日陈某亭向时风公司支付 29 万元购房款。2007 年 3 月 19 日，陈某亭向时风公司支付剩余房款 153680 元。但案涉房产开发建设完成后，时风公司与陈某亭至今未办理房产变更登记手续，案涉常熟市海虞南路 62 号 22-A 的房产仍登记在时风公司名下。

时风公司陈述于 2006 年向陈某亭交付案涉房产，而陈某亭陈述房产实际于 2007 年 3 月全部交接，陈某亭提交了《房屋交接书》一份，内容载明："常熟市时风公司（甲方）与业主陈某亭（乙方）对常熟市海虞南路 62 号 22-A 室进行验收交接，双方确认：1. 甲方交付给乙方的房屋为 22 楼 A 室。该房屋建筑面积为 51.72 平方米。2. 该房屋的总价款为人民币 456936 元，该款即为甲乙双方租赁合同（委托经营管理合同）第 4.1 条款的租金计算基数。乙方已付清全部房价款 456936 元。甲方已开具发票、收据给乙方。若乙方逾期，则需承担余额的日万分之二的违约金。3. 本交接书由甲乙双方签字生效，原房屋买卖合同履行完毕，双方无其他异议，均按本交接书履行。"但交接书未载明形成日期。同时，陈某亭提交加盖有"常熟时风国际假日酒店有限公司发票专用章"的收据内容显示，陈某亭于 2007 年 3 月 17 日缴纳了案涉房产的有线电视费用、物业管理费用；加盖有时风公司印章的收据内容显示，陈某亭于 2007 年 3 月 17 日交纳案涉房产基础建设配套费 5291 元。2017 年 4 月 15 日，陈某亭向案涉商品房的物业支付了第一季度的水电费 1382.8 元。

陈某亭和时风公司一致确认，在签署《房屋交接书》之后，陈某亭即委托时风公司统一出租，时风公司按时向陈某亭支付收取的租金。陈某亭提交 2010 年 7 月 1 日和 2011 年 6 月 28 日两份《委托租房合同》。其中 2011 年 6 月 28 日的《委托租房合同》约定陈某亭委托常熟时风国际假日酒店有限公司将常熟市海虞南路 62 号 22-A 室的公寓进行出租，委托期限自 2011 年 7 月 1 日至 2016 年 6 月 30 日。时风公司提交的回报表载明，自 2011 年至 2016 年期间时风公司陆续向陈某亭支付回报款，其中最晚一笔为 2016 年 8 月 22 日，支付金额为 3360 元。陈某亭提交的常熟市不动产登记中心于 2017 年 4 月 17 日出具的《证明》，载明："依据查询人陈某亭申请，经查询，至 2017 年 4 月 17 日 10：34 止，查询个人在我中心不动产登记信息库中，无房产（现手）登记记录。"

苏州市中级人民法院在执行住安公司与时风公司建设工程施工合同一案过程中，于 2014 年 7 月 21 日作出〔2014〕苏中执字第 0191 号执行裁定书及执行协助通知书，查封时风公司名下位于常熟市海虞南路 62 号 22-A 室等 12 套房产。后陈某亭以常熟市海虞南路 62 号 22-A 室系其所有，向苏州市中级人民法院提起执行异议。在执行异议审查听证过程中，陈某亭陈述其未办理权证的原因是："本人工作繁忙，当时未及时办理房屋权证，过后一直搁置，认为未办理权证并未影响对房屋的使用，故至今未办理相关权证"，以及"我搬了三次家，因为中间搬家，有些办理房产证的材料没找到，这次又搬家，这些材料才找到……所以才没有急于办理房产证。"苏州市中级人民法院于 2017 年 3 月 16 日作出〔2014〕苏中执异字第 00026 号执行裁定：陈某亭提供的相关证据并不能证明其未办理过户非因自身原因，反而提出未能办理产权登记手续的原因是自身工作繁忙以及没能找到办理房产证的资料；陈某亭的异议理由没有法律依据，该院不予采纳。故苏州市中级人民法院遂裁定驳回陈某亭提出的执行异议,陈某亭据此提起诉讼。一审法院判决:驳回陈某亭的诉讼请求。

陈某亭不服一审判决,向江苏省高级人民法院提起上诉。二审法院认为:(1)案外人提起执行异议之诉排除对特定执行标的的执行,人民法院首先要判断案外人对案涉执行标的是否享有实体权益,一审法院根据陈某亭的一审诉讼请求将争议焦点归纳为"陈某亭要求确认其对于案涉常熟市海虞南路62号22-A室房产享有所有权,进而主张停止对常熟市海虞南路62号22-A室相应强制执行行为能否成立",并无不当,一审法院围绕争议焦点进行审理,有事实与法律依据。陈某亭关于一审法院未全面审查其诉讼请求的主张,没有事实与法律依据。(2)根据《中华人民共和国物权法》的相关规定,除了继承、征收等非因法律行为所取得的物权外,不动产物权的设立、变更、转让和消灭,必须经依法登记,始能发生效力。2004年9月7日,陈某亭与时风公司签订《商品房买卖合同》并支付了房款,陈某亭据此获得了案涉房屋的物权期待权。但案涉房屋至人民法院查封前,一直未过户至陈某亭名下,又因陈某亭在签署《房屋交接书》之后,即委托时风公司统一出租。2011年至2016年期间,时风公司按时向陈某亭支付收取的租金,其中最晚一笔为2016年8月22日,支付金额为3360元。据此可以判断,陈某亭在2004年购买案涉房屋后,至人民法院查封之前一直将案涉房屋出租使用。因此,陈某亭对案涉房屋的物权期待权能否对抗苏州市中级人民法院的查封,应当依照《执行异议和复议规定》第28条规定的四个条件进行审查,缺一不可。(3)依据《最高人民法院关于适用〈中华人民共和国民事诉讼法〉的解释》第311条规定,案外人或者申请执行人提起执行异议之诉的,案外人应当就其对执行标的享有足以排除强制执行的民事权益承担举证证明责任。陈某亭自2004年购买案涉房屋后至2014年人民法院查封前,在较长时间内一直未办理过户手续,其亦未能提供证据证明案涉房屋没有过户系非因自身原因所造成。因此,陈某亭不能依据《执行异议和复议规定》第28条规定排除人民法院对案涉房屋的执行,陈某亭的上诉请求不能成立,应予驳回;故二审判决认为一审判决认定事实清楚,适用法律正确,应予维持。

2. 案例评析

本案所涉及的争议点是陈某亭对案涉房屋享有的民事权益是否足以排除强制执行。本案中,在判断被执行人对执行标的所享有的民事权益是否足以排除强制执行,可以结合被执行人的责任财产范围,异议人、申请执行人以及被执行人对案涉房屋各自享有的权利性质,以及案涉房屋的功能、属性等方面进行综合判断。

首先,在本案中,案涉房屋不属于时风公司的责任财产,不应纳入强制执行的范围。人民法院在执行程序中对被执行人所采取的强制执行措施,应当以其责任财产为限。如果有证据证明拟执行标的不属于被执行人的责任财产,则人民法院应当停止对该标的的执行。责任财产是指民事主体用于承担民事责任的各项财产及权利总和。民事主体以责任财产为限对外承担法律责任,债权人不能要求债务人用其责任财产之外的财产偿付债务。本案中,上海市住安建设发展股份有限公司(以下简称住安公司)申请查封、执行的案涉房屋,系被执行人时风公司开发建设的酒店式公寓。基于本案已查明的事实,2004年9月7日,时风公司与陈某亭签订《商品房买卖合同》,将该房屋以443688元出售给陈某亭,陈某亭依约向时风公司支付了全部购房款,时风公司亦向陈某亭实际交付了该房屋,陈某亭也实际缴纳过该房屋的有线电视费用、物业管理费用、基础建设配套费、水电费等相关费用。尽管陈某亭在收房后又将该房屋委托给时风公司进行出租，但没有证据证明陈某亭与时风公司恶意串通或者存在其他利害关系。在此情况下，陈某亭与时风公司所签《商品房买卖合同》已经基本履行完毕。时风公司作为出卖人对该房屋即不再享有任何法律上的实体权利，仅负有协助陈某亭办理过户登记的义务。据此，案涉房屋已经脱离时风公司责任财产范围，时风公司因全额收取了陈某亭支付的购房款，其责任财产并未因此减损，时风公司业已无权再用该房屋偿付其所欠债务，否则就有违公平、诚实信用的法律原则。住安公司作为时风公司的债权人原则上亦不能请求以房屋抵偿时风公司所欠债务，除非住安公司有证据证明陈某亭与时风公司恶意串通或者有其他利害关系，影响了对时风公司责任财产范围的认定。

其次，该案中陈某亭对案涉房屋享有的物权期待权与住安公司的普通金钱债权相比，应当予以优先保护。如前所述，陈某亭基于《商品房买卖合同》及相关法律规定，在已支付完毕购房款并合法占有案涉房屋的情况下，即对时风公司享有请求协助办理案涉房屋过户登记手续、进而取得案涉房屋所有权（完全物权）的权利，该权利也被称为物权期待权。而基于江苏省高级人民法院〔2013〕苏民终字第 0197 号生效民事判决，住安公司对时风公司享有的是普通金钱债权，该债权与案涉房屋并无直接关联。

虽然我国现行立法未就物权期待权作出明确规定，但作为一种从债权过渡而来、处于物权取得预备阶段的权利状态，此种权利具有与债权相区别、与物权相类似的效力特征。就本案而言，案涉《商品房买卖合同》的成立和生效意味着买受人陈某亭有权请求时风公司依约交付所购商品房，该请求权作为一般合同债权与住安公司同样基于合同享有的普通金钱债权并无二致，没有优先保护的权利基础。但陈某亭在依约支付了全部购房款并实际合法占有所购房屋的情况下，其基于合同享有的一般债权就转化为其对该房屋享有的物权期待权。该物权期待权虽然仍属于债权的范畴，但已不同于一般债权。时风公司作为出卖人因买受人陈某亭依约履行了付款义务而让渡了其对所售房屋享有的占有、使用、收益及部分处分的物权权能，买受人也因实际占有该房屋获得了一定的对外公示效力，尽管该效力尚不能与不动产物权登记的法定效力相等同。据此，陈某亭对案涉房屋所享有的权利尽管尚不属于《中华人民共和国物权法》意义上的物权（所有权），但已具备了物权的实质性要素，陈某亭可以合理预期通过办理不动产登记将该物权期待权转化为《中华人民共和国物权法》意义上的物权（所有权）。

第四节 民事义务

一、民事义务的含义

民事义务是指法律所规定的义务人应当按照权利人的要求从事一定行为（包括作为和不作为）以满足权利人的利益的法律约束手段。民事权利体现为利益，民事义务则体现为不利益。法律上的义务是指法律所加于当事人作为或不作为之拘束。换言之，不论义务人的意思如何，都必须遵守，不能随意变更或免除，如果不予遵守，则会受到法律的强制和制裁。义务的来源主要有法律规定、当事人的约定、由民法基本原则扩充而来的义务等。其中大多数民事义务具有任意性。义务和权利通常相互对应，比如债权，该权利的实现依赖于债务人履行债务，且债权和债务，为同一事物之两面。

二、民事义务的分类

(一)作为的义务与不作为的义务

以义务人行为的方式为标准，民事义务可分为作为的义务与不作为的义务。作为的义务，也称为积极义务，是指行为人应当按照法律的规定和权利人的约定，通过作出某种积极的行为以满足权利人的利益，包括给付财务、完成工作、提供劳务等。不作为义务，也称消极义务，指义务人应当按照法律的规定和权利人的约定，不从事某种行为或者容忍他人的行为，以保障权利人的权利实现，比如，不侵害他人物权、人身权的义务，相邻关系中的容忍义务等。

(二)法定义务与约定义务

以民事义务发生的根据为标准，民事义务可分为法定义务和约定义务。所谓法定义务，指由法律、法规所规定的义务，包括根据诚实信用原则而产生的义务。所谓约定义务，是指根据当事人协商而确定的义务。约定义务不违反法律即受到法律的保护，合同义务主要是约定义务。

第六章　民事法律事实与民事法律行为

第一节　民事法律事实(Juristische Tatsache)

一、民事法律事实的概念

民事法律事实是指能够引起私法上权利义务发生、变更或消灭的客观现象。对于民事法律事实应当注意两点：其一，民事法律事实是法律关系变动(权利得丧变更)的原因。其二，民事法律事实强调特定事实对法律关系的影响，即法律上有意义的事实。例如，日食、月食固然系事实，但是不产生私法上的效果，故不属于民事法律事实。

二、民事法律事实的分类

一般认为，民事法律事实可以分为行为和非行为事实(自然事实)两类。行为是指人的有意识的身体动静，包括作为和不作为；自然事实是指与人的意识无关，能够引起民事法律关系变动的客观现象，可分为事件(某个客观现象的发生)和状态(某个客观情况的持续)。

(一)行为

依学界通说，法律意义的行为可以分为不法行为与适法行为。不法行为包括侵权行为与违约行为。适法行为则可分为表示行为与非表示行为，非表示行为即事实行为。表示行为则又可以细分为法律行为与准法律行为，后者包括意思通知、观念通知与情感表示。

据当事人行为是否需要作出意思表示，法律意义的行为可以分为表示行为与非表示行为。部分学者将不法行为视为非表示行为的一种，这样，行为就可以被划分为表示行为与非表示行为，表示行为包括法律行为与准法律行为，法律行为又可以进一步划分为适法的法律行为与不适法的法律行为；非表示行为则包括不法行为与事实行为，前者即侵权行为与债务不履行行为。

前述第一种分类，将表示行为与事实行为统称为适法行为并与违法行为相并列，存在违法行为构成适法行为的逻辑困境。对此，有学者提出此乃一项自然行为受数重法律评价因而对应数项规范行为之问题。虽具有一定的解释力，但并不能令人完全信服。为此，有部分学者倡议另一种分类，首先将行为划分为表示行为与非表示行为(事实行为)，至于合法行为与违法行为之划分，处于第二层级。

（二）自然事实

自然事实可以分为自然事件、社会事件及自然状态。自然事件如出生、死亡、地震导致房屋坍塌毁损；社会事件如罢工、战争；自然状态是指一定事实状态，基于法律规定而产生法律效果，如成年、时效届满等。

第二节　民事法律行为的概念及其周边

一、民事法律行为的概念与特征

民事法律行为是我国民法上的重要概念。（民事）法律行为的概念源于德国，是传统民法（学）使用概念，在民法总则中占据中心位置。史尚宽先生在其著作《民法总论》中将法律行为定义为："法律行为者，以意思表示为要素，法律因意思之表示，而使发生法律上效力之私法上法律要件也。当事人所欲之法律效力，法律因当事人之所欲，故使其发生之，此为法律行为之特色。"[1]

（一）概念

1. 立法定义

立法者对民事法律行为下定义，我国法为首创。《民法通则》第 54 条规定："民事法律行为是公民或者法人设立、变更、终止民事权利和民事义务的合法行为。"该规定未区分"法律行为"与"事实行为"（非表示行为），使得民事法律行为中"裹杂"事实行为。《民法典》第 133 条规定："民事法律行为是民事主体通过意思表示设立、变更、终止民事法律关系的行为。"相较于《民法通则》第 54 条而言，《民法典》第 133 条的规定主要有以下两点变化：其一，增加了"意思表示"，重申了法律行为之本质，通过意思表示发生私权变动的效果。换言之，民事权利的设立、变更、消灭系源于民事主体的意思，而不是源于法律的规定，且事实行为被排除；其二，删去了"合法"，法律行为的本质在于依意思表示发生民事权利的变动，至于意思表示合法与否，系法律行为能否生效的判断要素，并非法律行为的构成性要素。学理上的分类系基于建构理论体系的需要，纯粹理论的用法。法官须先判断是否存在法律行为（私主体的意思表示），如不存在，根本无须考虑其有效与否之问题；如存在意思表示，则通常即可判定有效，但例外情况下可能因"违法"及"行为能力欠缺"等原因不承认意思表示预定的效力。[2]

2. 学理定义

以意思表示为要素，因意思表示而发生一定私法上效果的行为。"意思表示"为法律行为最基本的构成要素，无意思表示，则无法律行为而言。法律行为旨在发生私法（民

---

[1]　史尚宽著：《民法总论》，中国政法大学出版社 2000 年版，第 297 页。

[2]　另一种角度解读"合法性因素"的合理性，参见朱庆育：《民法总论（第二版）》，北京大学出版社 2016 年版，第 102 页。

法)上的效果(法效意思),其反面为不愿产生法效的意思表示。法律行为之所以发生特定民法效果,是因为民事主体通过意思表示希望、追求此种结果的发生。法秩序(法律)只是确认了民事主体的意思(从而承认特定法效果的发生),特定法效果并非由法所创设。法律行为是一种将当事人的愿望转化为法律上的权利义务制度,"意思自主"与"效果意定"是其价值所在。

(二)特征

法律行为具有如下特性:第一,法律行为是民事法律事实的一种;第二,是民事主体实施的以民事法律后果的发生为目的的行为;第三,法律行为是行为人以引起预期的民事后果为目的而自愿实施的行为;第四,是以意思表示为构成要素的行为。

法律行为与其他法律事实的根本区别在于:其他作为法律事实的行为,无论其合法与否,其后果的发生与当事人的意愿无关,法律赋予这些行为以法律效果时,并不考虑该效果的发生是否符合当事人的愿望。

二、法律行为与私法自治、信赖保护的关系

"法律行为"系"私法自治"之手段。法律效果由行为人自行设定,无特别理由,"法律"不得否认法律行为的效力。意思表示主体受其表示出的意思拘束,自己是自己的立法者,法律行为具有"法源"地位。私法自治不仅要求私主体之间的意志尊重,同时也要求立法者、司法者尊重私人决定的可能性与结果。

梅迪库斯提出:私法上每一主体均可以根据自己的意愿为自己创设各种民事权利义务关系,借以追求和塑造自己的生活,发展自己的人格。在诸多可以导致民事权利义务发生得丧变更的法律事实中,法律行为以自愿的意思表示为要素,体现了民事主体极大的自由度,从而被称为私法自治的工具。①

法律行为之私法自治意味着当事人可以依照自己的意思设计、处置民事法律关系,即可私法"自治"。当事人只受自己意思的约束,不受不能归属于自己的他人意思或不自由、不真实意思的约束,即不受"他治"。当事人应当受自己意思的约束,对自己的意思表示负责,即必须受治于己,典型者"契约严守"。当事人的意思只能约束自己,不能约束他人,即不能他治,尤其是不能给第三人设定义务。② 但私法自治也并非绝对的、无限制的,现代各国普遍在民法中加强了对私法自治的限制,典型例如强制缔约。

信赖保护同样是法律行为具体规则的灵魂所在,法律行为中的信赖保护包括两种:积极信赖保护与消极信赖保护。前者要求当事人的信赖得到满足,信赖方被置于如下地位,仿佛其以为存在的法律状况真的存在,或者其所期待的未来行为已经发生,保护的目的是获得增值,即保护的限度为履行利益。后者则仅要求使因信赖破灭而发生的损失得以补偿,信赖方被置于如下地位,仿佛其从未产生过信赖,恢复至法律行为发生前的状态,即

---

① [德]梅迪库斯著:《德国民法总论》,邵建东译,法律出版社2000年版,第142~143页。
② 杨代雄:《法律行为制度中的积极信赖保护——兼谈我国民法总则制定中的几个问题》,载《中外法学》2015年第5期。

保护的限度为固有利益。

三、"法律行为"与"民事法律行为"之辨

"法律行为"一词在德国法上自其诞生之日起就专指民法上通过意思表示创设法律效果的行为。但除民法上有行为之外，刑法、行政法等部门法上也有行为，由此引发了一个争议颇多的问题："法律行为"是否法学的一般范畴，从而在"民事法律行为"之外，尚存在"行政法律行为""诉讼法律行为"等。支持这一观点的学者称法律行为不专属于民法，认为法律行为只有"民事"的观点是民法帝国主义的表现。而反对者称，"法律行为"与"私法自治"互为表里，民法之外无"法律行为"，盖因私法之外的法律部门无主体的"自治"。实质上，法律行为并非是指具有"法律意义"的行为，而是私法自治实现的工具。因此，将法律行为用于统称各部门法上各种具有法律意义的行为并非妥当。①

四、关于"情谊行为"与"戏谑行为"

（一）情谊行为

"法律行为"旨在发生特定私法上效果。但在许多情形下，行为人虽然表达了意愿，但显然不愿发生私法上的效果，即不产生诉请履行的请求权，进一步而言，受法律拘束的意思，即当事人知晓于其未履行义务时，有可能于法院被诉请履行。如张三载李四上班系好意同乘行为；张三约李四晚饭后操场散步；甲母亲说，若甲洗一个碗就给其 5 元；甲说你听我的，A 股票肯定大涨等。

情谊行为并非法律行为，不能识别出"法效意思"，自然不发生所谓"特定民事权利义务关系"。在实践中，以无偿性、无私性、无法律拘束的意思作为判断标准。

（二）戏谑行为

戏谑行为就是戏言，不当真的玩笑，表意人基于游戏目的而作出表示，并预期他人可以认识其表示欠缺诚意。典型的戏谑行为有娱乐性言谈、吹嘘或出于礼貌的不严肃承诺。德国法称之为"非诚意表示"，即当表意人预期他人可以认识其表示欠缺诚意时，其意思表示无效。史尚宽先生称其为谓预期他人不为其所误解而佯为之意思表示并指出，"按其时表意人之容态及周围情事，表意人明无受法律的约束之意思"。②

与戏谑行为相近之制度是内心真意保留。真意保留，又称心中保留，是指表意人将意欲发生法律效果的意思保留于内心，而其所表示的内容并非内在意思的意思表示。我国法律未涉及。如甲欲将礼物赠与给同窗乙，但是担心他人闲话，而向乙作出买卖的意思表示；甲在某国拍卖现场，看到中国流失文物，为防止其落入他人之手，实际上没有购买的打算却以 3 亿元高价竞买，由于无人竞价，其拍到国宝；甲在其债务人乙弥留之际，为缓

---

① 马驰：《普遍法律行为概念的法理学重构》，载《法制与社会发展》2019 年第 4 期。
② 史尚宽著：《民法总论》，中国政法大学出版社 2000 年版，第 379 页。

解其乙内心的愧疚，说免了债务等。真意保留意思表示的效力，取决于立法政策上对意思自治原则与信赖保护原则予以考虑的结果，本质上是意思主义与表示主义之间的冲突与平衡。通说认为原则上有效，表意人应受该表示的约束，但相对人明知表意人的表示与意思不一致，该表意行为无效。

戏谑与真意保留的存在如下区别：其一，表意人主观上存在不同。在真意保留的情形下，表意人有意隐藏其真意而表达与其不一致的内容，通常情形下表意人是为了欺骗相对人而保留真意；在戏谑行为的情形中，表意人作出缺乏真意的表示通常是善意的，并且期待相对人随时会识破，所以行为人对相对人被欺骗是排斥的。其二，各自效力基础亦有不同。真意保留侧重相对人的信赖保护，故以有效力为出发点；戏谑行为则明显是意思主义的产物，强调表意人的内心真意，以至于纵然相对人误信为真，戏谑行为亦属无效。其三，真意保留是以表示主义为原则、意思主义为例外，而戏谑行为是以意思主义为原则、表示主义为例外。①

五、关于"准法律行为"

准法律行为是指虽有表示行为，但其法律效果并非基于当事人意思表示而发生，而是由法律直接确定产生何种效果。准法律行为包括观念通知、意思表示与感情表示。观念通知系单纯的事实通知，又称为"知的表示"，是指将一定的事实告知他人，没有内心意思，仅有告知的表示行为。例如，买受人收获后告知出卖人货物上存在质量缺陷以及债权让与的通知。意思通知，又称为"意的表示"，其虽有表示意思的行为，但法律效果直接由法律规定，而非由表意人设定。例如，《民法典》第145条规定的催告行为，催告的内心意思是让法定代理人或本人对契约进行追认，但法律效果则是开始起算1个月的追认期。感情表示又称宽恕、原则上不发生法律效果，但法律赋予特别效果者，构成感情表示，如《民法典》第1125条第2款规定："被继承人表示宽恕或者事后在遗嘱中将其列为继承人的，该继承人不丧失继承权。"准法律行为的法律效果虽不同于法律行为，但同属人的表示，可类推适用于法律行为的相关规定。

六、关于事实行为

所谓事实行为，不以意思表示为要素的能够产生民事法律后果的法律事实。法律行为应与事实行为有所区别，行为人无须将其内心之意思表达于外，虽其所为之行为仅引起事实上之效果，而无关乎其内心之意思，但法律上仍依据该行为而赋予一定之法律效果者，即为事实行为，其为合法者如无主物之先占。行为人为事实行为虽须具有事实行为意识，但不涉及行为人的内心意思表示，与法律行为之性质完全不同，因而关于法律行为之规定，无类推适用之余地。

---

① 冉克平：《真意保留与戏谑行为的反思与构建》，载《比较法研究》2016年第6期。

七、案(事)例述评

(一)德国"彩票合伙案"①

1. 案件事实与法院判决

数人相约共同出资购买彩票,某人因为没有按照约定的号码购买彩票,致使其他人没有中奖,法院判决,在分配中奖的奖金及支付购买款项方面,当事人之间有法律关系,但在可得利润方面则没有。② 法院判决的实质理由是在精细的法律技术掩盖下的利益衡量,即当事人通常不会期待中奖,让行为人承担责任明显过苛。

2. 案例评析

本案展现了区分情谊行为与法律行为的困难。弗卢梅在《法律行为论》一书中专门讨论了债权合同的边界、人际关系的规则不构成法律行为、有财产意义的协议、委托合同与情谊行为、好意同乘中的责任问题、情谊行为的法律责任等内容。关于友情行为和法律行为的区分,他认为,家庭关系、爱情、友情以及社会交往中的人际关系等领域,根本不属于法律约定的内容,不属于法律调整范围的承诺亦不能由执行者强制履行。但在区分友情行为与法律行为时,所谓的"受法律约束的意思"纯属虚构,受约束的意思应该具有特定内容。友情行为人承担责任不是因为"受约束的意思",而是对注意义务的违反。至于如何判断行为人违反了注意义务而使友情行为具有了法律上的相关性这一问题,弗卢梅提出:友情行为的种类、原因和目的、其经济意义和法律意义,特别是接受友情行为人接受友情时的情形,以及因此而产生的当事人的利益状况对于判断是否在法律上产生注意义务以及是否应当因该义务的违反承担损害赔偿责任具有意义。③

从"马车翻车案"到"指派司机帮忙案"再到"双方约定根据犹太教习俗缔结婚姻之协议案",通过诸多司法判决,关于情谊行为的性质、判断标准和法律责任问题逐渐明晰,但在上述"彩票合伙案"中,当事人的权利义务约定明确,且涉及财产利益,认定为法律行为或无不可,但法院仍综合诸因素加以考量,将其认定为情谊行为,这体现了情谊行为与法律行为的区分仍在极大程度上取决于法官的价值判断。

(二)戏谑行为典型案例:"陶器案"④

1. 案件事实

2006年4月1日,被告邢某在中央电视台七套"乡约"节目的访谈中表示,如果有人能完成五层吊球陶器制作,便将其艺术中心三层两千平方米的房产包括里面的资产都赠与他。原告在看到被告的悬赏后,潜心研究,经过多次努力于2007年1月制作完成了五层

---

① 该案件详情参见[德]梅迪库斯著:《德国民法总论》,邵建东译,法律出版社2000年版,第154页。

② [德]迪特尔·梅迪库斯著:《德国民法总论》,邵建东译,法律出版社2000年版,第154页。

③ [德]弗卢梅著:《法律行为论》,迟颖译,法律出版社2013年版,第96~97页。

④ 邢某坤与孙震悬赏广告纠纷上诉案,〔2008〕洛民终字第198号,【法宝引证码】CLI. C. 288145。

吊球陶器。之后，原告多次与被告联系，被告以"内层吊球旋转不灵活""没见到作品为理由"，不予认可。之后，原告继续努力完成一件各方面均出色的作品并且拍摄了作品照片和 DV 短片，向被告发出律师函，并寄去照片和光盘，但始终没有得到答复。原告于 2007 年 6 月 8 日向法院提交诉状，请求法院判决确认自己和被告之间的悬赏广告成立并且生效。

2. 法院判决

一审法院判决认为，被告邢某在中央电视台的实质访谈栏目中，向社会公开表示的内容具体、确定，是其真实意思的表示，并未违反法律的禁止性规定，且表明被告受该意思表示约束，构成了面向社会不特定人的要约。原告孙某在收看该节目后，按照被告的要求制作完成了符合被告要约规定的作品，以其行为对被告的要约进行了承诺。因此，双方的意思表示真实、合法、有效，双方的行为亦符合要约承诺的要件，合同依法成立并有效。被告不服，提出上诉。

二审法院认为，悬赏广告是指悬赏人以广告形式声明对完成悬赏广告中规定的特定行为的任何人，给付广告中约定报酬的意思表示行为。上诉人邢某作为我国当代陶艺代表人物，于 2006 年 4 月 1 日参加中央电视台七套"乡约"节目接受访谈，该节目不是广告节目，访谈行为也不是以营利为目的的广告行为，而在邢某的谈话中虽然似有承诺的性质，但他的谈话并不是他要获得利益，他只是在该节目中谈话带有"陶艺狂人"的形象，认为他做的陶器前人没法达到，后人也不能超过的说大话性质，从民事法律上说，这是一种打赌承诺。从邢某在该访谈节目的整个谈话中看出，他的真实意思表示是"我是天下第一"，"任何人都不能作出我所作出的东西"。如果从悬赏的角度看，他的意思表示是不真实的，或者说是一种单方虚构的意思，而不是《中华人民共和国合同法》第 16 条（现为《民法典》第 472 条）所规定的"要约是希望和他人订立合同的意思表示"，所以不能构成要约。因此，上诉人邢某在中央电视台七套"乡约"节目接受访谈中有关五层吊球陶器制作的言行，不符合《中华人民共和国合同法》第 14 条、第 16 条规定的要约承诺，上诉人邢某与被上诉人孙某之间不形成悬赏广告合同的关系。一审法院认定事实清楚，但适用法律有误，应予纠正。

3. 案例评析

戏谑行为是指表意人基于游戏目的而作出表示，并预期他人可以认识其表示欠缺诚意；悬赏广告则是指广告人以广告的形式声明对完成特定行为的人给付广告所示报酬的意思表示行为。① 戏谑行为与悬赏广告在目的意思、效果意思与表示行为等方面均存在显著区别。首先在目的意思方面，悬赏广告之目的意思来源于广告人的动机；戏谑行为之目的意思围绕着戏谑的不严肃性，且预期受领人会随时识破其表达。其次在效果意思方面，悬赏广告的效果意思为广告人欲以法律来约束自己来换取悬赏行为的实现，从而满足自己需求的行为；戏谑行为则因行为人追求的后果是心理上而非法律上的，不具有效果意思。最后，戏谑行为与悬赏广告在内在意思方面存在的本质差别，导致其外在表示行为方面的显

---

① 韩世远著：《合同法总论（第四版）》，法律出版社 2018 年版，第 123 页。

著差异，具体体现在行为方式、"赏"的对价、语境、场合等诸多方面的差异上。①

在本案中，综合当事人行为的时间、场合、内容及其后续行为等都很难认定其发布的是悬赏广告，而只能认定为戏谑意思表示。且一方作出戏谑意思表示，对方信以为真的，并不能改变该行为性质成为法律行为。是否产生法律认可的信赖，其标准应是一个理性人在相同情景下通常是否会产生信赖。②

第三节　法律行为的分类

一、法律行为的种类

（一）单方行为、双方行为、多方行为与决议行为

根据《民法典》第134条的规定，依据意思表示的单复数、方向、性质，法律行为分为单方行为、双方行为、多方行为与决议行为。

1. 单方行为

单方行为是指法律行为由行为人一方的意思表示构成。根据法律行为的行使是否需要到达相对人，是否需要向相对人表示，又可以进一步分为无相对人的单方行为，如抛弃动产所有权、捐助行为等；以及有相对人的单方行为，如形成权解除、撤销，抛弃时效行为、遗赠等。

2. 双方法律行为（契约行为）、多方行为（共同行为）

双方法律行为又称契约行为，是指依当事人相向的意思表示一致而成立的法律行为，如买卖合同、赠与合同等。多方行为又称共同行为，是指依二人以上平行而独立的意思表示一致而成立的法律行为，如合伙合同、发起人协议等。

3. 决议行为

决议行为是指二人以上出席会议，依各意思表示对议案进行表决，经依法或约定的定额多数赞成通过，形成团体意思，并对全体有表决权人均发生约束力的行为，如公司股东会决议、小区业委会决议等。

将法律行为进行如上区分，主要有以下三点意义：第一，法律行为生效时间不同。法律对三者的成立要求有所不同，单方行为只要一方当事人意思表示即足够；双方行为需要各方当事人意思表示一致，仅有意思表示没有达成一致的，行为仍不成立；共同法律行为各方当事人意思表示的内容是平行融合的，决议行为须遵循议事方式与程序开会讨论，有差异时按少数服从多数来决定。多个意思表示存在时，个体的意思表示无效与法律行为的关系。第二，法律行为要件的要求对象不同，即对另一方是否需要行为能力的要求不同。

---

① 杨立新、朱巍：《论戏谑行为及其法律后果——兼论戏谑行为与悬赏广告的区别》，载《当代法学》2008年第3期。

② 谢鸿飞：《创设法律关系的意图：法律介入社会生活的限度》，载《环球法律评论》2012年第3期。

第三，法律行为欠缺要件时的法律效果评价不同，如限制行为能力人为单方行为。

(二)财产行为与身份行为

依据法律效果的不同，法律行为分为财产行为与身份行为。

1. 财产行为

财产行为是指产生财产上权利义务关系变动效果的行为，可进一步区分为负担行为与处分行为，下文将着重介绍。

2. 身份行为

身份行为是指产生身份关系变动效果的行为，包括亲属行为与继承行为。亲属行为包括非婚生子女的认领、死亡宣告之申请等单方行为，以及结婚、离婚、缔结收养协议等双方行为。继承行为包括遗嘱、继承权的接受与抛弃、遗赠抚养协议等，以发生财产关系变动为效果的身份行为。法律行为的一般理论在许多方面无法无障碍地适用于身份行为，如代理制度。

(三)负担行为与处分行为

负担行为与处分行为系对财产行为的再分类。王泽鉴教授以"任督二脉"比喻负担行为与处分行为之区分，是德国法学的精细化研究的巅峰，初习民法之人对此恒感困惑，不易理解，有经验值舵手，亦难免触礁。①

1. 负担行为与处分行为的概念

负担行为亦称债权行为，是指使某人负担给付义务并因此而为他人创设一项或多项给付请求权或者至少为受领给付提供权利基础的法律行为。

处分行为亦称物权行为，是指直接地作用于现存权利使该权利发生变更、让与或者消灭的行为(直接变动或消灭某项既存权利的法律行为)。债权亦可作为交易之对象，债权买卖、债权转让等行为称为准物权行为。

准物权行为与物权行为极为类似，其差别仅在于行为之标的物是"物权以外的财产权"，意即直接以"非物权之财产权"得丧变更为内容法律行为，如债权让与、债权买卖。

2. 负担行为与处分行为的关联与区分意义

(1)关联。首先，仅存在负担行为而无处分行为。例如，无偿的保管契约，保管人负有妥善保管并到期归还保管物之义务。其次，仅存在处分行为而无负担行为，典型者如，抛弃所有权。最后，负担行为与处分行为同时存在。"任督二脉"之意义，集中于这一情形。买卖契约及其履行最具说明价值。买卖双方不仅因为负担行为而互负义务，而且为了履行义务，还各与对方实施了处分行为。

(2)区分意义。负担行为与处分行为之区分有以下四点意义：第一，处分行为以直接变动权利为目标，负担行为以设定给付义务为目标；第二，处分行为须有权处分方能有效，负担行为不以有处分权为有效条件；第三，处分行为适用标的确定原则，负担行为则不适用；第四，处分行为具有无因性，负担行为则不具有无因性。

---

① 参见朱庆育著：《民法总论(第二版)》，北京大学出版社2016年版，第153~187页。

3. 物债二分概念下物权变动模式

(1)物权变动模式的概念。物权变动模式是指物权发生、变更、消灭的法定方式,包括债权意思主义、债权形式主义、有因物权形式主义、无因物权形式主义。

债权意思主义又称公示对抗主义,以法国、日本为其代表,是指物权因法律行为而变动时,仅须当事人订立合同,不以登记或者交付为其成立或生效要件,物权公示原则所要求的登记或交付,只是发生对抗力的要件。

债权形式主义,以奥地利、韩国民法为典型,我国在原则上亦采该主义,是指物权因法律行为发生变动时,除了当事人间须有债权合意外,还须另外践行登记或交付的法定方式,即发生物权变动的效力。

(有因)物权形式主义,以瑞士为其代表,是指物权因法律行为而生发变动时,除有债权行为(买卖合同)外,还须另有物权变动的意思表示一致以及登记或交付的法定形式,始能成立或生效,且物权行为的效力受买卖合同的影响。

(无因)物权形式主义,以德国法为典范,是指物权因法律行为而生发变动时,除有债权行为(买卖合同)外,还须另有物权变动的意思表示一致以及登记或交付的法定形式,始能成立或生效,物权行为的效力不受买卖合同的影响。

(2)物债二分下的物权变动。

①分离原则。分离原则是指因履行债法义务而变动物权时,变动物权的法律行为与设定债法义务的法律行为相互分离,彼此独立。称前者为物权行为,称后者为债权行为。在我国法上表述为合同成立与合同履行。劳务合同为事实行为履行债权合同之义务,买卖合同为法律行为(物权行为)履行债权合同之义务。分离原则的目的在于保护权利人对其权利(物权)的自由支配。

②抽象原则(无因性)。买卖合同行为与物权变动行为分离,两者间是否有联系,前者是否会影响到后者?如成年人甲与忘年交 8 岁的乙进行画作手机交易,甲交画于乙,乙交手机于甲;又如 7 岁小孩将其手机卖于乙,买卖合同无效,手机交付无效;甲询问报纸价格,老板错说价格并将报纸给付;甲去古玩店买复制件付钱后,老板错将古玩原件当复制件交付。抽象原则的目的与价值在于维护交易安全,但恶意人也会得到保护,《民法典》第 311 条是否可以解决该问题,值得关注。

无因性与善意取得的关系体现在:第一,同样的作用,但抽象原则更具一般性、简便性与权利的高稳定性;第二,善意取得之不足,其适用范围有限、善意认定之困难;[①] 第三,无因性不足。如恶意第三人也会得到保护,可以通过共同瑕疵、法律行为同一性理论来弥补。

无因性之缓和:第一,条件关联说:透过解释当事人之意思表示,认为负担行为的存在与有效乃处分行为发生效力之要件;第二,同一瑕疵说:将负担行为法律上的瑕疵解释为同为处分行为的瑕疵。

善意取得之不足:第一,善意取得制度的适用范围过窄,这是相较于抽象原则的最大短板。善意取得制度规定于我国《民法典》第 311 条。但是,第 311 条开头"无处分权人将不动产或者动产转让给受让人的"就已经严格限定了其适用对象仅为动产和不动产。但问题在于，其他财产类型的处分，是否应该受到保护？如债权转让、股权转让、知识产权转让，以及随着市场经济的发展出现的各种新兴的财产类型（如《民法典》第127条新规定的数据、网络虚拟财产），都有可能出现转让合同无效、被撤销、解除的情况，也需要法律的保护。善意取得制度只能对动产和不动产予以保护，必然无法适应现代经济发展的需要。第二，同抽象原则相比，两者的主要差别在哪里呢？其中最大的难题在于难以把握善意取得制度的"善意标准"。善意取得制度的"善意"最初由《物权法》第106条予以规制，可谓是高度抽象，其中善意标准到底是什么，是客观善意还是主观善意，与"表见代理制度"的善意标准有何区别，见仁见智，难以定论。第三，恶意之人委托代理人。如果第三人真心想要获得该财产，不管其是善意还是恶意，即不管其是否知晓处分人是否具有处分权，其只需要委托一个不知情的代理人来完成交易即可，这种交易方式可以直接架空整个善意取得制度，即使善意标准规定得再完整、善意取得制度建设得再完善，都没有任何意义，因为一个恶意受让人通过一个代理制度就可以轻易将之击穿，善意取得制度将沦为恶意取得制度。[①]

（四）要式行为与不要式行为

根据法律行为是否需要具备特定形式，法律行为分为要式行为与不要式行为。

1. 不要式行为

不要式行为是指无须具备特定形式即可成立的法律行为，以任何方式作意思表示均可（口头、书面等），即法律行为以不要式为原则（形式自由）。

2. 要式行为

要式行为是指法律行为的成立须具备特定形式（如书面形式、公证形式），如意定监护协议、商事合同（保理、融资租赁等）、身份行为等。要式行为未具备特定形式（要式行为未要式），其法律效果原则上应为不成立，从而不可能发生效力，但可依据《民法典》第490条之规定进行补正，使无效的法律效果得以缓和。

（五）有偿行为与无偿行为

按照因法律行为获得利益是否支付对价（是否有所付出），法律行为分为有偿行为与无偿行为。有偿行为是指支付代价交换利益的行为，如买卖合同、租赁合同、承揽合同。无偿行为是指获取利益而无须支付对价，如赠与合同、借用合同、无偿委托、无偿保管等。

在民事领域，一般为无偿行为；而在商事领域，一般则为有偿行为。两者区分的意义在于，当事人所负的注意义务不同，从而所负的责任不同。

---

① 参见王利明：《论债权形式主义下的区分原则——以〈民法典〉第215条为中心》，载《清华法学》2022年第3期。

（六）诺成性法律行为、实践性法律行为

按照法律行为的成立是否以交付标的物为特别成立要件，法律行为分为诺成性法律行为与实践性法律行为。

1. 诺成性法律行为（诺诚合同）

诺成性法律行为是指在意思表示之外无交付标的物的要求。除法律另有规定外，法律行为均为诺成性法律行为。

2. 实践性法律行为（要物合同）

实践性法律行为，是指除意思表示，还须有标的物的交付为特别成立要件的法律行为。如保管、个人间的借贷、借用等。实践性行为因意思表示完成，尚未成立法律行为，客观上赋予行为人反悔的自由，属违背诚信的体现，所以属于法律行为成立的例外，通常须按约定或法律规定确定。

（七）主法律行为、从法律行为

根据彼此关联的行为中，是否具有独立性，法律行为可以分为主法律行为与从法律行为。

1. 主法律行为

主法律行为是指能独立存在的行为。

2. 从法律行为

从法律行为不能独立存在，其命运取决于主行为，即主行为不成立、无效、被撤销或终止，从行为同其命运。

（八）生存行为、死因行为

根据行为生效是否以行为人死亡为条件，法律行为可以分为生存行为、死因行为。

1. 生存行为

生存行为不以死亡为效力开始的条件。法律行为原则上为生存行为。

2. 死因行为

死因行为以死亡时间作为法律行为生效的时点，如遗嘱。

（九）有因行为、无因行为

依据法律行为能否与其原因相分离（是否以原因为要件），法律行为分为有因行为与无因行为。例：甲企业因向乙企业购买一批货物而向后者开具一张 100 万元的远期（6 个月后到期）银行承兑汇票；乙对丙负债，遂将汇票背书转让给丙；后查明，乙所销售的货物为假货，甲解除了合同。甲（的开户行）是否有权拒绝持票人丙的付款请求？

1. 有因行为（要因行为）

有因行为是指以有因为要件的法律行为（指行为与其原因在法律上相互结合不可分离的法律行为）。买卖合同、租赁合同的原因在于给予财产的目的。如一般的债权行为中，债务人履行债务系出于对他方当事人为对待给付的期待。

2. 无因行为(不要因行为)

无因行为是指不以原因为要件，即行为与其原因可以分离的法律行为。即便缺乏原因，行为仍有效，如处分行为、票据行为等为无因行为。因此上述案例中，因票据行为属于无因行为，即使该合同不成立、无效或被撤销(原因不存在)，其转让汇票的行为并不因此而不成立、无效或视为自始无效。甲(的开户行)仍无权拒绝持票人的付款请求(有助于票据的流通及维护交易安全)。

二、案(事)例述评——保管合同与借用合同："超市存包损害赔偿案"①

(一)案件事实

2000 年 11 月 1 日下午，原告李某英在被告大润发超市处购物，并使用该店设置的自助寄存柜。下午 5 时 30 分左右李某英购物结束后，持该店自助寄存柜号码为1250719748 的密码条找到大润发超市的工作人员，称其购物前曾将皮包一只(内装从原告聘用单位上海航空旅行社刚领取的旅游团款 4660 元及个人钱款 650 元，计 5310元)、雨伞一把存入该店 22 号自助寄存柜的寄存箱内，现因无法打开箱子，要求解决。大润发超市工作人员将李某指认的箱门打开后，发现里面是空的。工作人员告知李某，其指认的箱门与其所持密码条显示的箱门号码不一致。但是，当工作人员将与密码条号码相符的另一箱门打开后，发现里面也是空的。当晚，李某英向上海市公安局杨浦分局五角场镇警署报案。

在审理过程中双方当事人形成的争议焦点为：第一，皮包、包内物品和雨伞是否放入自助寄存柜内？第二，消费者使用超市的自助寄存柜存物时，与超市形成何种法律关系？如果消费者存入自助寄存柜内的物品丢失，超市是否承担赔偿责任？

上海市第二中级人民法院经审理认为：关于双方当事人的争议焦点一，原告李某英提交的证据，不足以证明其在使用自助寄存柜时，曾将内有 5310 元钱款的皮包等物放入寄存箱内。关于双方当事人的争议焦点二，合同是当事人之间设立、变更、终止民事关系的协议，是当事人一致的意思表示。《中华人民共和国合同法》第 365 条规定："保管合同是保管人保管寄存人交付的保管物，并返还该物的合同。"第 367 条规定："保管合同自保管物交付时成立，但当事人另有约定的除外。"依照上述法律规定，保管合同是实践合同，即保管合同的成立，不仅须有当事人双方对保管寄存物品达成的一致意思表示，而且还需寄存人向保管人移转寄存物的占有。被告大润发超市作为一家大型超市，为前来购物的消费者提供了人工寄存和自助寄存柜寄存两种存包方式。在大润发超市的自助寄存柜上，印制着"操作步骤"和"寄包须知"。通过"寄包须知"中关于"本商场实行自助寄包，责任自负""现金及贵重物品不得寄存"的内容，大润发超市已经把只愿将自助寄存柜提供给消费者使用，不愿对柜内寄存的物品承担保管责任的意思明白表示给消费者。原告李某英看到自助寄存柜上的明示后，仍不用人工寄存而选用责任自负的自助寄存，说明李某不愿将自

① 李某英诉上海大润发超市存包损害赔偿案，《最高人民法院公报》2002 年第 6 期(总第 80 期)。

己的物品交付给大润发超市保管，而只愿使用该超市的自助寄存柜暂时存放。因此，双方当事人没有达成保管合同的意思表示。另外，李某英按照自助寄存柜的操作步骤，通过"投入硬币、退还硬币、吐出密码条、箱门自动打开、存放物品、关闭箱门"等人机对话方式，直接取得对自助寄存柜的使用权，实现了存放物品的目的。在这一过程中，李某英的物品没有转移给大润发超市占有，大润发超市也没有收到李某英交付保管的物品。李某英只是借助使用自助寄存柜继续实现对自己物品的控制和占有，而大润发超市由于没有收到其交付的物品，也无法履行保管职责。他们之间不存在保管合同成立的必备要件——保管物转移占有的事实。因此，双方当事人就使用自助寄存柜形成的不是保管合同关系，而是借用合同关系。

（二）法院判决

法院认为，《合同法》第367条规定："保管合同自保管物交付时成立，但当事人另有约定的除外。"依照上述法律规定，保管合同是实践合同，即保管合同的成立，不仅须有当事人双方对保管寄存物品达成的一致意思表示，而且还需寄存人向保管人移转寄存物的占有。原告李某英看到自助寄存柜上的明示规定后，仍不用人工寄存而选用责任自负的自助寄存，说明李某英不愿将自己的物品交付给大润发超市保管，而只愿使用该超市的自助寄存柜暂时存放。因此，双方当事人没有达成保管合同的意思表示。李某英的物品没有转移给大润发超市占有，大润发超市也没有收到李某英交付保管的物品。李某英只是借助使用自助寄存柜继续实现对自己物品的控制和占有，而大润发超市由于没有收到交付的物品，也无法履行保管职责。李某英和大润发超市之间不存在保管合同成立的必备要件——保管物转移占有的事实。因此，双方当事人就使用自助寄存柜形成的不是保管合同关系，而是借用合同关系。

（三）案例评析

我国《合同法》第365条和第367条（现为《民法典》第888条、第890条）规定，保管合同是保管人保管寄存人交付的保管物，并返还该物的合同，保管合同自保管物交付时成立。保管合同是实践合同，即保管合同的成立，不仅要有当事人双方对保管寄存物品达成的一致意思表示，还需寄存人向保管人移转寄存物的占有。如果消费者借助自助寄存柜存储财物，因未与超市经营者产生交付保管物的行为，寄存财物实际仍处于消费者的继续控制和占有下，则消费者和超市经营者不具备保管合同成立的必备要件，即保管物未发生转移占有。因此，二者就使用自助寄存柜形成的不是保管合同关系，而是借用合同关系。消费者无偿使用超市自助寄存柜发生了财物丢失的后果，在消费者无法提供证据证明丢失财物确系存入自助寄存柜内、财物丢失是因自助寄存柜有质量问题、超市经营者在提供服务中有过错的情形下，如果超市经营者已经尽到了经营者应尽的告知、提示、警示的法定义务，且自动寄存柜质量无瑕疵，则超市经营者不应对消费者财物的损失承担赔偿责任。

第四节　意 思 表 示

一、意思表示的概念

意思表示是指将希望发生一定私法上效果的内心意思，表示于外部的行为。意思表示与法律行为近乎同义词，二者的关系体现在以下三个方面①：第一，法律行为可能等于意思表示，如依单方意思表示即可成立生效的单方行为；第二，法律行为可能由多个意思表示共同构成，如契约、设立团体之共同行为；第三，意思表示需要与其他法律事实相结合才能构成法律行为，如交付、登记、其他法定或约定形式等。②

意思表示的过程通常为：其一，先有某种动机；其二，基于该动机产生意欲发生一定私法上效果的意思，称为效果意思；其三，有将该效果意思向外部公开的意思，即表示意思；其四，有向外部表示该效果意思的行为，即表示行为。

二、意思表示的构成

（一）主观要件

1. 行为意思

行为意思是指决定实施某种行为的意思。行为是受表意人主观意志支配下的行为，强调自己行为，而非自由意志下的行为。欠缺行为意思（行为意识）的情形，如被催眠之后签字于合同书、受暴力强制按下指印等。

2. 表示意识（表示意思）

表示意识是指行为人意识到（知道）其行为具有法律上意义而有意实施表示行为。不具有表示意思的情形，如在拍卖场举手招呼朋友等。对于表示意识是否应为意思表示的要件，存在一定争议，传统民法理论多持肯定立场，但新近学理更多地持怀疑立场，理由在于，表示意思属于纯主观世界的精神现象，难以证明；相对人只能了解表示行为的通常意义，如果以此否定意思表示的构成，则对其信赖利益保护极为不利（无信任，无交易，无社会）。换言之，在社会交往中，行为人负有让自己不被误解的谨慎义务，此种学说将欠缺表示意思的行为视为表意错误的行为，而作同一处理（允许撤销）。

3. 效果意思（法效意思）

效果意思是指行为人希望依其表示发生特定法律效果的意思，具有建立法律关系的意图。表意人不仅认识到自己的行为具有某种法律意义（因此有表示意识），并且希望发生特定法律效果，如以1000元要约出售手机，则以1000元对价出让手机的具体法律效果系表意人效果意思。表意人内心意思与外部表示的意义不符的情形，即表示意思健全，但法

---

① 朱庆育：《意思表示与法律行为》，载《比较法研究》2004年第1期。
② 详细论述参见［德］维尔纳·弗卢梅著：《法律行为论》，迟颖译，法律出版社2013年版，第26~39页。

效意思有瑕疵。例如，拍卖场的规则是，每举一次手增加报价 1000 元，某甲误认为增加额为 100 元，而举手应买。是故，效果意思实际上不是意思表示有效成立的必备要件。

研究意思表示的构成问题，固然须以意思自治为主要的着眼点，但是，相对人(意思表示受领人)的信赖保护利益也不能忽视。其背后是意思自主与信赖保护的冲突这一深层学理问题，[①] 核心问题在于是否有外在表示，外在表示是否可让相对人形成合理信赖。

4. 何为受"法律拘束的意思"

在司法实践中，经常提及"受法律拘束的意思(或《民法典》第 472 条所称缔约的意思)"，究竟是什么？为何"日常社交行为(情谊行为)"中无受法律拘束的意思，而在拍卖会场举手向朋友示意以及在签错文件案中，如秘书拿了份文件过来，董事长以为是劳动合同，但其实是买卖合同，却主张按意思表示错误法则进行处理。

在社交活动行为与好意施惠行为，表意人既欠缺效果意思，且欠缺主观及客观上的表示意思，因此不成立意思表示，而无契约关系。在拍卖会场举手，虽无效果意思及主观上的表示意思，但依据拍卖会习惯，该举手行为具有客观上的表示意思，因此意思表示仍然成立。但其内心效果意思与表示行为的客观意义不符，当事人得依据错误法则撤销之。在董事长签署买卖合同案，表意人欠缺效果意思，但具有主观上的表示意思(认识其行为具有某种法律上意义)，因此意思表示成立。但其内心效果意思与表示行为的客观意义不符，当事人得依据错误法则撤销之。

因此，缔约意思主要是指表示意思，效果意思非意思表示的成立要件，表示意思应包含主观上或客观上的表示意思，必须当事人既无主观上亦无客观上表示意思，其意思表示始不成立。

(二)客观要件

意思表示的客观要件是外部的表示行为，如在合同书上签字、在拍卖场举手应买、将车辆停放于收费停车场等。行为意思、表示意思是否可以为表示行为所涵盖，学界存有争议，当内心意思不对外表达，则不具有任何法律意义，表示方式包括明示、默示、沉默。

三、意思表示的类型

(一)意思表示的方法：明示、默示、沉默

《民法典》第 140 条第 1 款规定："行为人可以明示或者默示作出意思表示。"这表明，表示可以采取明示或者默示的方式。《民法典》第 140 条第 2 款规定："沉默只有在有法律规定、当事人约定或者符合当事人之间的交易习惯时，才可以视为意思表示。"即沉默的意思表示仅限于特定的情形。

明示是指行为人通过明确的语言(口头、书面)将意思表示于外。默示是指通过特定行为推知行为人的意思，以作为表示意思，如摇头不算数点头算数、招手打车、自动售货机购物、开车进收费的停车场。沉默是指单纯地不作为"没有说话，更是无意表达"。在

---

① 参见朱广新：《信赖保护原则及其在民法中的构造》，中国人民大学出版社 2013 年版，第七章。

文学中，鲁迅说"惟沉默是最高级的蔑视"，而在法律中，沉默通常不具有意思表示的意义，只有在符合《民法典》第 140 条第 2 款规定时方可视为意思表示，如《民法典》第 171 条第 2 款、第 638 条第 1 款的规定；以及 2020 年修订的《建设工程施工合同司法解释（一）》第 21 条规定："当事人约定，发包人收到竣工结算文件后，在约定期限内不予答复，视为认可竣工结算文件的，按照约定处理。承包人请求按照竣工结算文件结算工程价款的，应予支持。"

在《民法典》第 171 条第 2 款中"未作表示视为拒绝追认"，将未作表示的沉默理解为属拒绝追认的意思表示，还是理解为属既未同意，亦未不同意，为无意义之状态，但因实质上仍未追认而无效。其区别在于前者从根本上否定了事后再次同意的可能；而后者并未从根本上否定再次同意的可能。在试用买卖合同中的未作表示，"视为"应作何种解释？如甲与乙签订 A 商品的试用买卖合同，试用期为 1 个月，月中，甲成为无民事行为能力人或被乙胁迫，迟迟未发表意见，处于沉默状态。1 月后，是否视为购买？如果将沉默作为意思表示，则适用行为能力与意思瑕疵的相关规定；而将沉默作为拟制的表示，则效果法定，与意思表示无关。

（二）有相对人的意思表示与无相对人的意思表示

以传统书信交流为原型，甲地的 A 写信给乙地的 B，表明愿意将自己在丙地的一套房屋以 200 万元卖给 B，并询问 B 购买与否。在此情形下，可将意思表示可以分为四个阶段：形成，即写信阶段；发出，即送进邮筒阶段；到达，即进入意思受领者信箱，进入其支配空间，适度考量可支配程度的高低；了解，即受领者看完书信，明白内容，被对方所了解。

1. 有相对人（受领人）的意思表示，意思表示向相对人实施

对特定人的表示，如承诺只能针对要约人作出，在有特定相对人的意思表示，只有对该特定人（或其代理人）为表示才能产生法律上的效果。在方式上可分为对话方式与非对话方式，对话是指直接交流，非对话一般借助媒介，在此两种方式下，意思表示生效及失效的时间不同。以对话方式作出的意思表示，相对人知道其内容时生效，对于相对人知道的认定以一般理性人之立场，看是否知道或应当知道，到达即推定为了解。以非对话方式作出的意思表示，到达相对人时生效，一般进入收信人之信箱或电子数据交换系统，即视为到达，到达的效果为意思表示不得撤回，仅能撤销。

在此值得一提的是，2019 年日本债法修法后，其民法第 97 条所规定的"到达主义"从限于"隔地者（非对话）之意思表示"扩大适用于所有"意思表示"，不区分对话之意思表示和非对话之意思表示，此项修法于资讯通信技术多样化的今日社会具有重大意义。日本民法学者认为，今日社会下，所谓"隔地者"之概念，因为科技的进步而有所动摇，能及时收到讯息的即时通等服务都降低了"隔地者"和"对话者"的区别。又就算是对话之意思表示，如果发现对方要讲对于自己不利的言语，就赶快把耳朵捂起来防止自己"了解"，难道就可以阻止意思表示生效？总之，基于宜对两者以同一法理进行立法之想法，日本法于本次债权法修法时，无论是对话之意思表示或非对话之意思表示，无论两人是否物理上有距离，统一以"到达"作为意思表示生效之时点。

2. 无相对人的意思表示

《民法典》第 138 条规定："无相对人的意思表示,表示完成时生效。法律另有规定的,依照其规定。"即无相对人的意思表示仅需表意人作出表示即可,意思表示并不针对任何人,无到达相关的问题。如遗嘱行为、抛弃动产所有权等。

3. 特殊情形:公告的方式

以公告方式作出的意思表示相对人不特定,如公司债券募集办法公告。在有特定相对人,然穷尽联系方式仍联系不到时,亦可以通过公告的方式作出意思表示。《民法典》第 139 条规定:"以公告方式作出的意思表示,公告发布时生效。"

四、意思表示的解释

为弥补无法用语言准确表达内心真意、人类语言的多样性以及口是心非等言词存在的诸多不足,《民法典》第 142 条对意思表示解释作出相关规定。

依据该条第 1 款的规定,有相对人的意思表示的解释应当按照所使用的词句,结合相关条款、行为的性质和目的、习惯以及诚信原则,确定意思表示的含义。即遵循文本主义(表示主义),侧重文本的含义,以客观化的表示为解释的中心,此处的客观并非以具体的受领人为准,而应以一般理性人的理解为准。

《民法典合同编通则司法解释》第 1 条阐明了合同解释应奉行主观与客观相统一,人民法院依据《民法典》第 142 条第 1 款的规定解释合同条款时,应当以词句的通常含义为基础,结合相关条款、合同的性质和目的、习惯以及诚信原则,参考缔约背景、磋商过程、履行行为等因素确定争议条款的含义。有证据证明当事人之间对合同条款有不同于词句的通常含义的其他共同理解,一方主张按照词句的通常含义理解合同条款的,人民法院不予支持。对合同条款有两种以上解释,可能影响该条款效力的,人民法院应当选择有利于该条款有效的解释;属于无偿合同的,应当选择对债务人负担较轻的解释。

依据第 142 条第 2 款的规定,无相对人的意思表示的解释不能完全拘泥于所使用的词句,而应当结合相关条款、行为的性质和目的、习惯以及诚信原则,确定行为人的真实意思。即遵循语境主义(意思主义),侧重于综合考虑文本以及其外的各种外部证据,以探求表意人的主观意思为解释的中心。

意思表示的解释方法有文义解释、目的解释、习惯解释、诚信解释等。意思表示解释始于文义解释,文义解释的标准包括一般语言用法、特殊语言用法与个别语言用法,此外还应依据语法规则甚至联系上下文来确定系争条款的含义;目的解释的前提是意思表示存在多种解释的可能性,意思表示的目的解释包括主观目的论解释与客观目的论解释,前者是指通过考察表意人拟实现的目标确定其表示的意义,后者是指基于价值评判或利益考量确定表示的应有意义;拉伦茨教授指出,交易惯例是某种在确定意思表示作规范解释时应予重视的事实因素,[1] 弗卢梅教授进一步指出,交易习惯可以"自动"适用于表示的规范解释。[2]

---

[1] [德]拉伦茨著:《德国民法通论(下册)》,王晓晔等译,法律出版社 2003 年版,第 468 页。

[2] [德]弗卢梅著:《法律行为论》,迟颖译,法律出版社 2013 年版,第 366 页。

拉伦茨认为，意思表示并非单纯表达事实或想法的行为，而是一种效力表示，外部表示亦非只是用以证明内心意志的"标记"，毋宁说，它本身即是引发法律效果之基础，而表意人之所以要对其外在表示负责，原因在于该表示可归因于表意人，因此，解释需受领的意思表示时，应探求可适用于表意人与受领人双方的客观规范意义，只有双方共同认可的意义，才能兼及双方意志，而不至于有所偏废。

五、案(事)例述评

(一)意思表示解释域外案例："德国菜单案"①

1. 案件事实
一位大学生在校园附近用餐时，偷走了一份装饰考究的菜单。十年以后，这名大学生已成为一名检察官。因问心有愧，他不声不响地把这份菜单放了回去。一位食客以为这是一份现行有效的菜单，因而对其所列的低价菜品甚为满意，所以为自己点了一份丰盛的餐食。服务员遂下单、遂上菜，食客欣然食之。就餐完毕，当食客前去结账时突然发现，所点菜肴的实际价格比菜单上标明的价格翻了大约一番。

2. 案例评析
有关意思表示解释中的意思主义、表示主义与风险分配的问题。意思主义完全以表意人内心意志为判断标准，无非是将所有的误解风险归诸相对人；表示主义则截然相反——表意人承担误解风险。拉伦茨教授指出：意思表示并非单纯表达事实或想法的行为，而是一种效力表示，外部表示亦非只是用以证明内心意志的"标记"，② 毋宁说，它本身即是引发法律效果之基础，而表意人之所以要对其外在表示负责，原因在于该表示可归因于表意人，因此，解释需受领的意思表示时，应探求可适用于表意人与受领人双方的客观规范意义，只有双方共同认可的意义，才能兼及双方意志，而不至于有所偏废。

(二)当事人意思表示的解释：软装与硬装之区分③

1. 案件事实与法院判决
2015 年 7 月 21 日，李某(被告)向张某(原告)及其配偶刘某购买涉案房屋及车位并签订房屋买卖合同，双方约定房屋总价 315 万元人民币。此后，李某向张某全额支付了购房款，涉案房屋于 2015 年 8 月 23 日过户至李某名下。2016 年 6 月 27 日，张某将涉案房屋钥匙交付李某。次日，刘某至房屋处，与李某就需搬离的室内物品发生争议，双方于当日签署字条一份，载明："房子按合同给你，至于装修的其他东西(软装类，硬装不破坏)我一并拆走"，刘某与李某于字条落款处签字确认。对于字条，原告认为，房屋内的所有电器设备都要拆除，但是不能破坏软装、硬装。被告则认为，可以搬离的只能是软装，不包

① 此案例来源于耶林所撰写的《民法未决案例集》，随后成为诸多教材引用的案例。

② [德]卡尔·拉伦茨著：《法律行为解释之方法——兼论意思表示理论》，范雪飞、吴训洋译，法律出版社 2018 年版，第 15~32 页。

③ 张某与李某房屋买卖合同纠纷上诉案，〔2017〕沪 01 民终 7157 号。

括硬装和电器。其后，原告要求将房屋内的全部家用电器和部分物品搬出，被告拒绝。原告以所有家用电器及部分物品并没有随同涉案房屋一并出售给被告为由诉请法院判令被告归还房屋内的全部家用电器和部分物品，具体包括：3匹空调一台、1.5匹空调两台、冰箱一台、油烟机和天然气灶各一台、消毒柜一台、餐厅和客厅水晶灯各一盏、成品洗漱台两套、米柜一个。被告辩称，原告对房屋及其附属物的所有权均已丧失。

本案的焦点问题是：原告是否有权要求被告返还家用电器等系争物品。一审法院认为：当事人应当按照约定全面履行自己的义务。本案张某向李某交付房屋后，双方就室内物品的归属达成一致约定："装修的其他东西（软装类，硬装不破坏）"一并由张某拆离。一般理解的软装，区别于硬装的基本不可移动，是指为满足功能、美观需要而附加在建筑物表面或者室内的可移动、易于更换的装饰物及设置，其类别主要包括家具、饰品、灯饰、布艺织物、花艺及绿化造景。结合本案张某主张的物品，一审法院认定被告应当返还原告餐厅和客厅水晶灯各一盏、成品洗漱台两套、米柜一个。原告不服，提起上诉。

二审法院认为：从双方签订的合同来看，房屋的总价不包括装饰或者家用电器，有关随房屋同时转让的设备、装饰费用及在处理合同中未作约定。涉案物品未随房屋一并出售。买卖合同的标的物为不动产。空调、冰箱与消毒柜是房屋内的家用电器，既不属于不动产，亦非装饰装修。从双方签订的字条之内容看，难以解读出原告主动放弃了房屋内物品的所有权，或将系争赠与被告。被告应当返还原告3匹空调一台、1.5匹空调两台、冰箱一台、消毒柜一台。

2. 案例评析

在房屋买卖合同中，可能存在当事人对房屋内的附属设施、房屋内的装修装饰及其他物品的归属未作约定或者约定不明确的情形。因此，正确判断房屋内的附属设施、房屋内的装修装饰及其他物品是否属于买卖合同标的物的范围，以及房屋所有权转移后，此类物品所有权的归属问题显得尤为重要。解决上述问题，涉及物权法相关理论的运用，同时也有赖于当事人意思表示的解释。对于哪些物品属于买卖标的物的范围的问题之解决，关键在于运用体系解释的方法，结合物权法理论，合理解释"房屋"，应注意区分房屋的成分与独立于房屋的物、房屋的重要成分和非重要成分、房屋的从物与非从物。

在本案中，张某和李某对于房地产买卖合同内容均无异议，但对字条的内容产生了分歧，解释的关键便落在字条的内容上，即对"硬装"与"软装"的理解。合同条款的解释必先由文义入手，依据《民法典合同编通则司法解释》第1条之规定，解释合同条款时，应当以词句的通常含义为基础，结合相关条款、合同的性质和目的、习惯以及诚信原则，参考缔约背景、磋商过程、履行行为等因素确定争议条款的含义。在现实生活中，硬装与软装被频繁使用，但是对其内涵与外延并无统一的认识，且二者的边界不甚清晰。具体来说，应当结合当事人之间买卖二手房的特定目的，结合物权法理论以及室内设计和装饰装修领域等对硬装、软装所形成的表达习惯及诚实信用原则具体确定。结合当事人的诉讼请求，双方对于家用电器的归属问题亦存在争议。房屋内的家用电器大致可以分为两类：一类是摆放在屋内，仅需进行简单管线连接的，如冰箱、洗衣机等；另一类是需要进行复杂安装的，如空调、油烟机等。前者通常是独立的物，未与房屋形成从物主物关系，因而在无约定时，此类家用电器应不属于买卖标的物的范围。后者在物理上已经与房屋紧密相连，成为房屋的部分，当事人若无特殊约定，一般应认为此类家用电器属于买卖标的物的范围。① 但总的来说，意思表示的解释应当符合行为的性质与目的。

第五节　法律行为的效力

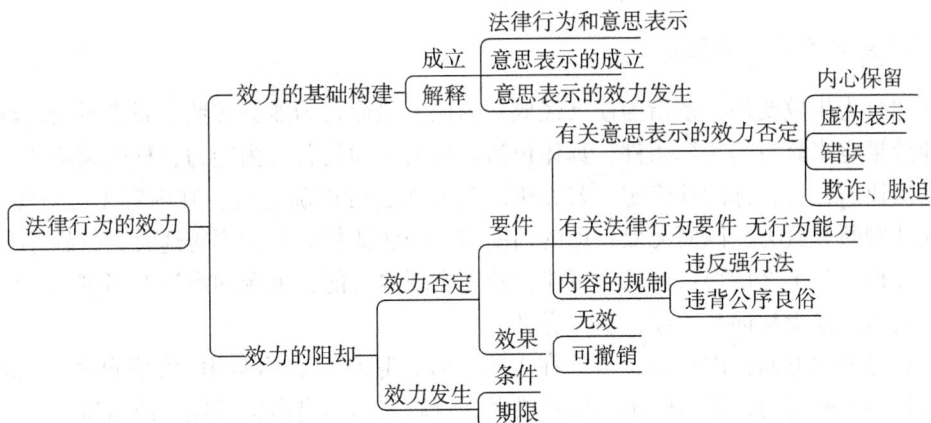

图 6-1　法律行为的效力

一、法律行为的成立要件与生效要件

法律行为的成立是指法律行为实施过程的全部完成；法律行为的生效是法律对当事人实施的行为的一种肯定性评价，发生当事人之所欲之法律效果法律行为的成立与法律行为的生效，原则上成立则生效，例外为成立与生效不一定同时发生：如法律行为的生效必须等待当事人约定的可能发生的事实的出现；法律行为的生效必须等待当事人约定的期限的到来。因此，法律行为的成立为事实判断，而法律行为的有效为价值判断。法律行为不成立，当事人之间不发生权义关系；法律行为无效，不发生当事人意欲发生的权义关系，但并非不发生任何权义关系，如会发生返还关系、赔偿关系等。

（一）成立要件

就法律行为的成立要件而言，可以分为一般成立要件与特别成立要件。前者仅有意思表示即可，因为"当事人""标的"已包含在"意思表示"之内，在契约行为中，需要（两个）意思表示的合致。后者，如要物行为需要标的物的交付，且要式行为需要特别形式的具备。

所谓法律行为之标的，学界的理解存在细微差别。郑玉波教授认为，标的，一般指"内容"，法律行为之标的，即法律行为之内容，行为人为法律行为是所欲发生的法律效

---

① 彭诚信主编：《民法案例百选（第二版）》，高等教育出版社 2019 年版，第 69~70 页。

果。① 王泽鉴教授认为，标的即行为人从事行为时所欲发生的法律效果。② 梁慧星教授认为，法律行为之标的，亦即法律行为之内容。③ 陈聪富教授认为，当事人依法律行为所表示企图完成的社会关系，亦即当事人从事法律行为，所欲发生的法律效果。④ 叶启洲教授认为，标的须依法律行为之种类而定；债权行为之标的，即为债务人之给付，给付内容可能是金钱的支付，劳动的提供。⑤

（二）生效要件：学理解读

法律行为生效要件，系指为使已经成立的民事法律行为能够按照意思表示的内容而发生法律效果应当具备的法律条件，具体包括：行为人须具备行为能力；标的须适法，即标的应为法律所允许；标的须确定，若无法确定或无法可得确定时，其内容无法具体实现，法律无从判断其效力，因而无效；标的须妥当，即法律行为标的不得违背公共秩序和善良风俗，无显失公平之情形；标的须可能，若无实现之可能，纵令国家法对当事人之私法自治予以助力，亦无从促其达成，实无意义。

在意思表示方面，内在意思与外在表示一致，且意思表示自由（实质自由），故意的不一致构成虚假行为，偶然的不一致系错误，意思表示不自由构成欺诈或胁迫。

某些法律行为除须符合一般生效要件外，还须符合特别生效要件才能发生效力。如须经批准的法律行为、附条件的法律行为、附期限的法律行为。此外，效力待定的法律行为须事后追认或事前同意，物权合同以处分权之享有为必要。

生效后的效果为产生法律拘束力。现代民法学理论认为：法律行为是当事人私人自治的设权行为，只要获得法律秩序的充分认可，就会产生类似"造法"的效力。《民法典》第136条第2款的规定强调民事法律行为对于行为人具有法律约束力，非依法律规定或者未经对方同意，不得擅自变更或者解除。

（三）生效要件：立法体现

《民法典》第143条规定："具备下列条件的民事法律行为有效：（一）行为人具有相应的民事行为能力；（二）意思表示真实；（三）不违反法律、行政法规的强制性规定，不违背公序良俗。"

对于上述条文支持者称：从正面规定构成要件，《巴西民法典》第104条亦有类似之规定。而反对者认为：第一，法律行为并非具备上述要件即有效，不具备则无效。实际上除无效，尚有可撤销、效力待定等形态，即不能直接依据违反该条之规定判定行为无效，因此规定具有误导性。第二，在举证责任上，行为人并非应证明自己具备该条三要素。正解应是法律行为成立之时，即应推定为有效（第136条），除非有无效事由（负面清单模

---

① 郑玉波著：《民法总则》，中国政法大学出版社2003年版，第307页。

② 王泽鉴著：《民法总则》，北京大学出版社2009年版，第219页。

③ 梁慧星著：《民法总论》，法律出版社2017年版，第174页。

④ 陈聪富著：《民法总则》，元照出版公司2022年版，第304页。

⑤ 叶启洲著：《民法总则》，元照出版公司2021年版，第176页。

式)，反对者应举证证明"权利生效之阻碍事由，效力瑕疵事由"。

二、法律行为效力样态概述

表 6-1

样态	事　　由	有效要件	法益
无效	无行为能力(《民法典》第 144 条)	行为能力	私益
	通谋虚伪表示(《民法典》第 146 条)	意思表示	
	违反强行法(《民法典》第 153 条第 1 款)	合法性	公益
	违背公序良俗(《民法典》第 153 条第 2 款)		
	恶意串通(《民法典》第 154 条)		私益/公益
可撤销	重大误解(《民法典》第 147 条)	意思能力	私益
	欺诈(《民法典》第 148 条、第 149 条)		
	胁迫(《民法典》第 150 条)		
	显失公平(《民法典》第 151 条)		
效力待定	限制行为能力人未经同意(《民法典》第 145 条)	行为能力	私益
	未经被代理人同意的自己代理(《民法典》第 168 条)	意思表示	
	未经被代理人同意的转委托(《民法典》第 169 条)		
	无权代理(《民法典》第 171 条)		

　　无效、可撤销、效力待定法律行为之中，最严重者为无效行为，次严重者为可撤销行为，之所以不使其无效，盖因当事人虽意思表示有瑕疵，仍有可能愿意受其意思表示的拘束，若不愿受拘束，自可撤销，保留毁约机会，不必使其无效。效力待定者，盖此仅属允许程序的瑕疵，得由法定代理人予以补正，无使其无效之必要。

　　无效行为当然、自始、确定无效，不因时间的经过而发生变化；可撤销，于该行为成立时，即生效力，但当事人得事后撤销，换言之，未撤销前为完全有效，且可撤销法律行为，会因撤销权行使期间的经过而变得"稳定有效"。效力待定，该法律行为一开始即处于效力未定状态，须待第三人表示后，该行为的效力始确定发生或确定不发生效力。

三、无效法律行为

(一)规范依据

　　《民法通则》(已废止)第 58 条是关于无效民事行为的规定，《合同法》(已废止)第 52 条合同无效的法定情形，现写入《民法典》第六章第三节民事法律行为的效力中，包括《民法典》第 144 条规定的无民事行为能力人实施的民事法律行为的效力，第 146 条规定的虚假表示与隐藏行为的效力，第 153 条规定的违反强制性规定及违背公序良俗的民事法律行为的效力，第154条规定的恶意串通的民事法律行为的效力。

（二）无效的原因

1. 无民事行为能力人实施的民事法律行为无效。

《民法典》第144条规定："无民事行为能力人实施的民事法律行为无效。"

根据《民法典》第20、21条的规定，无民事行为能力人是指不满八周岁的未成年人以及不能辨认自己行为的成年人。

当然，实践中一律禁止无行为能力人之所有行为，是否合适，值得关注。如7岁之人能否扔掉小玩具、能否表示接受赠与的问题。《民通意见》第6条规定："无民事行为能力人、限制民事行为能力人接受奖励、赠与、报酬，他人不得以行为人无民事行为能力、限制民事行为能力为由，主张以上行为无效。"对于无民事行为能力人实施的上述行为，《民法典》实施后该条规定能否继续适用，有观点认为，其精神应当继续适用。但也有观点认为不应当继续适用，其一，《民法典》第144条之规定明白无误，只能得出无效的结论；其二，规定无民事行为能力人实施的法律行为无效旨在遏制不劳而获的思想，杜绝任何潜在的风险；其三，《民法典》第145条对《民通意见》第6条中关于限制民事行为能力人接受奖励、赠与、报酬的表述予以采纳，而对无民事行为能力人从事这些行为有效的表述没有采纳。

还需进一步思考的问题是，6~8岁的无民事行为能力人在日常生活行为、小额金钱支付的行为一律禁止是否合适，获利行为是否可以类推适用限制行为能力人之规定。对于无行为能力人接受赠与的问题，根据《民法典》第144条的规定为无效，但《民法典》第16条对于涉及遗产继承、接受赠与等胎儿利益保护的，将胎儿视为具有民事权利能力，举轻以明重，无行为能力人则亦应认为可以类推适用。

另外，还需关注的是，无行为能力人，所为之法律行为既属无效，自应将其本于该法律行为所受领之给付加以返还，然若所受领之给付无从返还或已灭失者，是否应依民法关于不当得利之规定，偿还其价额？通说认为，若许相对人请求偿还价额者，无异与未成年人履行有效之法律行为相当，而使得未成年人之财产处于无法控制的丧失风险，实与保护未成年人之立法意旨相抵触。因此，未成年人于所受领之标的物无法返还，除其因此而有节省费用之利益，且系符合其法定代理人所期待者，而应负返还之义务，若该未成年人为无行为能力人，且其法定代理人对于应返还之物灭失亦属善意不知情者，应许其免负返还义务，并得就自己之给付，依不当得利之规定请求返还。例如精品店老板甲，见6岁之富家子乙，从收费昂贵的私立幼儿园放学，即向乙兜售进口金箔巧克力，乙当场掏钱，银货两清，并与其同学分食完毕。由于乙仅6岁，乃无行为能力人，其所为之意思表示或所受之意思表示，均不生效力，从而乙购买巧克力之契约应不生效力。然乙将巧克力与其好友分食完毕，而无法返还与甲。此时，应不许相对人甲对无行为能力人乙请求返还该巧克力。

然若该未成年人为限制行为能力人，则应就其所受之利益区分为给付型不当得利及非给付型不当得利，前者，例如因无效之买卖契约所受领之给付，就此所受利益应为返还之法律效果，与无行为能力人相同；后者，例如限制行为能力人擅自食用他人之食物，则系本于侵权行为所生之不当得利，应类推适用民法关于法定代理人侵权责任之规定，以限制行为能力人是否具有识别能力判断其是否知情，而定其返还之责任。

2. 虚假通谋行为（双方虚假行为）

《民法典》第 146 条规定："行为人与相对人以虚假的意思表示实施的民事法律行为无效。以虚假的意思表示隐藏的民事法律行为的效力，依照有关法律规定处理。"

（1）通谋行为（表面行为，阳合同）。通谋行为主要适用于财产行为，其构成为意思表示虚伪、互相明知、虚伪表示为合意、意思表示无法效意思。通谋在词义上为共同策划之意，在法学上是指表意人与相对人互相故意为非真意之表示。表意人为虚伪表示，相对人表示同意，始可构成通谋虚伪表示。即双方就虚伪表示的内容达成合意，只不过该合意并非当事人之真意而已。通谋行为的效果为因无法效意思（皆不愿受虚假法效意思之约束）而当然无效。

对于虚假行为之所以无效存在两种解读方案：其一，无法效意思，不构成意思表示，虚假行为无效，实质上应是不成立；其二，双方一致同意该意思表示无效，既然双方当事人没有这样的真实意思，意思表示不生效符合意思自治。

《民法总则草案》曾规定："以虚假意思表示实施的法律行为无效，但是不得对抗善意第三人。"至于为何删掉"对抗规则"，原因在于对抗规则过于简单，有悖善意取得制度的复杂要件，则对于准物权行为（虚假债权让与），因善意取得难以适用，产生如何有效保护的问题；对于善意债权人，如甲因不露富于外，将其动产手机虚假转让于乙，后乙租借善意之丙。[①]

（2）隐藏行为（实质行为，阴合同）。虚伪表示之下常常有隐藏行为，当事人以通谋虚伪表示所隐藏的其他真实的法律行为。此隐藏行为系基于当事人的真实意思表示（法效意思）。如规避法律的行为：为在介绍工程中规避招投标行为，暗中撮合，收取好处费（回扣），以信息费名义签订服务合同（脱法行为）。其效力的认定，应适用法律行为的相关规定，以判断是否有效（独立判定原则），确立"穿透式思维"。

（3）通谋虚伪表示与隐藏行为的效力。《民法典合同编通则司法解释》第 14 条规定，当事人之间就同一交易订立多份合同，人民法院应当认定其中以虚假意思表示订立的合同无效。当事人为规避法律、行政法规的强制性规定，以虚假意思表示隐藏真实意思表示的，人民法院应当依据《民法典》第 153 条第 1 款的规定认定被隐藏合同的效力，即如果隐藏行为本身有效，那么按有效合同处理；如果隐藏合同本身无效，那么按照无效处理；当事人为规避法律、行政法规关于合同应当办理批准等手续的规定，以虚假意思表示隐藏真实意思表示的，人民法院应当依据《民法典》第 502 条第 2 款的规定认定被隐藏合同的效力。

在最高人民法院发布的《民法典合同编通则司法解释》相关典型案例之三特别提到，《回购合同》系双方虚假合意，该虚假合意隐藏的真实合意是由某乙银行为某甲银行提供资金通道服务，故双方之间的法律关系为资金通道合同法律关系。《回购合同》表面约定的票据回购系双方的虚假意思而无效；隐藏的资金通道合同违反了金融机构审慎经营原

---

① 施鸿鹏：《通谋虚伪表示基础上对抗规则的教义学展开》，载《东方法学》2022 年第 1 期。

则，且扰乱了票据市场交易秩序、引发金融风险，因此双方当事人基于真实意思表示形成的资金通道合同属于违背公序良俗、损害社会公共利益的合同，依据《中华人民共和国民法总则》第 153 条第 2 款及《中华人民共和国合同法》第 52 条第 4 项的规定，应为无效。因此，表面行为因属于通谋虚伪表示而无效，对隐藏行为应独立判断，如有无效事由则应无效，就如本案所示，如不具有无效事由，则应认定为有效行为。

通谋虚伪表示与法律规避行为，如甲乙签订合同 800 万元，但为避税，另签订合同 400 万元。税法之规范目的在于合法纳税，所以实现该目的，应让 800 万元生效。又如，甲乙签订房屋买卖合同 800 万元，但该地限价令最高 400 万元，遂另签订合同 400 万元。"限价令"之规范目的在于管控房价，所以为实现该目的，应让 400 万元合同生效。

3. 违反强制性规范、违背公序良俗

《民法典》第 153 条规定："违反法律、行政法规的强制性规定的民事法律行为无效。但是，该强制性规定不导致该民事法律行为无效的除外。违背公序良俗的民事法律行为无效。"与前两者的差别明显本条含有"制裁色彩"，此条有价值判断与利益判断。

（1）违反法律、行政法规的强制性规范。不违反法律、行政法规的强制性规范，即不能通过当事人的意思排除的法令。强制性规范立法用语常为：不得、禁止、应当、必须。

就法制演变的角度而言，《民法通则》第 58 条第 5 项规定，违反法律或者社会公共利益的法律行为无效，《合同法》第 52 条第 5 项规定违反法律、行政法规的强制性规定的合同无效。《合同法司法解释一》第 4 条明确各级人民法院在认定合同无效时只能以法律、行政法规为依据，不能以行政规章与地方性法规为依据。《合同法司法解释二》第 14 条进一步规定："合同法第 52 条第（5）项规定的'强制性规定'，是指效力性强制性规定。"由此可见，法律行为无效的法源已步步限缩。2023 年《民法典合同编通则司法解释》第 16 条、第 17 条分别对违反强制性规定但应适用具体规定的情形、违反强制性规定导致合同无效的情形作出细化规定。

据最高人民法院民二庭、研究室负责人就《民法典合同编通则司法解释》答记者问，最高人民法院在该司法解释的起草过程中，根据《民法典》第 153 条第 1 款的表述，没有采取原《合同法解释二》第 14 条将强制性规定区分为效力性强制性规定和管理性强制性规定的做法，而是采取了直接对《民法典》第 153 条第 1 款规定的"但书"进行解释的思路，回应广大民商事法官的现实需求。但最高人民法院认为，司法解释这样规定不妨碍民商法学界继续对效力性强制性规定和管理性强制性规定区分标准的研究。

根据原《合同法司法解释二》第 14 条的规定，合同法第 52 条第（5）项规定的"强制性规定"是指效力性强制性规定。对于何为"效力性强制性规定"，需要斟酌强行规范的立法目的加以确定。2009 年《关于当前形势下审理民商事合同纠纷案件若干问题的指导意见》第 15 条规定："正确理解、识别和适用合同法第 52 条第（5）项中的'违反法律、行政法规的强制性规定'，关系到民商事合同的效力维护以及市场交易的安全和稳定。人民法院应当注意根据《合同法解释（二）》第 14 条之规定，注意区分效力性强制规定和管理性强制规定。违反效力性强制规定的，人民法院应当认定合同无效；违反管理性强制规定的，人民法院应当根据具体情形认定其效力。"第 16 条规定："人民法院应当综合法律法规的意旨，权衡相互冲突的权益，诸如权益的种类、交易安全以及其所规制的对象等，综合认定强制性规定的类型。如果强制性规范规制的是合同行为本身即只要该合同行为发生即绝对地损害国家利益或者社会公共利益的，人民法院应当认定合同无效。如果强制性规定规制的是当事人的'市场准入'资格而非某种类型的合同行为，或者规制的是某种合同的履行行为而非某类合同行为，人民法院对于此类合同效力的认定，应当慎重把握，必要时应当征求相关立法部门的意见或者请示上级人民法院。"

2016年，《最高人民法院关于依法审理和执行民事商事案件保障民间投资健康发展的通知》规定："及时审理与民间投资相关的买卖、借款、建筑、加工承揽等合同纠纷案件，正确划分当事人合同责任，保护各类投资主体的合法权利。正确处理意思自治与行政审批的关系，对法律、行政法规规定应当办理批准、登记等手续生效的合同，应当根据《最高人民法院关于适用〈中华人民共和国合同法〉若干问题的解释（一）》，尽量促使合同合法有效。要正确理解、识别和适用合同法第52条第（5）项中的'违反法律、行政法规的强制性规定'，注意区分效力性强制规定和管理性强制规定，严格限制认定无效的范围。当事人一方要求解除合同的，应当严格依照合同法第93条、第94条，审查合同是否具备解除条件，防止不诚信一方当事人通过解除合同逃避债务。"

随着"管理性强制性规定"概念的流行，审判实践中出现了很多法官认为凡是行政管理性质的强制性规定均属"管理性强制性规定"，不影响合同效力的倾向。对此，2019年最高人民法院《九民纪要》第30条规定："合同法施行后，针对一些人民法院动辄以违反法律、行政法规的强制性规定为由认定合同无效，不当扩大无效合同范围的情形，合同法司法解释（二）第14条将《合同法》第52条第5项规定的'强制性规定'明确限于'效力性强制性规定'。此后，《最高人民法院关于当前形势下审理民商事合同纠纷案件若干问题的指导意见》进一步提出了'管理性强制性规定'的概念，指出违反管理性强制性规定的，人民法院应当根据具体情形认定合同效力。随着这一概念的提出，审判实践中又出现了另一种倾向，有的人民法院认为凡是行政管理性质的强制性规定都属于'管理性强制性规定'，不影响合同效力。这种望文生义的认定方法，应予纠正。人民法院在审理合同纠纷案件时，要依据《民法总则》第153条第1款和合同法司法解释（二）第14条的规定慎重判断'强制性规定'的性质，特别是要在考量强制性规定所保护的法益类型、违法行为的法律后果以及交易安全保护等因素的基础上认定其性质，并在裁判文书中充分说明理由。下列强制性规定，应当认定为'效力性强制性规定'：强制性规定涉及金融安全、市场秩序、国家宏观政策等公序良俗的；交易标的禁止买卖的，如禁止人体器官、毒品、枪支等买卖；违反特许经营规定的，如场外配资合同；交易方式严重违法的，如违反招投标等竞争性缔约方式订立的合同；交易场所违法的，如在批准的交易场所之外进行期货交易。关于经营范围、交易时间、交易数量等行政管理性质的强制性规定，一般应当认定为'管理性强制性规定'。"上述规定从一刀切的管理与效力二分格局转向具体求其规范意旨并加以类型化。

关于强制性规范的识别，不同学者有不同见解，朱庆育教授认为根据强制规范所要实现的目的，法律禁令可以三分为内容禁令、实施禁令与纯粹秩序规定。内容禁令系绝对禁令，禁止当事人的合意内容或所追求的法律效果之实现，如杀人委托合同；实施禁令，法律禁令不针对行为内容，而是旨在禁止所实施的行为本身，如买卖赃物；纯粹秩序规定的规制对象是诸如时间、地点、种类、方式之类的法律行为外部环境，因其并不针对法律行为本身，故可称相对禁令，如非营业时间营业。[①] 叶启洲认为判别依据有二：其一，立法目的，立法直接指向私法关系，则规范私法关系；其二，单向管制或双向管制，该禁止性规范是否约束单方还是双方当事人。[②]

《民法典合同编通则司法解释》第16条第1款就违反强制性规定不导致合同无效的情形进行了列举，并在区分合同效力与合同履行的基础上，明确规定针对履行行为的强制性规定原则上不应影响合同效力，除非合同的履行必然违反强制性规定或者法律、司法解释另有规定（第2款）；此外，该条还规定，即使合同不因违反强制性规定而无效，但如果违法行为未经处理，人民法院也应当向有关行政管理部门发出司法建议，涉嫌构成犯罪的，则应当将案件线索移送刑事侦查机关或者告知当事人向有管辖权的人民法院另行提起刑事自诉，从而使私法与公法相互配合，共同实现对法律秩序的维护（第3款）。

关于涉罪合同的效力问题，《民法典合同编通则司法解释》第16条仅规定，当事人的行为涉嫌犯罪的，应当将案件线索移送刑事侦查机关；属于刑事自诉案件的，应当告知当事人可以向有管辖权的人民法院另行提起诉讼。而在《民法典合同编通则司法解释（草案）》第18条第2款规定："行为人在订立合同时涉嫌犯罪，或者已经生效的裁判认定构成犯罪，当事人或者第三人提起民事诉讼的，合同并不当然无效。人民法院应当结合犯罪主体是一方当事人还是双方当事人、合同内容与犯罪行为的关系、当事人意思表示是否真实等因素，依据民法典的有关规定认定合同效力。"该具体规定仍值得借鉴。

（2）违背公序良俗。《民法典》第153条第2款明确规定，违背公序良俗的民事法律行为无效。如何判断法律行为（合同）是否违背公序良俗？依据《民法典合同编通则司法解释》第17条之规定，人民法院在认定合同是否违背公序良俗时，应当以社会主义核心价值观为导向，综合考虑当事人的主观动机和交易目的、政府部门的监管强度、一定期限内当事人从事类似交易的频次、行为的社会后果等因素，并在裁判文书中充分说理。当事人确因生活需要进行交易，未给社会公共秩序造成重大影响，且不影响国家安全，也不违背善良风俗的，人民法院不应当认定合同无效。

法律行为（合同）是否因违背公序良俗而无效，有一个从量变到质变的过程，行为虽然可能给社会公共秩序造成了一定的影响，但如果该影响并不显著，且既不影响国家安全，也不违背善良风俗，就不能以违背公序良俗认定所订合同无效。

对于双方当事人的行为是否违背公序良俗，需要结合社会认识进行理解，一般认为，维持不当关系所形成的契约关系无效，如包养协议当然无效，然终止不当关系所形成的契约关系，如分手费是否无效，存在不同认识。我国法认为，违背社会公序良俗是指法律行为的内容及目的违反了社会的公共秩序或善良风俗，存在因非婚同居、不正当两性关系等产生的"青春损失费""分手费""精神损失费"等有损公序良俗行为所形成的债务等情形的，应认定为违背社会公序良俗，当事人因此签订的民间借贷合同应认定为无效。而在我国台湾法院地区则认为，两造系为断绝不正常之关系而订立和解书，而非以相奸行为作为

---

① 朱庆育：《〈合同法〉第52条第5项评注》，载《法学家》2016年第3期。

② 叶启洲著：《民法总则》，台湾元照出版有限公司2021年版，第212页。

契约之标的，系以金钱之交付，维持不正常之关系，始属违背公序良俗，然本件为断绝不正常关系，约定给付金钱，即无违背公序良俗之可言。

此外，《九民纪要》第31条规定："违反规章一般情况下不影响合同效力，但该规章的内容涉及金融安全、市场秩序、国家宏观政策等公序良俗的，应当认定合同无效。"原《民法典合同编通则司法解释（草案）》第19条规定："合同违反地方性法规、行政规章的强制性规定，经审查，地方性法规、行政规章的强制性规定系为了实施法律、行政法规的强制性规定而制定的具体规定，人民法院应当依据民法典第153条第1款规定认定合同效力。除前款规定的情形外，当事人以合同违反地方性法规、行政规章的强制性规定为由主张合同无效的，人民法院不予支持。但是，合同违反地方性法规、行政规章的强制性规定导致违背公序良俗的，人民法院应当依据民法典第153条第2款规定认定合同无效。"

对于不法、背俗所实施的法律行为无效，然基于此所为之给付，成立给付型不当得利，然此给付为不法给付，是否可以返还？如请托所为之给付、嫖资、交付赎金等。原则上，不法原因给付，即使不法目的未实现也不予返还。原因在于，给付方不法，则其不得用"脏手"叩开法院的门（净手规则）。但我国《民法典》对此未作规定，然理论界和实务界还是普遍主张应通过自然之债说、习惯法说扩张适用第157条关于"法律另有规定的，依照其规定"的规定或者类推适用《民法典》第985条第3项关于"明知无给付义务而进行的债务清偿"不适用不当得利返还的规定等方式间接地承认该制度。[1]

4. 恶意串通行为

恶意串通行为无效的原因主要系"不法"（恶意），本质上系违背善良风俗的特例。其构成为：主观上损害他人合法权益的故意；客观上存在串通的行为，串通就此词义而言是指暗中勾结起来，相互配合。与通谋虚伪表示有交错，但更多是有区别，如意思表示真实与否、行为人之外人、有无隐藏行为、恶意行为与中性行为等。其效果为法律行为无效，一般应由受损第三人提起无效，但实际上第三人常难以发现，恶意损害国家利益时，法院可主动认定。对于恶意串通行为，行为人可能承担侵权责任。从民法学理上，恶意串通法律行为的概念并不清晰，我国民法对此予以专门规定，其妥当性不无疑问，有学者建议取消恶意串通法律行为的规定。[2]

（三）无效的后果

依《民法典》第155条的规定，无效法律行为当然、自始、确定地不发生效力。但无效只是不会发生效果意思，但会产生其他法律效果。

此外，当然无效是指行为效力无待主张，不必经过一定程序，若诉至法院，只是确认之诉。自始无效是指成立时即无效，溯及成立之初。确定无效是指不因时间的经过或其他行为而补正，即无法"起死回生"。

---

① 吴光荣：《违反强制性规定合同的效力——以〈民法典合同编通则解释〉的相关规定为中心》，载《法律适用》2023年第12期。

② 杨代雄：《恶意串通行为的立法取舍——以恶意串通、脱法行为与通谋虚伪表示的关系为视角》，载《比较法研究》2014年第4期。

法律行为无效还可能使当事人遭受损失，因此，《民法典》第157条规定了返还义务与损害赔偿责任，行为人因无效法律行为取得的财产，应当予以返还；不能返还或者没必要返还的，应当折价补偿。有过错的一方应当赔偿对方由此所受到的损失；各方都有过错的，应当各自承担相应的责任。返还请求权基础有物权返还请求权与不当得利债权请求权之分，大多数情况无差异。差异体现在返还的范围与返还效力不同，如《企业破产法》第38条之取回权与一般债权之保障效力。不能返还的，折价补偿，不能返还者如劳动合同。折价补偿如何确定，依据《民法典合同编通则司法解释》第24条的规定，经审查财产不能返还或者没有必要返还的，人民法院应当以认定合同不成立、无效、被撤销或者确定不发生效力之日该财产的市场价值或者以其他合理方式计算的价值为基准判决折价补偿。

如何确定相对人的损失，依据《民法典合同编通则司法解释》第24条的规定，当事人还请求赔偿损失的，人民法院应当结合财产返还或者折价补偿的情况，综合考虑财产增值收益和贬值损失、交易成本的支出等事实，按照双方当事人的过错程度及原因力大小，根据诚信原则和公平原则，合理确定损失赔偿额。

在返还财产时，时常产生与"不法给付"的交错。原则上，不法原因给付，不法目的未实现，不予返还，其理论基础在于，当给付方不法，其不得用"脏手"叩开法院的门(净手规则)。

值得注意的是，此处损害赔偿义务的责任性质为缔约过失责任。原《民法典合同编司法解释(草案)》第5条是关于缔约过失的赔偿范围之规定：当事人一方在订立合同的过程中实施违背诚信原则的行为或者对合同不成立、无效、被撤销或者确定不发生效力有过错，对方请求赔偿其为订立合同或者准备履行合同所支出的合理费用等损失的，人民法院应予支持。对方当事人也有过错的，由双方当事人按照过错程度分担损失。相对人利益保护的责任基础，立法上有缔约过失责任与信赖责任之分，二者的思维重心不同归责原则不同，尤其是因错误而撤销之法律效果。单纯的法律行为无效之事实，不足以作为受损害方向他人请求赔偿的充分依据，信赖利益的损害赔偿，应以一方违反先义务为前提，且须受损害之人对于该法律行为的有效性确有信赖，且其信赖值得法律加以保护，始能建立法律行为无效时当事人的信赖赔偿责任。

至于信赖利益的赔偿，则指法律行为当事人因信赖法律行为有效，但该法律行为却因一定事实而无效或不成立时所生的损害，而其赔偿方式，则是将被害人的财产回复至其未信赖法律行为成立有效的状态，而实际上得请求者则包括缔约费用、履约费用以及因信赖法律行为有效而放弃缔结更有利契约的可能获利。赔偿之结果，契约如同未曾发生。

关于部分无效的问题，依据《民法典》第156条规定，民事法律行为部分无效，不影响其他部分效力的，其他部分仍然有效。但在解释上应有例外，如除去的无效部分是核心部分，买卖的标的物违法、对价款的约定等，当事人根本不愿实施法律行为，则应解释为全部无效。此外，根据《民法典》第507条的规定："合同不生效、无效、被撤销或者终止的，不影响合同中有关解决争议方法的条款的效力。"即合同部分条款无效，但清算条款可能有效。

无效法律行为的转换是指一项无效的法律行为符合另一项有效法律行为的要件，使其发生后者之效力。如《德国民法典》第140条，如果无效的法律行为具备另一法律行为的要件，并且可以认定当事人如果知其为无效即有意为此另一法律行为时，此另一法律行为有效。我国民法并未明文规定无效法律行为的转换。

四、可撤销法律行为

(一)可撤销法律行为概说

依据《民法通则》第 59 条的规定，行为人对行为内容有重大误解的及显失公平的民事行为可变更或者撤销。《合同法》第 54 条规定："下列合同，当事人一方有权请求人民法院或者仲裁机构变更或者撤销：(一)因重大误解订立的；(二)在订立合同时显失公平的。一方以欺诈、胁迫手段或者乘人之危，使对方在违背真实意思的情况下订立的合同，受损害方有权请求人民法院或者仲裁机构变更或者撤销。当事人请求变更的，人民法院或者仲裁机构不得撤销。"《民法典》规定的可撤销法律行为则包括第 147 条(重大误解)、第 148 条与第 149 条(欺诈)、第 150 条(胁迫)、第 151 条(显失公平)。

对于变更权存续问题存在较大争议：有观点认为应当废止，如刘贵祥在全国法院民商事审判工作会议上的讲话中指出：可变更合同不再适用。《民法总则》保留了可撤销合同，未规定可变更合同，应当认为废止了《合同法》有关可变更合同的规定。《九民纪要》在民法总则与合同法的关系及其适用中亦提到上述观点。此外，亦有学者认为应维持；① 韩世远教授则持部分维持说，其指出变更合同在有些场合确实能够更好地解决问题。②

(二)因"重大误解"而可撤销

1. 因"重大误解"而可撤销概说

"误解"与"错误"二者立足角度不同。受领方误解对方之意思表示，如何可以撤销对方之意思表示，只能撤销自己之意思表示，而自己的意思表示系基于误解而错误地作出。错误是指表意人无意地(偶然地)为与其内心效果意思不一致的表示行为。

导致法律行为可撤销的"错误"多源自表意人自己的认知，而非他人不正当影响的结果。人无完人，孰能无过，伦理意义上的自然人必然属性为时不时疏忽大意。与虚假行为、真意保留相对发生"错误"的表意人不存在故意。

法律行为因"重大误解"而可撤销保护了错误方想解脱的权利，而相对方的目的落空，破坏了交易安全。因此，为平衡意思保护与信赖保护，其成立条件上要求错误在交易上"重大"或"重要"。《民通意见》第 71 条规定："行为人因对行为的性质、对方当事人、标的物的品种、质量、规格和数量等的错误认识，使行为的后果与自己的意思相悖，并造成较大损失的，可以认定为重大误解。"《民法典总则编司法解释》第 19 条进一步解释："行

---

① 聂卫锋：《民法总则变更权之殇——兼论中国法律发展的自主性问题》，载《法学家》2018 年第 6 期；蔡睿：《民法典恢复"可变更合同"规则之必要性——围绕"重大误解"与"显失公平"案件的实证分析》，载《北方法学》2020 年第 1 期。

② 韩世远：《法典化的合同法：新进展、新问题及新对策》，载《法治研究》2021 年第 6 期。

为人对行为的性质、对方当事人或者标的物的品种、质量、规格、价格、数量等产生错误认识，按照通常理解如果不发生该错误认识行为人就不会作出相应意思表示的，人民法院可以认定为民法典第147条规定的重大误解。"本款明确了判断重大性时，应当以"通常理解"为标准，即应当按照社会一般的认识水平来认定，而不是按照行为人的认识水平来认定。这也是吸收了《国际商事合同通则（PICC）》第3.2.2条中"一个通情达理的人"的标准。

2. 误载不害真意规则

处理"错误"问题有其前置性规则，即解释优先于撤销，又称误载不害真意规则，是指当事人已经形成的真正合意优先于意思表示的文句，又被称为隐藏的合意。《民法合同编通则司法解释》第1条第2款规定，有证据证明当事人之间对合同条款有不同于词句的通常含义的其他共同理解，一方主张按照词句的通常含义理解合同条款的，人民法院不予支持。如甲、乙两人口头约定，甲向乙出售鲸鱼肉100吨。后双方签订的书面合同载明："甲向乙出售 Haakjoringskod 100 吨。""Haakjoringskod"是挪威语，意思是"鲨鱼肉"，但甲、乙订立书面合同时都以为这个词的意思是"鲸鱼肉"。经由解释可以确定，甲、乙一致的意思表示是甲向乙出售鲸鱼肉，而不是鲨鱼肉。甲、乙的书面合同虽用错了词，"误载不害真意"，因此，甲、乙间成立100吨鲸鱼肉买卖合同，而不是100吨鲨鱼肉买卖合同。此外，还应注意隐藏的不合意，通常是因使用的文字具有多义性造成的，如我国台湾人甲与大陆人乙订立买卖土豆合同时，对于土豆的理解可能不尽相同。此时，表意人本身并无意思与表示的不一致，但其意思表示偶然地、隐藏地与相对人的意思表示不一致，而为双方所不知。英美法称此情形为相互错误（mutual mistake），双方因意思不合致，契约不成立。

3. 对错误进行类型化分析：依错误出现的时间顺序

（1）意思形成阶段错误。动机错误是意思形成阶段的错误，原则上不得撤销，意思表示错误在于探求"他要什么"，动机错误在于"为什么他要"，但在例外情况下可撤销，日本学者我妻荣认为将动机表示出来，对方当事人知道此情况，在该范围内的错误，构成法律行为内容的错误。

（2）意思表达阶段错误。意思表达阶段的错误包括表示内容错误、表示行为错误及传达错误。表示内容错误在实践中很少，指表意人对其意思表示的内容在交易上所具有的意义有所误解，表意人所为的意思表示虽含有效果意思与表示意思，但其效果意思与表示意思并不一致。包括人或物的同一性错误，如误认某人为救命恩人而为赠与、误认为A马有夺冠的能力、误认为乙有继承权等以及签订合同协议时，相对人认识错误及法律行为性质认识错误等。

表示行为错误的类型主要有三：误言、误书，误取及计算错误。误言（书），如将10000说（写）成1000、100公斤说（写）成100斤；误取，如错拿签名珍藏版CD交易。

关于性质错误，如我国台湾地区民法第88条2款规定：当事人之资格，或物之性质，若交易上认为重要者，其错误，视为意思表示内容的错误。如误认为借款企业（有限责任公司）为合伙企业（连带责任）而同意贷款。

关于计算错误，郝丽燕副教授在《重大计算错误——兼谈错误规范的一元发展趋势》一文①中指出：原则上计算基础以及计算结果是意思表示人的动机，表示人应当自己承担谨慎责任，在没有充分理由时，不得将检查义务推给受领人。即使表示人的计算结果不符合常规，受领人也不能当然地认为出现计算基础错误，因为影响报价的因素很多，甚至在竞争激烈的行业，有时表示人为了走出自己的经济困境，或者为了排挤竞争对手，会故意以低于成本的价格缔结合同。但是作为交易伙伴，当受领人发现表示人极有可能发生计算错误时（非常明显应当识破的情况），从前合同义务的视角看，其应当提醒表示人，促使表示人重新审查计算基础和计算结果，这样可以尽早发现错误，避免产生不必要的费用，避免双方事后浪费不必要的精力。计算错误可能引起偶然盈利或偶然损失，并不能导致整体社会收益的增加，因此尽量减少或避免计算错误的风险符合双方当事人的利益。

关于表示行为与表示内容错误的区分问题，二者之间往往难以区分，然法律效果上亦相同，皆可撤销，是以区分意义并非明显，如甲欲赠与流浪汉10元，因天黑未看清，误取20元赠与，这是否为表示行为错误？20元误认为10元，同一性错误，又似内容错误，20元误为仅有10元的价值，又似性质错误。

实践中的其他错误，如双方动机错误，系指该动机错误同时存在于法律行为的双方当事人。双方当事人以一定事实的发生或存在，作为法律行为的基础，但实际上该事实未曾发生或存在。如在土地开发中，地质的实际状况与缔约时双方的认知具有差异，此时可类推适用情势变更原则。

关于传达错误，如甲告知其秘书乙，向丙订购A机器，乙误以为订购B机器。一般为表意人甲无过失，方能主张撤销。《民法典总则编司法解释》第20条规定："行为人以其意思表示存在第三人转达错误为由请求撤销民事法律行为的，适用本解释第19条的规定。"而当传达人故意误传表意人的意思，其情形与无权代理的利益状态类似，应类推适用无权代理的规定，于本人拒绝承认时，由传达人对善意相对人负损害赔偿责任。

关于法律错误，表意人对其意思表示所生的法律效果有所误认。有法谚曰："不得以对法律的无知为抗辩"，故不得以"不知法"作为请求撤销民事法律行为的理由。

对于和解错误，我国法未有明确规定，实践中的争议也比较多。如甲因开车驾驶不慎撞伤驾驶机车乙，甲承认其有过失，乙因违反交通规则极为明显而不否认自己与有过失，然因与有过失之轻重程度不明确，为快速解决争议，双方遂达成协议，一次性赔偿，事后两清，不再追究，由乙承担30%之损害，甲仅须赔偿7万元。事后，甲翻阅相关法律，得知依法规定乙属重大过失，应承担70%的责任。对此问题，所谓和解，谓当事人约定，互相让步，以终止争执或防止争执发生之契约。依据我国法之规定，行为人因对行为的性质、对方当事人、标的物的品种、质量、规格和数量等的错误认识，使行为的后果与自己的意思相悖，并造成较大损失的，可以认定为重大误解。其所谓目标物的品种、质量、规格和数量等错误认识，若非关于目标物错误，即为性质错误，则民法所承认受斟酌错误案型，不外乎内容错误及性质错误。和解若有此类错误，得依请求撤销，主张救济，应无疑

---

①　郝丽燕：《重大计算错误——兼谈错误规范的一元发展趋势》，载《华东政法大学学报》2016年第3期。

义。然亦有观点认为，有争执之法律关系既已由当事人自行以契约确认，且由实定法赋予其法律规范效力，则除非有否认其法律拘束力之事由发生；否则，当事人不得主张和解确定之法律关系与其认为真正的法律关系不一致而否认和解之效力，不得以错误为理由撤销更非不得依《民法总则》错误之规定撤销之意。

4. 撤销人对善意相对人的赔偿义务

我国《民法典》未单独规定撤销人对善意相对人的赔偿义务，笼统规定于第 157 条，亦可援引第 1165 条。若意思表示基于错误而被撤销，意思表示相对人有权要求撤销权人赔偿其信赖利益。信赖利益赔偿，原则上不要求撤销权人具有过错。可主张的赔偿范围基于相对方合理的信赖而做的必要准备费用，主要包括缔约费用、交通费用。

5. 撤销权之排除

在以下两种情形下排除撤销权：第一，在有利于表意人且相对人愿意履行时，如甲出售车 A，市价为 10 万元，误写成 11 万元与乙为买卖合同，事后，不得以该车涨价到 12 万元撤销之；第二，在自甘风险的如"古董行业"之类的交易中。此即《民法总则司法解释》第 19 条第 2 款第 2 分句，所指称的"根据交易习惯等认定行为人无权请求撤销的除外"。

6. "重大误解"其他议题

首先，重大误解制度的未来的趋势是不再进行类型区分，即不再区分动机错误与表示错误，而是遵循表意人无过失及交易上重大或重要的构成要件加以判断；其次，错误而撤销的法律效果应区分负担行为与处分行为。如甲询问报纸的价格，老板错说价格并将报纸给付，在这一情形下，物权行为并无错误，但保有物并无正当依据，遂生不当得利返还请求权。又如，甲去古玩店买复制件，商量好付钱后，老板错将古玩原件当复制件交付。在这一情形下，物权行为应予撤销，负担行为有效，该负担行为所生的给付义务仍存在，自应可以请求重新交付。最后，错误撤销与瑕疵担保之违约责任，如交付不合要求的标的物后，买受人主张违约责任，此时，出卖人说错拿（误取）了仓库的废品，主张撤销，因瑕疵担保可主张之权利包括修理、重作、更换、退货、减少价款与违约赔偿。

(三)因受欺诈而可撤销

1. 法规范依据

因受欺诈而可撤销的法律规范依据主要为《民法典》第 148 条。何为欺诈，《民法典总则编司法解释》第 21 条，规定故意告知虚假情况，或者负有告知义务的人故意隐瞒真实情况，致使当事人基于错误认识作出意思表示的，人民法院可以认定为《民法典》第 148 条、第 149 条规定的欺诈。

2. 概念界定

因受欺诈而可撤销是指行为人故意表示虚假事实，使相对人陷于错误，令相对人因错误而为意思表示。其旨在矫正意思表示不自由的状态。

3. 构成要件

因受欺诈而可撤销其构成要件有三：第一，欺诈人有欺诈的故意，即有意为之，行为人明知其行为会发生特定的后果，仍有意为之的主观心理状态。第二，欺诈人有欺诈行为，包括积极行为与消极行为，前者是指虚构事实，需要与意见表达做合理区分，后者是指沉默、隐瞒，涉及告知义务的有无。通常来说，告知义务为例外情形。第三，双重因果关系，即相对人因受欺诈而陷于错误，相对人因错误而为意思表示。

4. 法律效果

根据《民法典》第148条的规定，欺诈导致法律行为可撤销，因受欺诈而作出意思表示的一方当事人享有撤销权。但受欺诈所立遗嘱其法律效果为无效，《民法典》第1143条第2款规定："遗嘱必须表示遗嘱人的真实意思，受欺诈、胁迫所立的遗嘱无效。"

5. 关于消极欺诈中的告知义务

许德风教授在《欺诈的民法规制》一文中说道："信息与财富密切相关，强制分配信息(告知)无异于征收乃至征用。"[1]这意味着，在绝大多数情况下，信息优势本身并不足以证成披露义务。例如，一般认为，若表意人就某一事项询问相对方，相对方拒绝作出回答，其拒绝行为通常不构成欺诈。只有在法律明文规定行为人有如实回答(或告知)的义务时(如《保险法》第16条)，其拒绝回答或告知的行为，方构成告知义务的违反，进而成立欺诈。总结来看，披露义务的来源主要有以下几个方面：法律规定、交易惯例和特殊信赖。

原则上，无告知义务。在以下两种情形下可能会产生告知义务：其一，询问时告知，原则上应据实告知，但若涉及私生活领域且与契约无实质牵连关系，则可拒绝；其二，主动告知，法律规定应斟酌交易习惯、诚信原则，依个案判断。对于凶宅是否负有主动告知义务，在实务中争议较大，该问题涉及告知义务与当事人调查义务之关系。

6. 第三人欺诈

《民法典》第149条明确规定了第三人欺诈也会导致法律行为可撤销，但在符合欺诈的一般构成要件外，还须具备相对人知道或者应当知道第三人欺诈(有恶意的属性)这一特殊构成要件。简言之，第三人欺诈主要是指未参与交易之第三人事实欺诈，而且其行为不能归属于意思表示的相对人。一般而言，相对人的代理人、职员、使者以及具有密切经济关联的人(如死亡保险人中的受益人)都不是第三人。

7. 欺诈撤销权与其他权利的竞合

(1)错误或欺诈的撤销权。错误一般是自发的，欺诈要求相对人陷入错误，如果该错误同时也是交易中重要的人或物的性质错误，也能适用错误(准用内容错误)的撤销规则。受欺诈的表意人可自由选择撤销权的规范。但如果欺诈不是由行为相对人实施，而是由第三人所为，而且行为相对人既不知道，也不应知道欺诈情事，表意人只能因错误而撤销。

(2)欺诈撤销权与瑕疵担保请求权竞合。如甲向乙出卖存在瑕疵之物，当甲故意告知无瑕疵或故意隐瞒瑕疵时，买受人乙可在合同法的瑕疵担保请求权与欺诈撤销权之间择一行使。买受人有权依据《民法典》第617条，主张第582条、第583条规定的损害赔偿。如果主张合同因欺诈而撤销，那么瑕疵担保请求权也无从主张，因为后者以有效的合同为前提。

(3)撤销权与惩罚性赔偿请求权竞合。关于惩罚性赔偿，《消费者权益保护法》第55

---

① 许德风：《欺诈的民法规制》，载《政法论坛》2020年第2期。

条第 1 款规定："经营者提供商品或者服务有欺诈行为的，应当按照消费者的要求增加赔偿其受到的损失，增加赔偿的金额为消费者购买商品的价款或者接受服务的费用的三倍；增加赔偿的金额不足五百元的，为五百元。法律另有规定的，依照其规定。"《民法典》第179 条第 2 款规定："法律规定惩罚性赔偿的，依照其规定。"民法欺诈一般发生在缔约阶段，而消法中的欺诈，如以次充好，一般发生在履约阶段，属民法视角下的违约责任、瑕疵担保责任问题。

8. 欺诈是否成立侵权责任

对于欺诈是否成立侵权责任，王泽鉴教授持反对意见，认为民法规定的自由，系指身体自由，不宜扩张解释包括意思决定自由权，其理由有四：第一，《民法典》所称自由依其固有文义，比较法上的体系解释及规范目的，乃在保护身体自由，不包括一般行为自由；第二，诈骗系侵害他人意思决定自由，但不能据此更认为系侵害所谓的意思决定自由权，而此项意思决定自由权又系受侵权行为法所保护的权利。二者应予区别。第三，意思决定自由是一个高度开放的概念，肯定其为一种受侵权行为法保护的权利，则凡过失侵害他人意思决定者，均应负侵权责任，其被害人负责任范围具不确定，影响个人行为自由及社会经济活动。第四，诈骗他人财产者，系出于故意以悖于善良风俗方法加损害于他人，致生纯粹经济损失，被害人得依民法请求损害赔偿，无另创所谓意思决定自由权的必要，以维护侵权责任体系应有之分际，并实践侵权行为法合理分配及限制损害赔偿责任的规范目的。[①]

（四）因受胁迫而可撤销

1. 法规范依据

因受胁迫而可撤销的法律规范依据为《民法典》第 150 条及《民法典总则编司法解释》第 22 条，该条规定，以给自然人及其近亲属等的人身权利、财产权利以及其他合法权益造成损害或者以给法人、非法人组织的名誉、荣誉、财产权益等造成损害为要挟，迫使其基于恐惧心理作出意思表示的，人民法院可以认定为《民法典》第 150 条规定的胁迫。

2. 概念

胁迫是指故意以违法手段、目的，使人恐惧而作出不愿为的意思表示的行为。其旨在补救意思表示不自由的状态。

3. 构成要件

因受胁迫而可撤销须符合以下要件：第一，胁迫的故意；第二，胁迫行为具有危害性，形成心理上的强制，胁迫行为包括积极行为与消极行为，心理上是否感到强制，具体考察，因人而异，采主观认定标准，只要被胁迫人达到恐惧的程度即可；第三，胁迫的手段或者目的违法；第四，受胁迫人因胁迫而陷于恐惧，受胁迫人因恐惧而作出意思表示。

4. 第三人胁迫与第三人欺诈

第三人欺诈中撤销权之行使要件更加严格之理由在于：第一，受胁迫时，表意人决策的自由受到更严重的妨害，外在因素直接限制了他的选择自由，而在欺诈情形下，表意人的决

---

① 详细解读，参见王泽鉴：《纯粹经济损失、完整利益与民事责任的发展》，载《月旦法学杂志》2021 年第 11 期。

策只是受到外在因素的干扰，表意人仍有较大的自由度；第二，在胁迫的情形中，表意人基本上是不可归责的，而在受欺诈的情形中，表意人可能在一定程度上是可归责的，他可能没有积极地去搜集或去印证相关的信息。简言之，胁迫情形中，表意人更值得保护。

此外，《民法典合同编通则司法解释》第 5 条对于第三人欺诈与第三人胁迫的责任作出了明确规定，第三人实施欺诈、胁迫行为，使当事人在违背真实意思的情况下订立合同，受到损失的当事人请求第三人承担赔偿责任的，人民法院依法予以支持；当事人亦有违背诚信原则的行为的，人民法院应当根据各自的过错确定相应的责任。但是，法律、司法解释对当事人与第三人（如会计师）的民事责任另有规定的，依照其规定。第三人实施欺诈、胁迫行为，使当事人在违背真实意思的情况下订立合同，受到损失的当事人请求第三人承担赔偿责任的，人民法院依法予以支持。第三人的欺诈行为，通常属于悖俗侵权行为，其损害赔偿责任的法律依据通常为侵权责任法的相关规定。

5. 经济胁迫（economic duress ）

在英美契约法上，当行为人实施暴力强制以外的不正当威胁或施压（illegitimate threat/ pressure）迫使相对人订立合同时，该行为就构成胁迫（duress），相对人对因胁迫而订立的合同享有撤销权。当然，难以区分的是"合法施压"与"不法胁迫"，一般而言，商事主体出于自身利益而提出的要求是正当的。合法经济胁迫行为主要涉及确定即使出于自身利益提出的要求但仍然具有不正当性的极少数例外情况。

当合同一方当事人合法行使自己的权利（如主张违约解除）来迫使另一方当事人同意作出某些行为（如支付额外价款）。如 Dold v. Murphy〔2020〕案中，A 公司有甲乙丙三个股东，甲拥有公司 6.2%的股份，乙丙拥有公司共 93.8%的股份。B 公司拟高价收购 A 公司，收购要约要求甲乙丙三人共同承诺。甲以不同意 B 公司的收购向乙丙施压，并最终成功获得了比其持股比例价值高得多的收购价款[1]。一般来说，英国普通法下的经济胁迫与我国法上的胁迫、显失公平以及违反诚信原则和滥用权利相关联，但并不完全一致，在具体个案中还应重点考察行为的非法性，同时结合法律行为实施时的背景、交易目的、交易结构、履行行为等因素综合考量。

6. 物债二分下撤销权行使的法律效果

学理上多认为采取"抽象原则的中断"。即因欺诈而交付的货物，债权行为可撤销，物权转让意思表示行为亦可撤销。实际上，多数时物权合意亦同时受有欺诈、胁迫，构成共同瑕疵[2]，可予以一并撤销。

（五）因显失公平而可撤销

1. 立法演变

《民法通则》第 58 条之前分置"乘人之危"与"显失公平"两项可撤销事由。《民通意

---

① Pankistan International Airline Corporation (Respondent) v. Times Travel (UK) Ltd. (Appellant)，〔2021〕UKSC 40.

② 进一步阅读：〔德〕本德·吕斯特、阿斯特丽德·施塔德勒著：《德国民法总论（第 18 版）》，于鑫淼、张姝译，法律出版社 2017 年版，第 423 页。

见》第70条规定了显失公平的主观方面："一方当事人乘对方处于危难之机，为牟取不正当利益，迫使对方作出不真实的意思表示，严重损害对方利益的，可以认定为乘人之危。"《民通意见》第72条规定了显失公平的客观方面："一方当事人利用优势或者利用对方没有经验，致使双方的权利与义务明显违反公平、等价有偿原则的，可以认定为显失公平。"

《民法典》将"乘人之危"与"显失公平"合二为一，第151条规定："一方利用对方处于危困状态、缺乏判断能力等情形，致使民事法律行为成立时显失公平的，受损害方有权请求人民法院或者仲裁机构予以撤销。"

2. 构成要件

显失公平法律行为的主观要件是利用对方处于危困状态、缺乏判断能力等情形。包括两个层次：第一，恶意利用而非制造，或处于危困状态，即人身或财产遭受损害或可能性，且该损害具有相当的重要性（遇险）；或缺乏判断能力，如年老衰弱等。何为"缺乏判断能力"，《民法典合同编通则司法解释》第11条规定，当事人一方是自然人，根据该当事人的年龄、智力、知识、经验并结合交易的复杂程度，能够认定其对合同的性质、合同订立的法律后果或者交易中存在的特定风险缺乏应有的认知能力的，人民法院可以认定该情形构成《民法典》第151条规定的"缺乏判断能力"。第二，"等情形"意味着除了危困状态、缺乏判断能力外，其他导致当事人不能完全自由、理性作出决断的情形也可以适用显失公平规则，起到兜底作用，这有赖于司法实践的扩充。如在城市楼房相邻关系中，房屋居住人因楼上持续漏水且拒绝予以配合维修而处于"危困状态"，其急于得到相邻关系方配合以解决自身困境，与相邻关系方签订权利义务显著失衡的协议的，并非出于其真实意愿。协议相对方存在基于优势地位谋取不正当利益的主观故意，受损害一方请求撤销协议中不合理条款的，应予支持。

显失公平法律行为的客观要件是法律行为成立时明显不公平，严重损害对方利益。德国法称其为"暴利行为"，罗马法谚"半价异常损害"，我国常见以低于市场价的70%作为判断标准。法律行为成立后，标的物价格发生变化的，不影响显失公平的构成，可能成立《民法典》第533条之情势变更。

3. 胁迫与利用处于危困状态的显失公平

史尚宽先生曾举例说[1]，无救助义务之人对于被救者冒生命危险，约定一定金额的救助报酬并非不可，这并非一定显失公平，但如果报酬数额过大构成显失公平，可撤销其约定或者减轻给付；如果救助者告以"不为此约定，则不予救助"，则为不当胁迫。胁迫，有威胁的行为即可撤销；而危困状态只是利用，可能无威胁行为，若有威胁行为则构成胁迫，但危困状态的撤销还需要具备显失公平的条件。[2]

① 史尚宽著：《民法总论》，中国政法大学出版社2000年版，第436页。

② 武腾：《显失公平规定的解释论构造——基于相关裁判经验的实证考察》，载《法学》2018年第1期。

（六）可撤销的法律效果

可撤销的法律效果二分。首先，法律行为在撤销前已生效；其次，产生撤销权。撤销权人包括受欺诈者、受胁迫者、错误表意者、因危难被趁机遭受明显不公平结果者，并不是围绕受损方，而是围绕意志自由被侵犯者。

撤销权在本质上是一种形成权，但须依诉讼或仲裁行使，适用除斥期间，以防止权利人长久不行使权力而使相对人陷于不安定状态。主观除斥期间为 1 年，特例是错误人撤销权行使期间的 90 日，自权利人知道或应当知道撤销事由之日起开始起算；重大误解系因表意人的个人因素，撤销自己的行为，应迅速行使，纠正自己的错误，其他样态均不可归因于表意人，期间为 1 年，但胁迫行为，自胁迫行为终止之日起开始计算。客观除斥期间为 5 年，自民事法律行为发生之日起算，避免了因起算时点不确定导致的撤销权无限存续。

撤销权行使结果是使法律行为溯及地不发生效力；此外，还会产生返还与赔偿问题。返还问题见无效之法律后果，赔偿责任则包括：错误人撤销后赔偿对方信赖利益的赔偿、欺诈人的赔偿责任、胁迫人的赔偿责任、显失公平行为人的赔偿责任。

五、效力未定的法律行为

（一）概念及特征

效力未定的法律行为是指法律行为虽已成立，但其有效或无效处于不确定状态的法律行为。效力未定法律行为与可撤销法律行为不同，可撤销行为在撤销前是有效的法律行为，只是在撤销后溯及开始发生无效后果，其效力有待表意人定夺；而效力未定行为的法律效力处于不确定状态，在确定前既非有效亦非无效。效力未定法律行为亦区别于无效法律行为，无效民事行为自始无效，不可能起死回生；而效力未定行为，效力既可能向有效发展，也可能归于无效。

效力未定的法律行为特征有三：其一，效力未定的法律行为的效力处于悬而未决的不确定状态之中，既非有效，亦非无效；其二，效力未定的法律行为的效力确定，取决于享有形成权的第三人是否追认或者是否形成了其他法定条件，其结果可能变为有效行为，也可能变为无效行为；其三，效力未定的法律行为确定为有效的，其效力溯及行为成立时；确定为无效的，自始无效。

（二）效力机制

法律行为的效力悬而未决（待定），在法律行为成立后，由于欠缺使其生效的关键因素，法律行为效力未定；程序得到补正的，确定地发生效力，通常系第三人的"同意权""追认权"；合理期间内得不到补正或被否认的，确定地不发生效力。

（三）效力待定行为的类型

1. 限制行为能力人所实施的超越其行为的法律行为

相关法律规定有《民法典》第 22 条："不能完全辨认自己行为的成年人为限制民事行

为能力人，实施民事法律行为由其法定代理人代理或者经其法定代理人同意、追认；但是，可以独立实施纯获利益的民事法律行为或者与其智力、精神健康状况相适应的民事法律行为。"《民法典》第 145 条："限制民事行为能力人实施的纯获利益的民事法律行为或者与其年龄、智力、精神健康状况相适应的民事法律行为有效；实施的其他民事法律行为经法定代理人同意或者追认后有效。相对人可以催告法定代理人自收到通知之日起一个月内予以追认。法定代理人未作表示的，视为拒绝追认。民事法律行为被追认前，善意相对人有撤销的权利。撤销应当以通知的方式作出。"

上述法律规定涉及同意、追认、催告权及善意相对人的撤销权等法律概念。追认（同意权）是指追认权人（如法定代理人）实施的使他人效力未定行为发生效力的补助行为，追认权的实施方式，应由当事人以意思通知方式，向效力未定行为的相对人实施，追认是一项单方法律行为，通过意思表示实施。催告权是指相对人告知事实并催促追认权人在给定的期间内事实追认的权利，催告在性质上存在争议，有形成权说[1]，非形成权说（弱抗辩权说）[2]，并非属于四种类型之一、权字只是便宜说法[3]，属于准法律行为之观念通知等不同观点。[4] 撤销权是指效力未定行为的相对人撤销其意思表示的权利，法律要件包括：第一，撤销权的发生须在追认权人未予追认前；第二，撤销之意思必须以明示的方式作出；第三，相对人须为善意，即对效力未定行为欠缺生效要件没有过错。

对于善意相对人作出催告后是否可以行使撤销权这一问题，在德国法上存在两种观点，有学者认为催告并不影响撤回权的行使，但亦有学者认为，依诚实信用原则，善意相对人作出催告后需要等待一段合理时间再行使撤回权。

在司法实践中，存在较大争议的问题是，限制民事行为能力人实施的其他法律行为需要法定代理人的追认才能生效。倘若法定代理人拒绝追认，相对人能否主张损害赔偿？司法实践分为两种立场，即限制民事行为能力人自己承担责任、法定代理人承担责任，其理由分别为限制民事行为能力人具有过错、法定代理人未尽监护职责。

2. 狭义无权代理行为

无权代理规定在《民法典》第 171 条，留待下一章节讨论。

3. 无权处分合同

无处分权人以自己名义所为之物权行为。如限制行为能力人甲将其手机卖于乙，并交付，则买卖合同待定，物权合同待定。又如甲将乙之车卖于丙，并交付，则买卖合同有效，物权合同待定。

对于无权处分合同的效力，《民法典》第 597 条第 1 款规定："因出卖人未取得处分权致使标的物所有权不能转移的，买受人可以解除合同并请求出卖人承担违约责任。"《民法典合同编通则司法解释》第 20 条规定："转让他人的不动产或者动产订立的合同，当事人或者真正权利人仅以让与人在订立合同时对标的物没有所有权或者处分权为由主张合同无

① 朱庆育：《民法总论（第二版）》，北京大学出版社 2016 年版，第 360 页。
② 申海恩：《私法中的权利：形成权理论之新开展》，北京大学出版社 2011 年版，第 200 页。
③ 李宇：《民法总则要义：规范释论与判解集注》，法律出版社 2017 年版，第 525 页。
④ 崔建远：《民法总论》，清华大学出版社 2010 年版。

效的，人民法院不予支持。无权处分订立的合同被认定有效，除真正权利人事后同意或者让与人事后取得处分权外，受让人请求让与人履行合同的，人民法院不予支持；受让人主张解除合同并请求让与人赔偿损失的，人民法院依法予以支持。无权处分订立的合同被认定有效后，让与人根据合同约定将动产交付给受让人或者将不动产变更登记至受让人，真正权利人请求认定财产权利未发生变动或者请求返还财产的，人民法院应予支持，但是受让人依据民法典第 311 条等取得财产权利的除外。"

（四）效力待定行为的扩展问题

1. 何为"处分"

最广义含义的处分是指法律上处分与事实上处分，如《民法典》第 240 条所有权人对自己的不动产或者动产有处分的权利之处分；广义含义的处分是指法律上处分，负担行为与物权行为；事实处分是指就标的物加以变形、改造、损毁或者消费；狭义含义的处分则仅指物权行为。

2. 无权利人事后取得权利的争议

其一，无权利人继受原权利人之权利，如子甲无权处分父乙（丧妻）之物 A 于丙，事后，父乙死亡，甲继承该物，无权利人若事后取得该权利，而得主张其原先所完成之法律行为属无权处分，并得推翻其效力，即有权利滥用之嫌。在此情形下，其处分自始有效，亦有防止其权利滥用之意旨。

其二，原权利人继受无权利人之权利，如子甲无权处分父乙之物 A 于丙，事后，子甲死亡，父乙继承，此种情形下，应类推解释适用无权处分人继承原权利人之情形。此时无权处分之原因行为的效力不受影响，因而原权利人继承无权处分人之财产时，仍需就该原因行为所生之债务负担完成该处分行为之义务，其结果同承认甲该处分行为之效力并无二致。

六、案（事）例述评

（一）《民法总则》后通谋虚伪表示第一案[①]

1. 案件事实

罗某钢为江西省地方有色金属材料有限公司的法定代表人。2012 年年底，由罗某钢之妻陶某担任法定代表人的江西正拓实业发展有限公司（以下简称正拓公司）有 70000 万余元的逾期贷款无法偿还。罗某钢向中国民生银行股份有限公司南昌分行提出，由有色金属公司向上海红鹭国际贸易有限公司（以下简称红鹭公司）购买极阴铜，有色金属公司以商业承兑汇票的形式支付货款，再由红鹭公司持该票据到民生银行南昌分行申请贴现，并承诺所得贴现款用于归还正拓公司的逾期贷款。2012 年 12 月 27 日，民生银行批复同意给予有色金属公司单笔授信 1.1 亿元的商业承兑汇票贴现。2012 年 12 月 28 日，有色金属

---

① 中国民生银行股份有限公司南昌分行诉江西省地方有色金属材料有限公司、上海红鹭国际贸易有限公司、陶某君、罗某钢票据追索权纠纷上诉案，最高人民法院〔2017〕最高法民终 41 号民事判决书。

公司作为付款人开具了一张票面金额为 1.1 亿元的商业承兑汇票，收款人为红鹭公司，到期日为 2013 年 6 月 8 日。该票据出票人栏和承兑人栏加盖有色金属公司财务专用章及刘某私章。汇票背面第一背书人为民生银行南昌分行，背书人栏加盖民生银行结算专用章及徐某私章，有"委托收款"字样。同日，红鹭公司作为贴现申请人与民生银行南昌分行作为代理人及贴现银行、有色金属公司作为汇票前手持票人签订《商业汇票代理贴现(贴现宝)合作协议》，红鹭公司向民生银行南昌分行出具《商业汇票代理贴现(贴现宝)申请表》，民生银行南昌分行经审核同意办理该贴现业务。且罗某、陶某与民生银行南昌分行分别签订担保合同，合同约定自愿为主合同项下的债务提供连带保证责任，担保的主债权为前述《商业汇票代理贴现(贴现宝)合作协议》项下的民生银行南昌分行全部债权。在上述协议签订后，当日民生银行南昌分行将贴现款划入红鹭公司账户。红鹭公司在扣除 20万元后，将余款汇入正拓公司账户，进入正拓公司账户的钱款，其中有 700 万元用于归还民生银行南昌分行贷款，剩余钱款被罗某用于归还其他欠款、买卖期货等。2013 年 6 月28 日票据到期，有色金属公司未能按期支付票据金额。民生银行南昌分行遂起诉至江西省高级人民法院，请求判令有色金属公司、红鹭公司立即支付原告票款并承担迟延还款利息、罚息，以及陶某、罗某对有色金属公司、红鹭公司的前述债务承担连带清偿责任。

2. 法院判决

江西省高级人民法院针对本案作出〔2013〕赣民二初字第 14 号判决书，红鹭公司对判决不服向最高人民法院提起上诉，最高人民法院撤销一审判决，发回重审。江西省高院在重新立法后另行组成合议庭，重新审理。

法院经审理认为，本案的争议焦点为：(1)本案纠纷的性质是什么；(2)民生银行南昌分行是否合法的票据权利人；(3)上海红鹭公司应否对此笔贴现款承担清偿责任；(4)罗某、陶某应否对贴现款项下的主债务承担担保责任；(5)本案应清偿的票据款项及利息。对于焦点一，法院认为根据三方合作协议的内容，三方对商业汇票出票、承兑、贴现以及贴现后的清偿责任、救济方式等约定是明确的，民生银行南昌分行根据三方协议向上海红鹭公司追索商业承兑汇票项下的款项，属于票据追索权纠纷。对于焦点二，法院认为民生银行南昌分行是合法的票据权利人。首先，涉案商业承兑汇票本身是有效票据。涉案商业承兑汇票记载了付款人、收款人、确定的金额、出票日期、出票人签章等必须记载事项，符合《中华人民共和国票据法》第 22 条规定，为有效票据；其次，原告民生银行南昌分行不存在《票据法》第 12 条所规定的以欺诈手段取得票据的情形；最后，刑事判决不影响民生银行南昌分行行使票据权利。对于焦点三，法院认为从合同法律关系及票据法律关系的角度来看，红鹭公司应对此笔贴现款承担支付责任。对于焦点四，法院认为罗某、陶某不属于票据法上保证人，而是担保法上的连带保证人，应适用担保法的规定对贴现款项下的主债务承担担保责任。对于焦点五，法院认为民生银行南昌分行在明知正拓公司、有色金属公司尚欠 29327513.03 元未归还情况下仍授信 1.1 亿元给有色金属公司，且对有色金属公司、红鹭公司提供不真实材料申请贴现时审查不严，对江西有色金属公司、上海红鹭公司到期不能支付票据款项构成违约负有责任，其主张按合作协议约定支付票据款利息罚息理由不充分，不予支持。民生银行南昌分行、红鹭公司对一审判决不服，上诉至最高人民法院。最高院经审理认为：民生银行南昌分行与有色金属公司在本案中的真实意思表示是借款；案涉票据活动是各方通谋虚伪行为，所涉相关民事行为应属无效，民生银行南昌分行依法不享有票据权利；本案应按虚假意思表示所隐藏的真实法律关系处理。

3. 案例评析

本案属于以票据贴现形式进行金融借贷的典型案例。由于我国金融监管机构不断加强金融风险管控，企业融资难问题普遍存在。在这种情况下，金融市场出现了许多表现形式不同但其实质均为金融借贷的乱象，如以保理合同、信托合同、票据贴现等形式进行金融借贷。上述合同的订立，合同当事人一般都是在规避国家有关金融管理的规范，或信贷规模问题抑或资金流向问题等。此类纠纷案件审理中，常常会产生案件性质与效力等问题的争议。

学界便有观点认为：该案与"穿透式"金融监管的时代背景及司法政策一脉相承，体现了《最高人民法院关于进一步加强金融审判工作若干意见》"对以金融创新为名掩盖金融风险、规避金融监管、进行制度套利的金融违规行为，要以其实际构成的法律关系确定其效力和各方的权利义务"的裁判思路，司法实践中也通常是遵循这种"实质重于形式的原则"对投资交易的性质进行认定。因而，《民法总则》第146条所确立的通谋虚伪表示制度具有重要的理论和实践意义，它健全了民法上的意思表示瑕疵体系，从整体的交易结构探究当事人的真实意思表示，并基于"表面行为无效，隐藏行为依法处理"的法理识别和排除金融领域的虚假意思，判决效应既是为了能够起到规范金融市场、防范金融风险的作用，亦是为了促使金融主体能够依法行使金融行为，以有利于充分保障国家金融市场的有序与稳定。但曾大鹏提出，该案的终审判决将民法规范误作商法规范，未能深刻体认票据行为的文义性、要式性、无因性、独立性及其采取的表示主义解释原则，导致滥用通谋虚伪表示制度，不当扩张了其司法功能。[①]

(二) 因显失公平而可撤销："LG冰箱标价错误案"[②]

1. 案件事实与法院判决

2019年4月11日，田某通过微信公众号"重庆重百商社电器"（该微信公众号对外标识为重百商社电器公司及旗下各部相关信息发布用）的"家电商场"版块即"重百商社微商城"选购价格为3499元的LG多门冰箱F678SB75B一台，采仓库配送方式，选择新世纪涪陵商都门店，于当日14:14分微信支付货款3499元。付款后就该笔交易生成编号为19043830D851259的订单。不久，重百商社电器公司对该款冰箱作下架处理。当日17:18分，重庆百货向田某发来信息载明："尊敬的顾客，您好，您今日在微商城购买的LG多门冰箱F678SB75B，由于该商品无货，无法为您进行送货，请您在微商城办理退货，我们将尽快为您办理退款。为此给您带来的不便，我们深表歉意。"当日21:13分，商家就该笔交易作出退货处理并将货款3499元退还田某。事后，重百商社电器公司修改重百商社微商城讼争款式冰箱价格为31499元。

[①]　曾大鹏：《〈民法总则〉"通谋虚伪表示"第一案的法理研判》，载《法学》2018年第9期。

[②]　田某莉与重庆重百商社电器有限公司买卖合同纠纷申请再审民事裁定书，〔2020〕渝民申1287号，【法宝引证码】CLI. C. 117432616。

2019 年 4 月 15 日，共计 33 名消费者以"重庆重百商社电器平台下要求配送 LG678SB75B 型号冰箱"作为请求事项向重庆市涪陵区消费者权益保护委员会（以下简称涪陵消委）投诉，陈述："我们于 2019 年 4 月 11 日 12 点至 2019 年 4 月 11 日 15 点，通过网络交易平台购有 LGF678SB75B 型号冰箱，共计 37 台，重庆重百商社电器商家未经购买人同意私自退款，拒不履行发货。现投诉商家侵害消费者权益，立即按重庆重百商社电器平台下单要求发货。"涪陵消委对投诉的处理意见为："2019 年 4 月 15 日，区消委组织投诉双方进行首次调解，消费者（代表）认为退还货款时，经营者回复是无货，对此经营者解释是出现冰箱交易和库存异常，消费者并不认同。5 月再次调解，经营者解释是由于当时系统故障造成价格异常，并通知过消费者办理退货，愿意补偿消费者 340 元，消费者不同意，随后区消委多次调解，双方无法达成一致。"后田某因催货无果遂诉至法院。本案的焦点问题有二：其一是案涉买卖合同是否可撤销；其二是若合同可撤销，合同撤销后的损害赔偿问题。

一审法院认为：关于焦点问题一，本案商家不存在促销行为，同时消费者以远低于商品成本价与同款商品市场价的价格购买商品，且较短时间内多名消费者均以该低价与商家通过网络平台签订买卖合同，商家在消费者付款不久后即对货物作下架处理，发送退货通知并退还消费者货款，故商家在订立合同时有较大可能性对商品售价这一涉及合同法律效果的重要因素存在认识上的显著缺陷，具有重大误解的高度盖然性，在订立合同时显失公平。按照原《合同法》第 54 条第 1 款的规定，撤销案涉买卖合同。关于焦点问题二，案涉买卖合同被撤销后无须继续履行，价款也已退回，原告未实际产生损失，故不支持其损害赔偿请求。

二审、再审法院认为：关于焦点问题一，本案商品价值高，商家在非打折促销时段通过互联网销售平台以远低于成本价格销售商品，不符合一般市场交易规律，如果仍要求商家按照非正常低价进行交易，势必造成商家的巨大损失，造成当事人双方权利义务严重失衡，符合原《合同法》第 54 条规定的"在订立合同时显失公平"情形，商家有权请求人民法院撤销。关于焦点二，商家因自身原因以错误价格销售商品，虽因显失公平撤销该买卖合同，但因此造成原告的期待利益受损，故被告应当承担相应责任，酌定由被告赔偿原告实际支付款项的 30%，即 1049.7 元。

2. 案例评析

在《民法总则》及《电子商务法》生效之前，关于标价错误的案件，当买家诉请履行买卖合同时，商家往往提起以下两个层面的抗辩：一是基于购物平台服务协议中的"不发货合同不成立"的格式条款主张合同未成立，二是以缔约时存在重大误解为由请求法院撤销合同。相应地，司法实践中有两种不同的判决模式：第一，承认格式条款的效力，在认定合同未成立的基础上，要求商家负缔约过失责任；第二，否认格式条款的效力，在认定合同成立的基础上，判断是否构成重大误解。在《民法总则》及《电子商务法》生效之后，由于《电子商务法》第 49 条第 2 款明确否认了上述格式条款的效力，司法实践开始向第二种判决模式倾斜。但是同时，由于原《民法总则》第 152 条缩短了重大误解撤销权的行使期限，实践中又出现了标价错误的情形可否主张基于显失公平的撤销权之问题。

本案代表了新的立法框架下司法实践对于标价错误案件的一种典型的处理思路，即在承认合同已成立的前提下承认显失公平的适用，在允许商家撤销合同的同时要求其承担信赖利益赔偿并酌定赔偿额。在司法实践中标价错误有各种原因，会引发不同法律效果。标价错误的发生原因大致包括：输入错误、传输错误、程序错误、定价资料错误、促销量设定错误等。

本案中价格曾有输入错误，被纠正后，却因系统故障仍读取了错误的数值，系传输型程序错误，可以与误传适用同一规则，即被告没有以3499元出售冰箱的意思，而法律行为的效果却是3499元出售冰箱，后果与意思相悖，构成重大误解。此外，按照二审法院的观点：商家在非打折促销时段通过互联网销售平台以远低于成本价格销售商品，不符合一般市场交易规律，如果仍要求商家按照非正常低价进行交易，势必造成商家的巨大损失，造成当事人双方权利义务严重失衡，符合"在订立合同时显失公平"的情形。即本案的情形发生重大误解与显失公平的二重效力。但《民法总则》将重大误解的撤销权行使期限缩短为3个月(《民法典》规定为90天)，且撤销权的行使必须请求法院或者仲裁机构予以撤销，短期内做好诉讼准备存在较大困难。电子商务交易有着非对面性、信息海量性、数据传输电子化等特征，是标价错误与库存错误的重灾区，当重大误解撤销权的行使期限过短时，当事人便会倾向于通过显失公平解决问题。

针对网络交易中标错价问题，学界还有另一种分析思路[1]，基于法经济学的分析视角，卖家可以选择将购物网站上的订单定性成要约，也可以定性成要约之引诱。两者隐含之商业风险不同。若是前者，卖家必须要以更多的人力物力，确保库存系统与库存物件数目与品项相同，库存系统又与网站资讯相同。此外，不管是公开网络页面中的价格、规格、其他条件等，都必须精确，否则消费者一旦承诺即无反悔余地。即使资讯完全正确，任何卖家的库存都有限，若刚好有多数消费者在不同地方同时下单，卖家就有库存不足风险。库存售罄，制造商可能已经停产，同业可能也销售一空。结果是，内部风险控制满分的购物网站，仍可能承担违约责任。

反之，若将购物网站之标价定性为要约之引诱，卖家仍有诱因要维持前述信息之正确性——主管机关与消保团体可能要求卖家依错误条件出货；资讯不正确会增加卖家自己内部管理成本发生纠纷也会折损商誉。但是，卖家不需要雇用大量人力，反复检查前述资讯。库存若有些微落差，在消费者作出要约后，卖家承诺前确认系争货品即可。若网页信息有误，也有最后更正之机会。两种定性相比，要约之引诱更能使卖家压低销售成本。从每年网络交易的成交金额来推断成交量，再比较相关纠纷可知，标错价是极为罕见的孤立事件。标错价概率极低；就算发生，消费者的损失又很少(只是时间成本的耗费，而不涉及生命、身体之伤害)。因此而强制所有购物网站将其标价定性为要约，则所有的购物网站的成本都会上升，结果是消费者只能用更高的价钱，买到同样的商品，以及换得利益极为微小、对多数正派消费者没有用处的"下单即出货"，也不会影响网络卖家之定价或其他经营行为。标错价或其他商业风险或许发生概率低，但一旦发生，卖方无条件出货之损失可能非常大。严苛的法律当然"可能"逼使购物网站升级其防错措施，但经济分析之观点正是在提醒：若升级防错措施增加之边际成本，超过降低风险带给消费者的边际利益，

---

① 张永健：《社科民法释义学》，新学林出版社2020年版，第366页。

则从社会整体财富之角度而言，强制将网页标价定性为要约，不符合经济效益。

（三）欺诈行为可撤销：因欺诈可撤销——"带病投保案"①

1. 案件事实

2010 年 12 月 1 日，朱某在中国人民人寿保险股份有限公司长春市农安支公司（以下简称人寿农安支公司）处购买了人保寿险康宁人生两全保险及人保寿险附加康宁人生定期重大疾病保险，两个保险的保险金额均为 7 万元，保险期限为 2010 年 12 月 1 日至 2044 年 12 月 1 日。合同签订后，朱某按照约定定期支付保费，2013 年 10 月 22 日，朱某身体不适，在长春市中心医院治疗，诊断为周围性肺癌，由于周围性肺癌属于保险合同中人保寿险附加康宁人生定期重大疾病保险中的赔偿项目，朱某在出院后到人寿农安支公司处，要求人寿农安支公司按照保险合同约定给付保险金。人寿农安支公司虽然承认朱某所得疾病符合赔偿范围，但认为朱某在 2010 年 6 月得过乳腺癌，属于带病投保，人寿农安支公司在 2014 年 7 月 26 日以朱某带病投保为由拒绝理赔，并出具拒绝给付通知书。朱某认为，人寿农安支公司以带病投保为由拒绝理赔是错误的，此次所得肺癌与乳腺癌没有任何关系（医院诊断中记载），人寿农安支公司理应进行赔偿，拒绝赔偿于法无据。

2. 法院判决

一审法院认为：朱某、人寿农安支公司在平等自愿基础上签订了人身保险合同。双方意思表示真实，该合同合法有效。况朱某亦按合同约定如期如数向人寿农安支公司支付保险费，当保险事故发生后，人寿农安支公司应本着诚实信用原则如期如数向朱某支付合同项下的保险金。人寿农安支公司拒绝理赔已构成违约，应承担违约责任。而本案庭审中人寿农安支公司自认投保人在投保时没有进行体检，属于免检范围，其忽略了审慎注意义务。现又以朱某未履行如实告知义务，明显存在恶意投保行为，构成欺诈为由而拒绝理赔，证据不足，其抗辩理由不能成立，不予支持；其撤销合同的反诉请求，亦因证据不足，不予支持。最终判决被告给付原告保险金，并驳回了被告的反诉。

二审法院认为，上诉人对于保险合同的解除权已归于消灭，并且不适用于撤销权的相关规定，判决驳回上诉，并向被上诉人支付保险金，理由如下：（1）被上诉人曾于 2010 年 6 月 17 日在农安县人民医院进行左侧乳腺肿物切除术，在 2010 年 12 月 1 日与上诉人签订保险合同时，上诉人询问被上诉人是否曾经接受手术，被上诉人未就此事向上诉人如实告知。上诉人依据《中华人民共和国合同法》第 54 条第 2 款"一方以欺诈、胁迫的手段或者乘人之危，使对方在违背真实意思的情况下订立的合同，受损害方有权请求人民法院或者仲裁机构变更或者撤销"的规定，主张被上诉人的行为已构成欺诈，双方签订的《保险合同》应予撤销。但依据《中华人民共和国保险法》第 16 条第 2 款"投保人故意或者因重大过失未履行前款规定的如实告知义务，足以影响保险人决定是否同意承保或者提高保险费率的，保险人有权解除合同"的规定，在投保人不履行如实告知义务时，上诉人享有对保险合同的解除权。因欺诈属于故意的一类，已包含在第 16 条所列情形内，依据特别法

---

① 中国人民人寿保险股份有限公司长春市农安支公司与朱某人身保险合同纠纷上诉案，〔2015〕长民四终字第 250 号，【法宝引证码】CLI. C. 8234967。

优于一般法的原则，保险法应优先于合同法适用。在被上诉人不履行如实告知义务的情况下，应适用保险法，上诉人依法获得解除权，上诉人依据合同法主张撤销《保险合同》，不予支持。

（2）依据《中华人民共和国保险法》第 16 条第 3 款"前款规定的合同解除权，自保险人知道有解除事由之日起，超过三十日不行使而消灭。自合同成立之日起超过两年的，保险人不得解除合同；发生保险事故的，保险人应当承担赔偿或者给付保险金的责任"的规定，双方在 2010 年 12 月 1 日签订《保险合同》，被上诉人已经按照约定交纳 4 年保险费，即双方签订的《保险合同》自合同成立之日起已经实际履行 4 年，上诉人的解除权已消灭。在本案所涉保险合同未被解除的情况下，对双方仍具有约束力，双方应当按照本案所涉保险合同的约定享有和承担相应的权利和义务。因此，上诉人在解除权消灭后，应当按照保险合同的约定承担给付被上诉人保险金 7 万元的责任。

3. 案例评析

本案属于较典型的可撤销民事法律行为案件，但与一般可撤销民事法律行为不同的是，本案涉及保险告知义务制度和《民法典》意思表示瑕疵制度之间的冲突，学理上对于《民法典》撤销权与《保险法》中的解除权的适用存在一定程度上的争议，尤其是在《保险法》解除权无法得到适用的前提下，《民法典》撤销权能否得到适用这一问题，部分学者主张"排除说"，认为《民法典》和《保险法》作为一般法与特别法的关系，应当优先适用特别法即《保险法》的规定，而且在《保险法》解除权无法适用的前提下，《民法典》撤销权也不能得到适用，该观点较符合《保险法》该条款设立的目的，有助于保护投保人和被保人的利益，也更符合我国遵循的特别法优于一般法的原则。

除此以外，本案也涉及撤销权的行使方式，尽管一审法院和二审法院均未支持撤销权的行使，但被告保险公司运用诉讼方式行使撤销权无疑是正确的，而且本案中原告隐瞒自身病情投保，也完全符合欺诈的构成要件，属于可撤销民事法律行为，原告带病投保的行为违反了诚信原则，但由于《保险法》的特别规定，即"合同成立起超过两年的，保险人不得解除合同"，导致解除权被阻却，被告因此败诉。因此，上诉人在解除权消灭后，应当按照保险合同的约定承担给付被上诉人保险金 7 万元的责任。

综上所述，二审法院认为，原审判决认定事实清楚，虽适用法律不当，但判决结果正确。故二审法院依照《中华人民共和国保险法》第 16 条，《中华人民共和国民事诉讼法》第 170 条第 1 款（1）项之规定，判决原审被告向原审原告给付保险金，驳回了原审被告的上诉。

（四）效力待定的民事法律行为：打赏主播案①

1. 案件事实

原告郑某系未成年人，使用其母刘某的手机号和身份证信息于 2016 年 1 月 27 日在被告某网络科技公司经营的某网络直播平台注册账号认证。此后至 2017 年 4 月 1 日，该注

---

① 郑某诉北京蜜莱坞网络科技有限公司合同纠纷案，〔2018〕京 03 民终 539 号，【法宝引证码】CLI. C. 318127688。

册账号发生多笔虚拟币充值交易用于"打赏"主播，该账号关联刘某多张银行卡，交易金额共计人民币 524509 元，其中 2016 年 2 月 7 日至 2016 年 5 月 25 日，涉案账户共消费 475389 元，单日最高消费超过 5 万元，其母刘某在知晓原告将钱款用于打赏主播后，采用解绑部分银行卡、更改账户密码等加强账户管理措施制止原告使用该直播平台。2016 年 5 月 26 日，刘某向被告发送律师函，披露账户真实使用者为原告，并主张被告退还所有充值金额。之后至 2017 年 4 月 1 日间该账户仍被充值使用，期间消费共计 49120 元。原告向法院起诉要求确认其与被告之间的买卖合同无效，被告返还 647734 元及利息。

2. 法院判决

一审法院认为，当事人对自己提出的诉讼请求所依据的事实或者反驳对方诉讼请求所依据的事实有责任提供证据加以证明。没有证据或者证据不足以证明当事人的事实主张的，由负有举证责任的当事人承担不利后果。本案中，涉案映客号以及向该映客号充值的账户均为郑某之母刘某所有，仅凭郑某与刘某之间的微信聊天记录，不足以证明是郑某在刘某不知情的情况下私自登录并充值消费，故郑某应自行承担举证不能的法律后果。郑某要求确认合同无效并返还款项及利息的诉讼请求，证据不足，本院不予支持。

二审法院认为，第一，从涉案"映客"账号的注册情况看，郑某陈述注册案涉账号的地址在加拿大，且该陈述与出入境记录情况相符。因此对于郑某主张的涉案账号的注册情况法院予以确认。其次从涉案"映客"账号的使用情况，即使用涉案账号的方法、打赏主播及自己做主播的情况、所喜爱的主播的特点、将涉案账号设置成神秘人的细节等内容均符合郑某的年龄特点。再结合本案其他证据，足以证明郑某系涉案账户的注册和使用者。第二，账号交易期间可划分 2 个时段，2016 年 2 月 7 日至 2016 年 5 月 25 日账户单日最高消费超 5 万元，刘某未尽到必要的谨慎核查义务和监护职责，知晓消费内容后虽解绑部分银行卡，但没有采取进一步合理措施，未向相对人披露真实交易人身份，致使损失进一步扩大。据此，此阶段损失应由刘某承担。2016 年 5 月 26 日至 2017 年 4 月 1 日，仅律师函披露，被告已知悉账号使用人为未成年人后仍未暂停交易，根据原《合同法》第 47 条第 1 款规定，该阶段网络消费合同因刘某不予追认而无效，充值金额被告应予返还。

3. 案例评析

根据《民法典》第 145 条的规定，限制民事行为能力人实施的与其年龄、智力、精神健康状况不相适应的民事法律行为，需经法定代理人同意或者追认后方有效。当前，随着网络直播盛行，"打赏"呈现低龄化，带来的诸多弊端引发社会的强烈关注。《最高人民法院关于依法妥善审理涉新冠肺炎疫情民事案件若干问题的指导意见(二)》第 9 条明确规定，未经监护人同意，未成年人参与网络付费游戏或网络直播平台，打赏支付与其年龄智力不相符的费用，监护人要求网络服务平台返还该费用的，法院应当予以支持。本案二审基于事实查明及举证责任分配认定行为主体为未成年限制行为能力人。在此基础上，一方面，对其网络充值"打赏"金额超出"年龄、智力状况"的限度作出了司法认定；另一方面，本着诚信原则的考量，明确了监护人作为追认权的行使主体，在知情后也负有及时有效通知相对人的责任和对未成年人的监护责任，在履责不力的情形下，父母及成年共同居住人缺乏对其上网行为的监督管理，且对个人支付宝、微信银行卡密码保管不当，也需要承担相应的法律责任。

（五）无效民事法律行为：借用资质施工合同案[①]

1. 案件事实

城开公司向第三人盐城二建发出中标通知书，确认盐城二建为梦溪小区、沭河家园高层住宅楼工程（七标段）的中标人。2009年10月20日，城开公司与第三人盐城二建签订《建设工程施工合同》，约定工程概况，并且对工程承包范围、合同工期等事项、工程款支付方式和时间进行了约定。2009年11月1日，盐城二建与蔡某签订《建设工程施工管理协议书》，约定案涉工程由蔡某实际施工。2011年9月8日，城开公司向蔡某出具金额为467600元的收条一份，用途说明一栏中载明"收江苏盐城二建集团有限公司材料税"。2016年2月5日，城开公司向蔡某出具金额为17000元的收条一份，用途说明一栏中载明"江苏盐城二建集团有限公司梦溪高层零星税收"。蔡某于2018年12月11日诉至一审法院要求城开公司返还案涉工程保修金338300元、"材料税"467600元、"零星税"17000元及利息，后于2019年5月22日申请撤回对该案的起诉。一审法院认为，本案争议焦点为：（1）蔡某的诉讼主体是否适格；（2）如适格，蔡某主张案涉款项有无超过诉讼时效；（3）如未超过诉讼时效，蔡某主张城开公司返还的款项及利息是否成立。

2. 法院判决

本案的争议焦点为：城开公司是否应当向蔡某返还"材料税"和"零星税"。《中华人民共和国民法典》第153条第1款规定：违反法律、行政法规的强制性规定的民事法律行为无效。但是，该强制性规定不导致该民事法律行为无效的除外。本条有两个"强制性规定"，其中前半句的强制性规定，违反的后果是导致合同无效，因而其性质上属于效力性规定。至于该条后半句的强制性规定，则指的是管理性规定。效力性规定，是指法律及行政法规明确规定违反该类规定将导致合同无效的规范，或者虽未明确规定违反之后将导致合同无效，但若使合同继续有效将损害国家利益和社会公共利益的规范。此类规范不仅旨在处罚违反之行为，而且意在否定其在民商法上的效力。管理性强制规定，是指法律及行政法规未明确规定违反此类规范将导致合同无效的规范。此类规范旨在管理和处罚违反规定的行为，但并不否认该行为在民商法上的效力。因此，法院最终驳回了蔡某的请求。

3. 案例评析

本案涉及的问题较多，主要包括意思自治原则、诚信原则、无效民事法律行为、诉讼时效中断等，首先，当事人在借用资质的情形下签订了建设工程施工合同，按照《民法典》规定，属于因民事主体违法导致的法律行为无效，但根据相关司法解释，借用资质进行施工合同，在验收合格的情形下，当事人依然拥有请求支付工程价款的权利，这在很大程度上保证了施工人的利益。其次，本案中，分包人和施工人之间还约定了"材料税""零星税"，虽然法律上并未规定相关税种，但由于这是当事人之间的自愿意思表示，符合《民法典》意思自治原则，且不违反效力性强制规定，一审法院和二审法院均认为被告无须向原告返还税收，在此，二审法院也在判决书中阐释了有关管理性强制规定和效力性强

---

①　蔡某、江苏沭阳城开集团有限公司等建设工程施工合同纠纷民事二审民事判决书，〔2023〕苏13民终342号，【法宝引证码】CLI. C. 530831198。

制规定的区别，原告违反约定提起诉讼的行为，也被法院认为违反了诚信原则。最后，对于诉讼时效的中断，法院也进行了相关说明，原告在诉讼时效存续期间曾向法院提起过诉讼，因此造成诉讼时效的中断，这也是原告得以提起诉讼的原因之一。

第六节 附条件、附期限法律行为

一、法律行为的附款

民法基于私法自治原则，创设了法律行为附款制度，设置条件或期限，借以控制法律行为的生效、失效，以适应人们对未来不确定性控制的需要。法律行为的附款，是指当事人限制法律行为效果的发生或者消灭的条款。即当事人以自己的意思决定法律关系的变动。法律行为的附款一般可以分为两类：条件、期限。二者的区别在于：条件是不确定的偶然性事实，期限是确定的必然性事实；条件之事实成就与否是不确定的，期限是肯定会到来的。

二、附条件法律行为

（一）含义与要件

附条件的法律行为是指当事人约定一定的条件，并将条件的成就与否作为法律行为效力发生或者消灭的根据的法律行为。条件是指法律行为效力的发生或者消灭，取决于将来不确定的事实。条件须满足以下要件：须属于将来的事实、须成就与否不能确定、须为合法事实。

在此需要注意的是，日常生活语言中的"条件"并非当然属于附条件中的条件，如甲赠与某大学助学金，但其"条件"是要求将该笔奖学金用于奖励法学院的学生。此处的条件则属于负担。所谓法律行为附负担，乃以无偿行为之方式，对相对人课以一定行为之义务，然其负担与法律行为之效力无关。

（二）条件的类型

1. 生效条件、解除条件

生效条件亦称停止条件、延缓条件，控制法律行为效力的发生，条件成就时，法律行为生效。如明天下雨，甲乙之间的买卖合同生效。附生效条件的法律行为，已成立但未发生效力，其效力之发生被所附条件延缓。解除条件则控制法律行为效力的终止，条件成就时，法律行为失去效力，如明天下雨，甲应该返还乙雨伞。

2. 积极条件、消极条件

积极条件是指以设定的事实发生为条件成就，如下雨；消极条件是指以设定事实的不发生条件成就，如没有下雨。该分类的意义在于表明条件之"成就"并不等于被设定为条件的事实之"发生"。

（三）条件的成就与不成就

条件的成就是指条件的内容得以实现，就积极条件而言是指设定事实发生，就消极条件而言是指设定事实不发生。条件的不成就则是指条件内容确定地不实现，就积极条件而言是指确定地不发生，就消极条件而言是指确定地发生。

《民法典》第 159 条规定："附条件的民事法律行为，当事人为自己的利益不正当地阻止条件成就的，视为条件已成就；不正当地促成条件成就的，视为条件不成就。"即条件成就或不成就的拟制，其构成要件有二：当事人与不正当（有违诚信）。该规范的目的在于使不诚信人的"愿望"落空。

对于以不可能发生之事件为条件的，《民法典总则编司法解释》第 24 条规定："民事法律行为所附条件不可能发生，当事人约定为生效条件的，人民法院应当认定民事法律行为不发生效力；当事人约定为解除条件的，应当认定未附条件，法律行为是失效，依照民法典和相关法律、行政法规的规定认定。"如当事人约定以不能条件为生效条件时，如"太阳从西边升起，我就将汽车卖给你"，说明当事人根本不想出卖汽车，不希望汽车买卖这一民事法律行为发生效力，因此，应当解释为"民事法律行为不发生效力"。当事人约定不能条件为解除条件时，如"以太阳西边升起，我将汽车卖给你的合同失效"，说明当事人希望将汽车卖于对方，不希望汽车买卖这一民事法律行为失效，因此，应当解释为"未附条件，民事法律行为是否失效，依照《民法典》和相关法律法规的规定认定"。

（四）不得附条件的行为

不得附条件的行为主要包括三类：第一，其性质不允许附加条件的法律行为，如票据行为；第二，附条件就会损害社会公共利益的行为，如身份上的登记行为，如结婚、离婚、收养等。第三，附加条件即会损害相对人合法利益的行为，如法定抵销。

（五）附生效条件行为与效力待定行为

附生效条件行为与效力待定行为二者极为相似。但也存在两点区别：第一，附生效条件行为，条件成就前，是否可以撤销？待定行为追认前是否可以撤销？这涉及形式拘束力的强弱，是否有期待权问题；第二，附生效条件行为，发生效力取决于不确定的未来事实，而待定行为是否有效取决于有权人的追认，如法定代理人、被代理人的追认以及无权处分中真正权利人的追认。

三、附期限法律行为

（一）意义

法律行为附期限，是指使法律行为效力发生或者消灭的时间取决于将来的确定事实。期限是指使法律行为效力的发生或消灭取决于将来确定事实的附款。

（二）期限的类型

1. 始期、终期

始期是指法律行为暂不生效，而于期限到来（所设定事实实现）时发生效力；终期是指法律行为即刻发生效力，而于期限到来时终止其效力。如约定房子出租，明年十月一日还给房东。

2. 确定期限、不确定期限

确定期限是指期限到来的时点在设定时即可确定。如直接设定某年某月某日；不确定期限是指所设定的事实确定要发生，不过何时发生（具体时间）并不能确定，如下次下雨时。

（三）期限的效力

期限到来之前的效力：附始期的法律行为，在期限未届至时，不生效；而附终期的法律行为，在期限未届满时，其效力不终止。因期限届至而享有利益的当事人取得"利益期待权"，受侵权行为法的保护。

期限到来后的效力：附始期的法律行为，在始期届至时，发生效力；而附终期的法律行为，在终期届满时，终止其效力。

四、期待权的保护

附生效期限或者终止期限的法律行为在期限到来之前，如同附生效条件或者解除条件的法律行为在条件成就之前，效力尚不发生或者消灭，但当事人有期限到来后取得权利或者回复权利之期待权。期待权与纯粹的事实上的期待不同，它是已经可以得到法律上的保障的、未来可以取得某项权利的希望。

对于期待权的保护，学界有比较详细的阐述[①]。合同附生效条件的，权利取得人为保护其期待权，当可根据《民事诉讼法》的规定，向人民法院提出申请，请求裁定采取保全措施。权利取得人还可以《民法典》的规定，行使代位权和撤销权，保全合同以防止债务人责任财产的不当减少。

若作为物权人的一方当事人故意或者过失毁损合同标的物，致使期待权人在条件成就时本应得到的利益受有损害的，物权人应当承担损害赔偿的责任。若第三人过失毁损标的物，不是物权人的期待权人在条件成就时，不得根据《侵权责任法》的规定向第三人主张损害赔偿。第三人故意毁损标的物，不是物权人的期待权人在条件成就时，只有在满足第三人侵害债权的构成要件的情况下，方得根据《侵权责任法》的规定向第三人主张损害赔偿。若物权人已向第三人处分物权，则期待权人（相对人）于条件成就时，可向原物权人主张因违约而生的损害赔偿，但是由于期待权人（相对人）只是债权人，故不能根据《物权法》第34条的规定请求返还原物。

---

① 翟远见：《〈合同法〉第45条（附条件合同）评注》，载《法学家》2018年第5期。

五、案(事)例述评："有钱再还案"①

(一)案件事实与法院判决

原、被告是朋友，2014年10月14日，被告因做生意需要向原告借款40000元并约定每月利息800元，未约定还款期限；原告以现金履行出借义务，被告出具借条1份。2016年4月19日，被告又出具欠条1份，注明欠付原告利息1500元。后原、被告因索款和还款发生肢体冲突，经舒城县拘留所主持协调，双方达成"原告不再向被告讨要债务，什么时候有钱什么时候偿还"的协议。法院经审理认为：原、被告之间的协议内容不违反法律规定，应视原、被告对如何还款作出新的约定，原、被告均应当遵照执行。当事人对合同的效力，可以约定附条件。附生效条件的合同，自条件成就时生效。根据原、被告双方达成的协议，"有钱"是"偿还"的前提条件，因原告未能举证证明被告目前具有偿还能力或者在协议达成后至起诉前被告添置了具有一定价值的财产和有其他高消费的情形，故原告起诉的条件未成就，即原告要求被告及时还款的证据不充分。建议原告在条件成就或者在取得被告具有还款能力的相应证据后，另行主张债权。原告对一审判决不服，提起上诉，二审法院维持原判。

(二)案例评析

在二审过程中，上诉人诉称：条件的成就必须是将来发生的事实，本案中，"什么时候有钱"属于不确定的事实，该返款约定根本没有生效。但法院认为，原告与被告之间达成的协议可以视为附生效条件的合同，自条件成就时合同即生效，合同当事人应履行自己的义务。即本案的核心争议在于双方达成的"什么时候有钱什么时候偿还"的协议是否属于附条件的合同，对其进行判断应当严格依据条件的构成要件。本案中所附条件系未来不确定的事实、具有意定性、是法律行为生效的前提，且不违反法律规定，因此，可以认定该协议系附生效条件的合同。对此判决，本书认为值得商榷。此一观点不合理之处，在于其错误理解了条件与清偿期的区别。所谓条件，是当事人约定以将来不确定之事实，使法律行为生效或失效的附款。保险契约已经生效，便未附有条件，契约上权利便不是附条件的债权。退一步而言，若条件的成就与否取决于当事人一方之意思时，成立为随意条件，属于假装条件，而非真正的条件。

---

① 柯某定、朱某圣民间借贷纠纷二审民事判决书，〔2020〕皖15民终1316号。

第七章 代 理

第一节 概 述

一、代理的含义

代理是指代理人在代理权限内，以本人（被代理人）名义为意思表示，或代理本人受意思表示，而使其法律效果直接对本人发生效力的行为。《民法典》第161条第1款规定："民事主体可以通过代理人实施民事法律行为。"在代理关系中，被代理人又称为本人，代理他人从事民事法律行为的人称为代理人，与代理人实施民事法律行为的人称为相对人。代理有两种形态：一是向第三人为意思表示，二是由第三人受领意思表示。原则上，在代理中，一般就要求有除了代理人、被代理人之外，还须存在第三人。代理人必须与第三人为民事行为，否则，不是代理。例如代人保管物品、代人照看小孩、代人抄写文稿等，只是提供劳务，却不和第三人发生法律关系，不是代理。当然也存在例外为代理人为单方法律行为。

代理（直接代理）具有的特征包括：（1）代理人以被代理人（本人）的名义实施代理行为。《民法典》第162条规定："代理人在代理权限内，以被代理人名义实施的民事法律行为，对被代理人发生效力。"由此可见，我国《民法典》规定的直接代理仅指显名代理，即代理人在对外从事民事活动时必须表明是以被代理人的名义从事一定行为。（2）代理人代理的是法律行为，代理民事主体为意思表示。"代理"一词在社会生活中运用极其广泛，但民法上的代理是专指代理民事主体为意思表示的法律现象。换言之，代理人与传达本人意思的使者不同，其需要独立作出意思表示。（3）代理人在代理权限内实施代理行为。代理人应当在被代理人授予的代理权限内实施代理行为，否则代理产生的法律效果被代理人不承担。（4）代理人独立为代理行为。代理人实施代理行为并不是机械地执行被代理人的意思，相反代理人应当在代理权限内独立作出意思表示，以保护被代理人的利益。（5）代理人实施代理行为的法律后果直接由被代理人承受。代理人在代理权限内以被代理人名义所实施的民事法律行为，由此而形成的权利、义务应当直接由被代理人承受，由此引起的民事责任也应当由被代理人而不是代理人承担。除了代理人滥用权利构成违法行为的，则所产生的法律后果不应当完全由被代理人承担。

二、不得代理的情形

尽管代理在日常生活中适用范围极其广泛，但并非所有的法律行为与准法律行为都可以进行代理。我国《民法典》第161条第2款的规定："依照法律规定、当事人约定或者民事法律行为的性质，应当由本人亲自实施的民事法律行为，不得代理。"根据该规定，不得代理的情形如下：

第一，依照法律规定不得代理的情形。为了维护代理行为的稳定，法律规定了一些不允许进行代理的行为，在该种情况下，该事项只能由本人亲自实施。例如结婚登记行为应当本人亲自实施，而不能由他人代理。

第二，依照约定不得代理的情形。代理人从事的行为主要为民事法律行为，故允许当事人进行约定，某些情形下必须由本人亲自实施，则该行为也不得代理。比如，在演员提供服务的合同中，当事人可以明确约定，必须由演员本人亲自提供服务，则此时演员就不得委托他人实施该行为。

第三，按照民事法律行为的性质不得代理的情形。如收养行为、身份行为、人身属性财产行为，以及因其以意思表示为要素，事实行为与侵权行为均与意思表示无关，故依其性质不得代理。

三、代理与相关制度

(一)代理与传达

以意思表示之有无为标准，可区分代理与传达制度。在代理中，代理人须自己作出意思表示；而传达人仅需作转述即可，并不作出自己的意思表示，系本人表示的延长。简而言之，代理与传达的区别为意思表示是否确定与是否有一定的自主决定权。

代理与传达在法律适用方面主要存在以下区别：第一，行为形式。在代理关系中，若要求法律行为为要式时，则代理人的意思表示须符合特定的形式，相较于代理，传达仅需符合形式要求即可。第二，行为能力。传达只需要简单转述他人的意思表示，并未作出自己的意思表示，因此不要求有行为能力，换言之，无行为能力人也可以成为传达人。而代理不一样，代理人至少需要具备限制行为能力。第三，意思表达错误。若传达人无意误传，则本人需要受到该意思表示约束，并以错误为由撤销该错误表示；若传达人有意错误传达，则本人不受约束。代理人作出的则是自己的意思表示，判断是否存在错误则可以撤销，是以代理人而不是本人为判断标准。

(二)代理与代表

代理与代表在可能发生行为效果的归属问题这一点上存在相似性。根据《民法典》的规定，代表是指依照法律或者章程的规定，代表法人或者非法人组织从事民事活动的人。在社会生活中，往往会有人将法定代表人的行为与代理行为混淆。但从法律上看，两者之间存在很大的区别，主要表现在：

第一，被代理人需要对代理人进行专门的授权才构成代理。而代表与被代表人一般来说同属一个人格，代表与第三人的关系也属于被代表者与第三人的关系；代理人与被代理人则是不同人格，代理人与第三人的关系是代理人自己的行为，只是后果需要被代理人来承担。因而，在代理关系中，代理人独立实施代理行为，但该行为所产生的法律效果归属于被代理人，而代表人的行为可直接视为主体自己的行为，无须发生法律效果的归属过程。典型如，公司法定代表人以公司名义对外所作的行为，就直接视为公司的行为，无须将效果进行归属和转化。

第二，代表不同于代理，不需要专门授权。在某些情形下，相关的法律或章程已经规定了代表人的职权。一般情况下，代理人有专门授权，则不需要登记。而对公司法定代表人来说，则需要进行登记。

第三，无权代理与无权代表适用的规则不同。在无权代理的情况中，原则上对被代理人不发生效力，除了被代理人追认等例外情况中会对被代理人产生效力外。而在无权代表的情况中，代表人的行为通常都会对法人或者非法人组织发生效力，而在相对人明知代表人无权代表等特殊情形下才会对法人或非法人组织不发生效力。

(三)代理与居间

居间是指居间人向委托人报告订立合同的机会，或者提供订立合同的媒介服务，委托人支付报酬的合同。居间与代理也较为相似，其根本区别在于意思表示的有无。但主要表现为以下三点：首先，居间人并没有获得代理权，其主要义务只是为委托人提供某种商业机会供其选择，或为双方订立合同做准备。而代理人则需要获得代理权，以被代理人的名义从事民事法律行为。其次，居间人不会独立作出意思表示或接受意思表示，而仅限于调查、咨询或为缔约做准备等。而代理人则需独立作出意思表示。最后，居间行为本身并不一定会产生法律效果，至少不会产生需要委托人承受的效果，居间人仅提供服务，并不能决定合同是否订立，因而居间人也无须对相对人承担责任，而代理则不同，其可能承担损害赔偿责任。

四、代理的要件

(一)行为的可代理性

"民事主体可以通过代理人实施民事法律行为"，原则上，法律行为都具有可代理性，但仍存在某些例外不可代理，如具有高度人身属性的法律行为不得代理，在亲属法与继承法领域较多。还有，代理须以他人的名义实施法律行为，包括作出或者受领意思表示，故事实行为并不具有可代理性。另外，根据《民法典》第 161 条第 2 款的规定，法律规定、当事人约定或民事法律行为的性质要求应当由本人亲自实施的民事法律行为，也不得代理。

(二)代理人以被代理人名义行为(显名主义)

依据我国法律规定，代理人需"以被代理人的名义"实施法律行为。其中便要求代理人在实施代理行为时以被代理人的名义行为，体现了显名原则。该规定的目的在于保护第三人利益，这样有利于第三人知悉交易当事人，清楚义务的履行对象、权利主张对象以及发生纠纷时该寻找的主体。

实践中，需要予以注意的是冒名行为。所谓冒名行为，是指"用他人名义实施法律行为"。若所冒之姓名、身份之于交易并非具有重要意义，基于误载（误说姓名）不害真意，法律行为直接有效，且效果直接归属于自己；而当所冒之名之于交易并非具有重要意义，引起相对人误认的，类推适用无权代理的规定，本人既可追认亦可拒绝。符合表见代理要件的，可以适用表见代理制度。另有学者认为，冒名行为之下，相对人产生了"当事人同一性错误"，亦可基于错误法则寻求救济。

（三）代理人有代理权

代理人的代理权的主要来源：其一是直接根据法律规定产生，如监护制度；其二是基于被代理人的授权。因此，在代理行为中，代理人应当具有代理权。

（四）代理人作出意思表示

无论是积极代理中代理人以本人名义发出意思表示，还是消极代理中受领意思表示，都需要代理人作出相应的意思表示。而不论作出或受领意思表示，两者的判断节点都以代理人为准。

五、代理的分类

（一）意定代理与法定代理

我国《民法典》第163条第1款规定："代理包括委托代理和法定代理。"以代理权发生的不同，可分为法定代理与委托代理（意定代理）。委托代理，是指基于被代理人的委托授权而发生代理权的代理。此种代理关系中，代理人的代理权是由被代理人授予的，而该授权行为是依据被代理人的意志而作出的，故委托代理也可以成为意定代理。通常情况下，委托代理产生的基础在于被代理人的委托授权，但也存在如合伙关系、劳动关系以及夫妻关系等基础关系产生的委托代理。"委托代理人按照被代理人的委托行使代理权。"依据该法律规定，代理人基于授权取得代理权，故代理人应当按照代理权的授予而实施代理行为。在司法实践中，除了委托合同，还有职务关系、劳动合同、雇佣合同等基础关系也可以产生委托代理。其中，在职务关系中，由于产生职务代理的关系也是基于当事人的意思而发生的，故其性质也应当认定为委托（意定）代理。

职务代理，系典型的商事代理，其是否能产生有效代理，关键在于其是否属于"职权范围"，是否有超越"职权范围"的情形，依据《民法典合同编通则司法解释》第21条规定，职务的概括授权仅适用于日常交易，对于重大交易，如若未取得特别授权，人民法院应当认定法人、非法人组织的工作人员在订立合同时超越其职权范围：（1）依法应当由法人、非法人组织的权力机构或者决策机构决议的事项；（2）依法应当由法人、非法人组织的执行机构决定的事项；（3）依法应当由法定代表人、负责人代表法人、非法人组织实施的事项；（4）不属于通常情形下依其职权可以处理的事项。

法定代理，是指依据法律规定而产生代理权的代理。根据"法定代理人依照法律的规定行使代理权"这一规定，法定代理权的发生直接源于法律的规定，而不需要依赖于任何授权行为。在法定代理中，取得法定代理人的资格不需要当事人作出意思表示，同时也不需要取得被代理人的同意。而且，由于该代理权是基于法律的规定而享有的，因此，代理人也只能在法律规定的权限范围内行使代理权。法定代理人的类型主要有监护人、配偶、失踪人的财产代管人、基于紧急状态法律特别授权的代理人等。

（二）本代理与复代理

以代理权是由被代理人授予还是由代理人转托为标准，可分为本代理与复代理。所谓本代理，是指代理人由本人选任或依照法律规定而产生的代理。而复代理，是指代理人基于复任权或经本人同意而选任的复代理人所实施的代理。按照《民法典》第169条的规定，代理人需要转委托第三人代理的，应当取得被代理人的同意或者追认。转委托代理经被代理人同意或者追认的，被代理人可以就代理事务直接指示转委托的第三人，代理人仅就第三人的选任以及对第三人的指示承担责任。若转委托代理未经被代理人同意或者追认的，代理人应当对转委托的第三人的行为承担责任，但是，在紧急情况代理人为了维护被代理人的利益需要转委托第三人代理的情况除外。何为紧急情况，依据《民法典总则编司法解释》第26条的规定，由于急病、通信联络中断、疫情防控等特殊原因，委托代理人自己不能办理代理事项，又不能与被代理人及时取得联系，如不及时转委托第三人代理，会给被代理人的利益造成损失或者扩大损失的，人民法院应当认定为《民法典》第169条规定的紧急情况。

复代理权授予的方式应为本代理人以被代理人的名义进行授权。其本质是被代理人以代理的方式实施授权行为，该授权行为在被代理人与复代理人之间发生效力。

（三）直接代理与间接代理

直接代理，是指代理人以被代理人的名义在授权范围内从事代理行为，代理的效果直接由被代理人承担。间接代理，是指代理人以自己的名义从事民事法律行为，并符合《民法典》第925、926条关于间接代理构成要件的代理，与直接代理相对应。

直接代理与间接代理之间存在一些共同点。首先，它们都需要通过委托和授权才能发生，根据此种委托和授权构成了代理人与被代理人之间的内部关系，代理人以被代理人的名义或以自己的名义对外联系，则形成真正的代理关系。无论是直接代理还是间接代理，代理人都必须在授权的范围内从事代理行为，这样，该行为所产生的法律后果才可归属于委托人。其次，在直接代理中，代理人的行为直接对被代理人产生效力，即被代理人直接享有和承担代理行为所产生的权利和义务。同时，在间接代理中，若第三人行使了选择权，则间接代理也会发生与直接代理一样的效果。

虽然两者之间存在相似性，但也存在明显区别。首先，二者从事民事法律行为的名义不同，在直接代理中，代理人要以被代理人的名义同第三人进行民事法律行为；而在间接代理中，代理人则是以自己的名义与第三人为民事法律行为。其次，代理的效果直接对被代理人产生的效力不同。在直接代理中，代理人只要在权限范围内行为，包括表见代理，都会使代理行为直接对被代理人产生效力；相反，在间接代理的情况中，因为代理人是以自己的名义对外行为的，在法律上产生的仍然是代理人和第三人之间发生的合同关系，所以只有在符合法律规定的间接代理时，在本人行使相应权利后，才可能使被代理人承受代理行为的法律效果。最后，两者的法律依据不同。

六、案(事)例述评——冒名行为案①

(一)案件事实

2014 年 11 月，朱某燕因资金链断裂，经曹某荣介绍向彭某、都某香借款。2014 年 11 月 18 日，朱某燕以"朱静"的名义与彭某、都某香签订《借款/担保合同》一份。合同约定：彭某、都某香自愿出借资金 400 万元给"朱静"，借款期限 6 个月，从 2014 年 11 月 19 日至 2015 年 5 月 18 日，月利率 2.5%，利息每月支付一次，支付时间为每月 20 日前（第一次为 2014 年 11 月 20 日前，之后以此类推）；"朱静"如出现逾期未支付或未足额支付借款本金或利息的情形，彭某、都某香有权要求立即归还全部借款本金并按照中国人民银行 5 年期贷款利率的 4 倍向彭某、都某香支付利息（借款期限未满 6 个月按 6 个月计算）直至借款本金、利息全部付清之日止，逾期超过 15 个自然日的，彭某、都某香有权处置本合同约定的抵押财产；如出现逾期未支付或未足额支付借款本金或利息，还应承担彭某、都某香为实现债权而发生的全部费用；为确保按约履行还款义务，"朱静"自愿以其拥有所有权并有权处分的位于九龙坡区科园二街 147 号某合法房产以及相应的土地使用权抵押给彭某、都某香，作为归还借款本息的担保。2014 年 11 月 19 日，朱某燕以"朱静"的名义与彭某、都某香填报了《重庆市土地房屋抵押登记申请书》，随后朱某燕又以"朱静"的名义与彭某、都某香签订了《重庆市房地产抵押合同》。合同约定将朱静所有的位于重庆市九龙坡区科园二街房屋为彭某、都某香的 400 万元借款债权提供抵押担保。2014 年 11 月 20 日，土地房屋管理部门对上述房屋的抵押担保办理了抵押登记。

2014 年 11 月 19 日，朱某燕以"朱静"的名义在重庆农村商业银行开设了账户。2014 年 11 月 20 日，彭某、都某香分别向上述银行账户支付了 3412500 元和 50 万元。

另根据朱静、朱某燕在公安机关的陈述，2014 年 11 月，朱某燕以其需要向银行贷款为由，向朱静索要包括案涉房屋在内的房产证照片，并称拿去银行做评估，看能从银行贷多少钱。之后，朱某燕又以只有照片不行和帮朱静办理房产证两证合一为由，取得了朱静的房产证和居民身份证的原件。朱静将上述证件交给朱某燕时还叮嘱其不要向私人或小贷公司借款。朱某燕取得上述证件后，就冒用"朱静"的名义与彭某、都某香签订了《借款/担保合同》《重庆市房地产抵押合同》，并冒用"朱静"的名义办理了案涉房屋的抵押登记。彭某、都某香亦认可，在签订相关合同和办理抵押登记时，朱静本人并未出面。

此外，重庆法正司法鉴定所渝法正〔2016〕文鉴字第 47 号文书司法鉴定意见书的鉴定意见为：案涉《重庆市土地房屋抵押登记申请书》、《重庆农村商业银行个人客户业务申请书》(即朱某燕以"朱静"的名义在重庆农村商业银行开设的账户的申请书)上"朱静"的签

---

① 彭某、都某香与张某福、朱某民间借贷纠纷二审民事判决书，〔2019〕渝民终 438 号。

名与朱静的样本字迹不是同一人书写。重庆市公安局物证鉴定中心渝公鉴(文)〔2014〕369号鉴定文书的鉴定意见为：案涉《借款/担保合同》《重庆市房地产抵押合同》上"朱静"的复制签名字迹均是朱某燕书写复制形成。朱某燕在公安机关陈述称：案涉《借款/担保合同》《重庆市土地房屋抵押登记申请书》《重庆市房地产抵押合同》《重庆农村商业银行个人客户业务申请书》中"朱静"的签名均是其书写；重庆农村商业银行的某账户也是由其控制、支配和使用。该账户的交易流水显示，彭某、都某香的款项进入后又分别被转到朱某燕的其他银行账户和案外人黄某坤、向某海等人的账户中。

另查明，在公安机关侦查朱某燕涉嫌集资诈骗的过程中，曾多次通知彭某、都某香到公安机关接受询问，但其拒绝向公安机关报案。

法院还查明，2015年1月23日彭某、都某香与重庆百君律师事务所签订《法律事务委托合同》一份。合同约定：重庆百君律师事务所接受彭某、都某香委托，就其与朱静民间借贷纠纷一案，指派律师在一审、二审、执行程序中为彭某、都某香提供法律服务。合同还约定，彭某、都某香应向重庆百君律师事务所支付前期律师服务费4万元，追回款项后再支付追回款项总额的4%。2015年1月26日，彭某、都某香分别向重庆百君律师事务所支付律师服务费35000元和5000元。2015年11月17日，彭某、都某香又与重庆泽信律师事务所签订《法律事务委托合同》一份。合同约定：重庆泽信律师事务所接受彭某、都某香委托，就其与朱静民间借贷纠纷一案，指派律师在一审、二审程序中为彭某、都某香提供法律服务。合同还约定，彭某、都某香应向重庆泽信律师事务所支付律师服务费9万元。彭某分别于2015年11月26日、27日向重庆泽信律师事务所支付律师服务费7万元和1万元。都某香于2015年11月27日，向重庆泽信律师事务所支付律师服务费1万元。

(二)法院判决

在一审中，一审法院认为朱某燕冒用"朱静"的名义与彭某、都某香所签订的《借款/担保合同》以及《重庆市房地产抵押合同》的行为与朱静无关，则朱静无须承担相应的责任。故一审法院判决驳回彭某、都某香要求朱静偿还借款本金并支付相应利息的诉讼请求，且彭某与都某香不享有对朱静所有的房屋的抵押权。二审也维持原判。

(三)案例评析

本案主要争议的问题是朱静与彭某、都某香之间是否建立借款以及抵押关系。关于这个问题，首先，本案所涉的《借款/担保合同》系朱某燕冒用"朱静"名义与彭某、都某香签订，而朱静本人对此并不知情，朱静也予以否认，故朱静并未与彭某、都某香之间具有订立合同的意思表示。其次，虽然彭某、都某香认为朱静向朱某燕提供房产证以及身份证前明确知晓朱某燕将使用房屋进行抵押贷款的事实而应当承担相应的还款责任，但即使能够认定朱静同意朱某燕使用其房屋进行抵押贷款，也不能证明朱静就同意朱某燕冒充自己的名义签订借款及抵押合同，更不能证明朱静与彭某、都某香有订立合同的意思表示。最后，虽然彭某、都某香主张朱某燕的冒名行为构成表见代理，但表见代理性质系无权代理，其外观系行为人以代理人的身份以被代理人的名义从事法律行为，代理人所从事之法律行为之法律效果应归属于被代理人，而本案系朱某燕以朱静的名义签订合同的冒名行为，并非以代理人的身份签订合同，故朱某燕冒用朱静的名义向彭某、都某香借款这一行为无表见代理的外观，不符合表见代理的要件，不构成表见代理，也无类推适用表见代理的空间。据此，朱静与彭某、都某香之间并未建立借款及抵押关系。故朱静不应承担相关的还款责任。

第二节　代　理　权

一、概念

代理权，是指能够以本人名义实施意思表示或者受领意思表示，而其法律效果直接归属于本人的法律资格。代理权性质上并非真正的权利，并不享有利益，而仅属"权限"，即一己之力让他人法律地位发生变化，非属"自治"，而为"他治"。代理权在性质上不是一种权利，一方面是因为，权利在内容上必须体现为一种利益，但代理人行使代理权不是为了代理人的利益，而是为了被代理人的利益；另一方面是因为，代理权在内容上包含一定的义务，而这种义务与纯粹的民事义务并不完全相同，代理权在法律上是一种地位和资格，具体主要表现在：首先，代理人在获得代理权之后，便取得了能够从事代理行为的资格。但此种资格并不是行为能力，仅仅是赋予代理人作一定行为的自由。其次，这种资格是基于被代理人的授权行为而产生的，代理人从事代理行为并不能为了自身利益，而是以被代理人的利益最大化为目标从事代理行为。代理权存在的目的是弥补、扩张民事主体的民事法律行为能力。最后，代理人行使代理权也意味着负有一定的义务。故代理权本身作为一种资格不得擅自转让，也不得继承。

代理权的存在作为代理的构成要件之一，旨在保护本人的利益，避免他人任意介入或干预其事务。代理人为意思表示或受意思表示须在其代理权限之内，超越代理权的权限时，便成立无权代理。又因为代理权须于代理人所发出意思表示生效时存在，否则不产生代理的效力。

二、代理权的发生

(一)法定代理权的发生

依法律规定当然发生这是法定代理权的发生原因。《民法典》第 23 条的规定："无民事行为能力人、限制民事行为能力人的监护人是其法定代理人。"其中监护人身份是依法律规定产生法定代理权的法律事实。

(二)意定代理权的发生

意定代理权的发生原因主要为本人的授权行为。授权行为，是指本人对于代理人授予代理权的单方意思表示。而本人的授权行为，仅是一种法律事实，基于此种法律事实，便能使得关于代理的法律规则发生作用而使得代理人获得代理权。在司法实践中，授权行为常常与某种基础法律关系相结合。这类基础关系如合伙合同关系、委托合同关系、劳动合同关系、承揽合同关系以及企业内部组织关系等。授权行为并不意味着剥夺本人的行为自由，但若当事人之间另有约定，而本人违反约定作出相关行为时，则应对代理人承担损害赔偿责任。

（三）代理权的授予

1. 授权行为的作出

在委托代理中，代理权的产生主要是根据被代理人的授权行为产生的，授权行为目的在于使代理人取得将法律效果归属于被代理人的权利，代理人并不会因此享有任何权利或者承担任何义务，因此授权具有单方性，即授权表示不必得到对方同意即可生效，属于单方意思表示。与此同时，授权表示系需受领的意思表示。相对人可以是代理人，也可以是特定的第三人（法律行为的相对人），前者称为内部授权，后者称为外部授权。授予代理权系授权人意思表示的结果，故授权人可自由选择授权方式，除了典型的内部授权与外部授权外，还有两种非典型的方式：一种是内部授权的变通。授权人通过对第三人个别通知或者公告通知的方式宣告已授予代理权，宣告之后，代理人便基于该行为取得向相关第三人实施代理行为的权力。但是通知本身仅是准法律行为中的事实通知，并不包括授予代理权的法效意思，是不足以构成授权表示。因此，通知之外，授权人还需对代理人作授权表示。故在此意义上，该种授权方式被称为对外通知的内部授权。另一种则是外部授权的变通。德国通说认为，只要向不特定人公告便构成外部授权。与上述对不特定第三人通知的内部授权不同，前者是对外公告已经授予的代理权。后者而是以公告的方式授权。公告授权是无须受领的意思表示，自不特定人能够获悉之时起就生效。

2. 形式自由

一般情况下，授权行为形式自由，但法律另有规定，须用书面形式时，故从其规定。

3. 代理权证书

代理权证书的存在并非必要是因为授权行为形式自由，并不是一定以书面形式作出。所以记载代理权人、代理权限、代理事项、代理权存续时间等内容的代理权证书也就是不必要的。但是，代理权证书仍有十分重要的意义。其一，代理权证书是确定代理权存在的基本依据，可能会产生善意相对人的信赖保护。如表见代理中存在合理的外观，是善意相对人得到保护的要件之一。其二，代理权证书是确定代理权限的基本依据，若代理行为超出了证书记载的代理权限，则会构成无权代理。

（四）授权行为与基础法律关系

1. 分离原则

分离原则，是指授权行为独立于基础法律关系而存在。授权人作外部授权时，与代理人可能未建立任何法律关系，代理人仅仅是基于授权人向第三人的外部授权行为而取得代理权，且该外部授权属于单方法律行为，并不需要被授权人表示同意，甚至被授权人是否知悉并不为必要条件。内部授权时，尽管被授权人知悉该授权，同样的是也不必存在其他法律关系。

在代理关系中，若代理人仅享有代理权而不承担任何义务，这种"孤立代理权"对授权人极为不利。除非授权人与代理人之间存在充分的信任，否则这种代理权不太可能会出现。因此，在授予代理人代理权的同时，往往会要求代理人负一定的义务，以确保代理人不会滥用代理权，损害授权人的利益。当然，由于授权行为系单方法律行为。单方行为并不能使相对人负有义务，因此代理人的义务不可能来自授权行为，故只能来自另一法律关系，即基础法律关系。代理的基础法律关系主要是授权人与被授权人之间的契约关系。代理人根据不同类型的契约而负有为授权人处理事务的义务，如委托合同、雇佣合同等。因此无论是委托合同还是雇佣合同，如果是双务合同，受托人有义务为委托人处理事务，并对委托人享有报酬请求权或者在无偿委托时享有费用偿还请求权。由此可见，代理权的授予并不属于基础关系的内容，二者是相互分离的。

尽管授权行为与基础关系二者是相分离的，但仍有很多人还是会认为，代理权主要来自诸如委托合同之类的基础关系。主要是由于受托人依照委托合同为委托人处理事务，代理权的内容也是代理人为被代理人处理事务，这样看来二者并无区别。

但二者之间存在根本的差别：第一，委托合同使得受托人负担为委托人处理事务的义务，代理授权却是使得代理人取得将代理行为的效果归属于被代理人的权利。第二，受托人为委托人所处理的事务，未必全都通过法律行为完成，这种情况下，受托人并不需要对第三人作出任何意思表示，从而也不存在代理的问题。典型如，委托邻居为其暂时照管宠物。第三，即使受托人需要以法律行为的方式完成受托事务，但是也不一定享有代理权。比如，甲委托乙为其宠物治病，并约定由乙支付相应的治疗费，待治愈后同意结算，此时，乙并没有代理权，仍需要以自己的名义与宠物医院订立医疗合同。综上所述，代理权授予行为与基础法律关系未必同时存在，某些情况中，即使同时存在，但也因其各自法律性质与效果不同而彼此分离。

2. 有因与无因

在多数情况下，代理权的授予与基础法律关系是相伴而生的，因此产生一个问题，若作为授权行为原因的基础法律关系如不成立、无效或者被撤销时，授权行为是否会因此而受到影响？换言之即代理权授权行为的有因与无因问题。关于该问题，学说上存在不同的主张。

第一，授权行为无因说。该学说认为，授权行为与基础关系是各自独立的，基础关系无效或者撤销，不影响授权行为的效力。主要表现为两方面，其一，代理行为的效力不以代理人代理权限的有效性为前提，代理权的授予虽然一般有一定的基础关系，但基础关系不成立、无效或被撤销，不影响授权行为的效力。如，委托人与受托人的委托合同已经终止，但授权证书未收回，此时授权行为依旧有效，可构成有权代理。其二，授权行为无因性的重要功能在于保护交易安全，但保护对象仅限于善意的相对人，若第三人在明知基础关系无效时，仍与代理人从事民事法律行为。则此时第三人不应当受到保护。

第二，授权行为有因说。该学说认为，授权行为应当为有因行为，授权行为的效力应取决于基础关系。只要基础关系无效或撤销，授权行为也应当无效，代理权也随之消灭。采用有因说的优点在于，有利于保护被代理人利益及法律关系。因为若采用无因说，即使相对人为恶意，即明知基础关系不成立、无效或撤销，其与代理人所为法律行为仍对本人发生效力，显然有悖于法律不保护恶意者的宗旨，且在利益衡量上显失平衡，这对于无辜或过错较轻的本人过于严苛。同时，若相对人明知无代理权却仍可主张代理行为有效，这与表见代理制度形成冲突，违背了表见代理制度保护善意第三人的宗旨。针对该问题，如果采用有因说，当基础关系不成立、无效或者撤销时，尽管会因代理权丧失而成为无权代理，但是相对人有理由信赖有权代理，仍然可以根据表见代理的规定得到法律保护。由于基础关系的变动本就属于本人与代理人之间的内部事项，相对人并不知道，故不影响相对人相信有代理权的外观，且现行法律规定若相对人为善意的，若要推翻则应由本人举证，因此相对人的处境比无因说情形下的好。综上所述，本书更倾向于有因说。

（五）授权行为的瑕疵

由于授权行为与本人、代理人以及相对人的利益密切相关，因此在授权行为出现瑕疵时，应当适用《民法典》总则编的相关规定，以下主要就诈欺与意思表示错误两种情形加以说明。

1. 诈欺

第一，因被代理人诈欺而授予代理权的。比如，甲遭受乙的诈欺，授予乙购买某汽车的代理权，属于可撤销的法律行为，在乙与第三人订立买卖契约之前，甲可根据法律规定撤销其授予代理权的意思表示。若在乙与丙订立买卖契约后，甲撤销其授予代理权的意思表示时，其授权行为视为自始无效，则乙应当对丙负无权代理的责任。

第二，因被相对人诈欺而授予代理的。如甲因被丙诈欺，而授予代理权于乙，以甲的名义向丙购车。在此情形中，甲系被代理行为的相对人丙诈欺，导致授权给不知情的代理人乙。根据《民法典》的规定，诈欺由第三人所为者，若相对人明知该事实或应当知道时，可以撤销。甲能否撤销该意思表示的关键问题在于丙是否属于法律规定的第三人。丙虽然是代理行为的第三人，但是丙因代理行为直接享受权利，所以学理上倾向于认为不属于法律上的第三人。因此不影响甲行使撤销权，即甲仍可以撤销对乙的授权行为。

2. 意思表示错误

若甲因为误信乙是古董专家，于是便授予代理权向丙购买其收藏的花瓶。在此种情况中，由于乙的身份资格对交易的影响较大，因此甲撤销其对乙授予代理权的行为，在乙尚未进行代理行为之前，该撤销可向乙或者丙行使。但在乙已购买花瓶后，其撤销应当向何人行使？在衡量各方当事人利益后，认为在此情形中，甲仍可以撤销自己的授权行为，并应向相对人丙为之，而丙则可以根据《民法典》的规定向甲请求信赖利益损害赔偿。

三、代理权的滥用

在学理上，代理权滥用指代理人于从事代理行为时，虽未超过其代理权限，但违反其内部关系义务（依诚信原则和契约本旨得出的义务）之情形。

（一）自己代理

自己代理，是指代理人以被代理人的名义与自己从事民事法律行为。主要存在两种情况：一种情况为代理人以自己的名义向被代理人发出要约且代理人以被代理人的名义予以承诺；另一种则是代理人以被代理人的名义向自己发出要约且以自己的名义进行承诺。这种行为严重违反了代理人应当负担的忠实义务,属于滥用代理权的行为之一,因此法律上应当予以禁止。我国《民法典》第 168 条第 1 款的规定:"代理人不得以被代理人的名义与自己实施民事法律行为,但是被代理人同意或者追认的除外。"该条文明确规定了代理人不得从事自己代理行为。该规定实际上是将自己代理这种行为作为无权代理来对待。但并非所有的自己代理都不产生效力,在两种情况下发生效力:其一被代理人的事先同意。自己代理若经过被代理人的同意可以发生效力。若某些自己代理行为对被代理人并无不利,且不发生利益的冲突,所以,被代理人可能会事先同意代理人的行为。其二被代理人的事后追认。也就是说,在代理人实施了自己代理行为之后,被代理人还可以通过自愿追认这一行为,从而使得这一无权代理转化为有权代理。

(二) 双方代理

所谓双方代理,是指同时代理被代理人和相对人并为同一法律行为。此种代理,因为有可能存在利益冲突,会损害被代理人的利益。因此此种代理也是被法律所禁止的。双方代理的特点在于:第一,代理人获得了被代理人与相对人的授权,仅有一方的授权,不构成双方代理。第二,双方授权的内容是相同的。尽管双方对同一个代理人进行授权,若授权内容、代理事项不同,也不构成双方代理。第三,代理人同时代理双方进行同一法律行为。比如,双方都委托某代理人代为办理房产登记手续或代为交费等。此种并非代理双方作出同一法律行为,不存在利益的冲突,因此也不属于双方代理。

根据《民法典》的上述规定,双方代理应属于效力待定的行为,仅在部分特殊的情形下才能生效:第一,双方代理经过被代理人的同意时可以生效。两个被代理人都通过默示的方式同意双方代理其行为,或者一方被代理人通过授权代理人从事某种代理行为,另一方被代理人知道该行为的内容而仍然授权该代理人从事该代理行为。第二,双方被代理人的事后追认。尽管双方代理与无权代理外观上相似,但与无权代理存在一定的区别。双方代理系代理人滥用代理权,违反代理人所负有的忠实、勤勉义务,从而导致可能存在利益冲突,但通常都属于有权代理。

(三) 禁止恶意串通代理

《民法典》第 164 条第 2 款规定:"代理人和相对人恶意串通,损害被代理人合法权益的,代理人和相对人应当承担连带责任。"根据该条文,在代理人和相对人恶意串通损害被代理人利益时,属于滥用代理权的行为。该条的适用需要满足两项条件。

其一,代理人和相对人恶意串通。比如,代理人和相对人串通,约定为被代理人高价购买一套器械,相对人给付代理人一定的回扣。恶意串通是指双方当事人非法串通在一起,共同故意实施某种行为损害被代理人的利益。在恶意串通的情形下,当事人在主观上具有共同的意思联络、沟通,都希望通过实施某种行为而损害被代理人的利益。

其二,损害被代理人的合法权益。上述法律规定的适用,以被代理人遭受了实际的损害为前提。在恶意串通的情况下,代理人与相对人应当承担连带责任,赔偿被代理人所遭受的损失。故被代理人必须实际遭受了损害,并对此承担举证责任。

关于恶意串通事实的证明责任,《民法典合同编通则司法解释》第 23 条第 3 款作出了指引性规定，法院可以综合考虑当事人之间的交易习惯、合同在订立时是否显失公平、相关人员是否获取了不正当利益、合同的履行情况等因素，人民法院能够认定法定代表人、负责人或者代理人与相对人存在恶意串通的高度可能性的，可以要求前述人员就合同订立、履行的过程等相关事实作出陈述或者提供相应的证据。其无正当理由拒绝作出陈述，或者所作陈述不具合理性又不能提供相应证据的，人民法院可以认定恶意串通的事实成立。

（四）争议的案型

在实践中，较有争议的案例为，若代理人乙为了图利其亲友丁，拒绝第三人丙之 60 万元出价，以 50 万元的最低价格出售于丁，乙之行为仍于代理权范围内，被代理人甲原则上仍应受乙所缔结之契约拘束，此时，乙违反与甲之内部关系上的义务，应依内部关系对甲负责，此案例是否成立代理权滥用，存有争议。与之相对的是，日本实务适用代理权滥用之典型案例则举代理人为了私自转卖或私吞财产，而与相对人为法律行为或为票据行为。

反对说认为，代理人缔结契约之成交价格确实是授权范围内，但为了图利友人而未以最高价卖出，认为此时只要解释甲之真意为价格不低于 50 万元、卖越贵越好，即可将本案中乙的行为解释为逾越代理权之限制，乃无权代理，并视丁是否明知或可得而知，再以表见代理保护即可。然而，此种想法不啻以本人和代理人内部之情事，个案地、后设地去决定代理权范围，可能产生"先射箭、再画靶"的不合理状态。

四、代理权的消灭

（一）法定代理权的消灭

《民法典》第 175 条规定了以下四类法定代理权的消灭事由：

1. 被代理人取得或者恢复完全民事行为能力

法定代理制度的目的在于救济被代理人行为能力的欠缺。故在被代理人已取得或恢复为完全民事行为能力人，则法定代理即失去了存在的意义。

2. 代理人或者被代理人死亡

此种情形中，代理权是基于监护人的资格而取得，并不具有继承性。不同于意定代理的是，被代理人死亡会导致法定代理权的消灭，原因在于，法定代理以法定监护关系为基础，并不存在任何的授权行为，故被监护人死亡，则监护关系也会随之消灭。

3. 代理人丧失民事行为能力

与意定代理相同的一点是，法定代理人也需要独立作出自己的意思表示，因此也必须具有民事行为能力。此外，法定代理通常属于一般代理，将为被代理人全面实施法律行为，因而也不同于意定代理，法定代理人需具备完全民事行为能力。但学理上有观点认为，应对"丧失行为能力"作不同的解释，认为即使完全行为能力人变为限制行为能力人，因其仍有意思表达能力，代理权并不当然消灭。

4. 法律规定的其他情形

该条款属于开放条款，为容纳未来可能出现的其他情形留下了空间。

（二）意定代理权的消灭

《民法典》第173条规定了以下五类意定代理权的消灭事由：

1. 代理期间届满或者代理事务完成

代理权的授予行为可能确定代理权的存续期间或具体代理事务，也可能存在于基础关系。特别是，当存在基础关系时定有存续期间的，若当事人无其他意思表示，则该存续期间意味着代理权的存续期间。因此，当代理期间届满或者代理事务完成之时，代理权也随之消灭。

2. 被代理人取消委托或者代理人辞去委托

被代理人取消委托或者代理人辞去委托都会导致代理权的消灭，前者指被代理人撤回授权，后者指代理人放弃代理权，发生任一情形就会导致意定代理权的消灭。

3. 代理人丧失民事行为能力

代理人须独立作出意思表示，以被代理人的最大化为目的进行代理行为，又因代理行为对于代理人来说属于中性行为，不要求具有完全行为能力。故代理人需具备行为能力。但此时的"丧失行为能力"应当指完全丧失，而不是指部分丧失。

4. 代理人或者被代理人死亡

代理权对于代理人来说，并非是权利，即意味着它并不能为代理人带来利益，更不能说义务，因此代理人不必受到其拘束。故代理权不具有可继承性，因此代理权随着代理人死亡而消灭。

对于被代理人死亡，代理权是否继续的问题，学界存在不同的看法，立法采取例外立法的模式。《民法通则》认为被代理人死亡后，原则上代理权应存续，例外情形下才会消灭。而原《民通意见》第82条提出相反的意见，该条列举了四种被代理人死亡后，委托代理人实施代理行为仍然有效的情形，而在明确列举的情况之外，被代理人死亡将会导致代理权的消灭。《民法典》第174条对被代理人死亡后，代理权继续有效的情形作出了明确限定，主要包括：（1）代理人不知道且不应当知道被代理人死亡；（2）被代理人的继承人予以承认；（3）授权中明确代理权在代理事务完成时终止；（4）被代理人死亡前已经实施，为了被代理人的继承人的利益继续代理。

5. 作为代理人或者被代理人的法人、非法人组织终止

法人的权利从成立时开始，终止后消灭。故法人终止后，一切的法律关系归于绝对消灭，也无继承人进行继承，因此，法人一旦终止，代理关系即消灭。

五、案（事）例述评——独立性案例①

（一）案件事实与法院判决

2009年6月4日，重庆城建控股（集团）有限责任公司、重庆交通建设（集团）有限责

---

① 枣庄市道桥工程有限公司与屈某等债权转让合同纠纷上诉案，〔2015〕渝高法民终字第00072号，【法宝引证码】CLI. C. 7951857。

任公司联合向枣庄道桥公司发出《重庆三环高速公路涪陵李渡至南川双河口段工程项目土建工程施工合作单位优选获选通知书》，通知书载明：经评审，枣庄道桥公司获选为重庆三环高速公路涪陵李渡至南川双河口段土建工程 LJ6 合同段施工合作单位，并要求枣庄道桥公司于 2009 年 6 月 14 日前足额缴纳工程保证金。2009 年 6 月 5 日，重庆交通建设(集团)有限责任公司向重庆建工投资公司出具委托书，委托重庆建工投资公司向枣庄道桥公司收取工程保证金 467 万元。2009 年 6 月 9 日，枣庄道桥公司与重庆建工投资公司签订《重庆三环高速公路涪陵李渡至南川双河口段工程项目土建工程施工第 LJ6 合同段综合保证金协议》，协议约定由枣庄道桥公司向重庆建工投资公司缴纳工程综合保证金。2009 年 6 月 12 日，枣庄道桥公司出具委托书，委托刘某向重庆建工投资公司交纳工程综合保证金 467 万元。同日，刘某通过其个人银行账户向重庆建工投资公司的银行账户转账 467 万元。2012 年 6 月 6 日，刘某与屈某签订《债权转让合同》，约定刘某将其对枣庄道桥公司享有的上述 467 万元债权全部转让给屈某。同年 6 月 8 日，刘某将债权转让事宜书面通知了枣庄道桥公司和重庆建工投资公司。2013 年 7 月 16 日，屈某向枣庄道桥公司发出《关于催促履行债务的函》，同年 7 月 25 日又向重庆建工投资公司发出《关于连带承担债务的函》。

另查明，重庆交通建设(集团)有限责任公司曾向重庆仲裁委员会提出仲裁申请，要求裁决枣庄道桥公司向其偿还由重庆交通建设(集团)有限责任公司在重庆三环高速公路涪陵李渡至南川双河口段土建工程 LJ6 合同段工程中为枣庄道桥公司代付的款项等。重庆仲裁委员会经审查确认枣庄道桥公司向重庆交通建设(集团)有限责任公司缴纳了工程综合保证金和差额保证金共计 37679772 元，并于 2013 年 6 月 20 日作出〔2012〕渝仲字第 419 号裁决书，裁决由枣庄道桥公司向重庆交通建设(集团)有限责任公司偿还代付款 21498500 元，该款从枣庄道桥公司向重庆交通建设公司缴纳的建设工程综合保证金、差额保证金 37679772 元中抵扣。2013 年 4 月 7 日，枣庄道桥公司向重庆仲裁委员会提出仲裁申请，以其与重庆交通建设(集团)有限责任公司签订的《重庆三环高速公路涪陵李渡至南川双河口段工程项目土建工程合同联合施工合同》无效为由，要求裁决由重庆交通建设(集团)有限责任公司向其返还扣除其他费用后剩余的工程保证金。重庆仲裁委员会经审查确认枣庄道桥公司是本案所涉工程保证金的交纳人，并于 2013 年 6 月 20 日作出〔2013〕渝仲字第 140 号裁决书，裁决重庆交通建设(集团)有限责任公司向枣庄道桥公司返还相应的工程保证金。

一审法院还查明：在庭审中，虽然枣庄道桥公司认为在《重庆三环高速公路涪陵李渡至南川双河口段工程项目土建工程施工第 LJ6 合同段综合保证金协议》上所盖的枣庄道桥公司的公章系刘某私刻，但对该协议的内容予以追认。

屈某向一审法院提起诉讼，请求判令：(1)枣庄道桥公司偿还屈某 467 万元；(2)枣庄道桥公司以 467 万元为基数按照中国人民银行同期同类贷款基准利率的 4 倍从 2009 年 6 月 12 日起至还清之日止向屈某支付资金占用损失；(3)重庆建工投资公司对枣庄道桥公司的上述债务承担连带责任；(4)本案诉讼费用、保全费用由枣庄道桥公司和重庆建工投资公司负担。最终法院判决驳回屈某的诉讼请求。

（二）案例评析

本案所涉及的争议问题为刘某是否对枣庄道桥公司享有债权。本案中屈某主张刘某依据枣庄道桥公司向重庆建工投资公司出具的《授权委托书》代枣庄道桥公司缴纳了工程综合保证金 467 万元，即享有了对枣庄道桥公司 467 万元的债权。但法院认为，屈某的主张不能成立，理由如下：第一，本案中枣庄道桥公司向重庆建工投资公司出具的《授权委托书》是枣庄道桥公司单方向第三方作出的意思表示，是赋予刘某以枣庄道桥公司的名义而为一定法律行为的资格或地位。其实质是代理权授予行为，该代理权授予行为使得刘某享有了委托代理权。第二，委托代理权发生的原因是代理权授予行为，一般而言代理权授予行为是与某种基础法律关系相联系的，该种基础法律关系可能是委托合同关系、合伙合同关系、劳动合同关系等。但本案中屈某举示的《授权委托书》仅能证明枣庄道桥公司单方授予刘某委托代理权，并不能进一步证明该代理权授予是基于何种基础法律关系。第三，本案中枣庄道桥公司上诉认为，枣庄道桥公司的授权行为系基于与刘某的建设工程承包合同关系，并举示了重庆新湘骏公司与枣庄道桥公司签订的《内部承包责任书》以及刘某在公安机关的陈述，上述证据反映出枣庄道桥公司授予刘某代理权可能存在委托合同之外的其他基础法律关系。

第三节　无权代理

无权代理，是指不具有代理权的当事人以代理人的身份所实施的代理行为。无权代理包括：根本未经授权的代理、超越代理权限的代理、代理权终止后的代理。广义无权代理与狭义无权代理两者的差别在于前者包含表见代理。就无权代理所涉问题的处理方式而言，表见代理本质上是一种"无权代理"，只是法律效果上本人应负授权人责任，实质上形同"有权代理"，因而一旦确立代理人无权代理，应先思考"是否成立表见代理"。如成立表见代理，代理行为仍得对本人发生效力。如不成立表见代理，该作为狭义无权代理，除非本人嗣后承认，否则代理行为对本人不发生效力。

一、狭义无权代理

所谓无权代理，是指代理人在从事代理行为时不具有代理权。代理行为发生的基础和前提是代理权的存在，代理人应当在取得代理权的基础上才能从事有效的代理行为。故在没有代理权的情况下所实施的任何行为，都构成无权代理。无权代理须回答如下问题：（1）无权代理人所为的行为在被代理人与第三人之间的效力如何？（2）法律为被代理人提供了哪些保护措施？（3）法律为相对人提供了哪些救济措施？（4）无权代理人的责任如何？由此可见，代理法主要解决的是效果归属于被代理人还是无权代理人，而非判断法律行为是否有效。

（一）无权代理的类型

我国《民法典》第 171 条第 1 款的规定："行为人没有代理权、超越代理权或者代理权终止后，仍然实施代理行为，未经被代理人追认的，对被代理人不发生效力。"故无权代理主要包括以下四种类型：

第一，行为人没有代理权。换言之，代理人在未得到任何授权的情况下，便以被代理人的名义从事代理行为，或者根本不是法定代理人而以法定代理人的名义从事代理活动。典型如，无权代理人伪造他人公章、合同等从事欺诈行为等。

第二，超越代理权的无权代理。这种情形中，代理人享有一定的代理权，但代理人实施的代理行为超越了其被授予的代理权限范围或对代理权的限制。超越代理权可分为量的超越和质的超越，如代理人违反规定，购买超出数量的产品即为量的超越。按规定应购买某种商品，但代理人却自作主张购买另一种商品则属于质的超越。这两种情况都构成超越代理权的无权代理。

第三，代理权终止后的无权代理。代理权因代理期限届满、被代理人取消委托等原因而终止。而代理人在明知代理权终止后，仍以被代理人的名义继续从事代理活动，或因过失而不知道其代理权已丧失而继续进行代理活动都会发生无权代理。

第四，在授权的意思表示未到达代理人时，代理人以被代理人的名义从事了代理行为，也构成了无权代理。因为在此种情况下，授权的意思表示尚未生效，代理人并未取得代理权，因此，代理人实施的代理行为也构成无权代理。

无权代理的行为虽违背了被代理人的意志，但该行为也并非肯定无效。在被代理人追认的情形中，该无权代理的行为便可转化为有效。若代理人从事无权代理行为时，善意相对人在客观上有理由相信代理人有代理权的，此时构成表见代理，法律仍然承认此种代理的效力。

（二）无权代理的法律效果

1. 效力未定与被代理人之追认

"对被代理人不发生效力"并不是指在这一情形下代理行为无效，仅是在被代理人追认前，对于被代理人而言处于效力待定状态，其效果能否归属于被代理人待定，但即使未被追认，该行为也不是归于无效，而仅是对被代理人不发生效力，该行为同样可以在代理人与被代理人之间发生相应的法律效力，有关法律后果及法律责任由该代理人承担，其是否有法律效力，应依据《民法典》总则编第六章第三节法律行为的效力相关规定进行判定。

换言之，代理法主要解决的是效果归属于被代理人还是归属于无权代理人（效果归属规范），而非判断双方之间法律行为是否有效（非效力判断规范，法律行为效力判断还是依据《民法典》总则编第六章第三节）。

依据《民法典》第171条第1款的规定，经过被代理人的追认，该代理行为的法律后果由被代理人承担。无权代理设立的民事行为，如果经过被代理人的追认，使无权代理性质发生改变，其所欠缺的代理权得到补足，转化为有权代理，发生与有权代理同样的法律效果，等于是有权代理。追认无权代理行为为有效的权利，是被代理人基于意思自治原则所享有的权利，其法律性质为形成权，行使该形成权的行为属于有相对人的单方行为，其意思表示的生效时间依据《民法典》第137条之规定予以处理。

2. 相对人之催告权与撤销权

针对无权代理，相对人可以按照《民法典》第 171 条第 2 款的规定，催告被代理人在 30 日内予以追认。这就是相对人对无权代理行为的追认催告权。基于平衡相对人与被代理人之间的利益关系，与被代理人享有的追认权相对应，相对人与无权代理人进行民事法律行为时，如果其不知也不应知代理行为是无权代理的，则享有对无权代理行为的撤销权。相对人行使这一撤销权，就会直接地确定该无权代理行为不发生有权代理的法律效力。

3. 相对人损害赔偿与请求履行

《民法典》第 171 条第 3 款规定："行为人实施的行为未被追认的，善意相对人有权请求行为人履行债务或者就其受到的损害请求行为人赔偿。但是，赔偿的范围不得超过被代理人追认时相对人所能获得的利益。"上述履行债务与赔偿损害的责任承担方式原则上属于选择行使而不可并用的情形，但这要结合实施的具体法律行为类型判断。所谓债务履行责任，其在结果上相当于无权代理人实施的法律行为对其自己发生法律效力。如果是订立的某一合同，则应当适用有关合同的基本规则，在法律或者司法解释对于该合同明确规定可以并用或者没有禁止并用的情形，对于赔偿损害和履行债务可以并用，当然这一并用的情形也不能违背民事损害赔偿的"填平"原则，即不能使受有损失的一方当事人双重获益。对善意相对人的救济范围，要以"被代理人追认时相对人所能获得的利益"为限，即按照代理行为给相对人应当带来的应然利益为限度。这在本质上也是符合损害赔偿的可预见性规则。这里的损害赔偿范围限度即不得超过双方当事人实施该法律行为可以预见能够得到的利益范围。该款确立了一个客观标准，这也符合当事人的行为预期。至于"被代理人追认时相对人所能获得的利益"，本身还是具有一定的抽象性，在审判实践中还是要结合具体代理人实施的法律行为类型以及案件具体情况来综合判断。

二、表见代理

(一)表见代理的概念

所谓表见代理，是指本属于无权代理，但因可归责于被代理人之事由，造成授权行为之外观与表象，致善意且无过失之相对人相信无权代理人有代理权而与之实施法律行为，法律规定使之发生与有权代理相同效果之制度。我国《民法典》第 172 条的规定："行为人没有代理权、超越代理权或者代理权终止后，仍然实施代理行为，相对人有理由相信行为人有代理权的，代理行为有效。"表见制度设立的目的在于维护交易秩序，保护交易安全。因为第三人很难时刻关注到代理人与被代理人之间关系的变化，这不仅需要花费很大的成本，而且是很难做到的。因此只要第三人对表面上的权利状态形成了合理信赖，便应保护这种信赖利益。

(二)表见代理的属性

表见代理本属于无权代理的一种，但表见代理制度体现了商业社会的"外观主义"观念，表见代理实质上是把善意第三人的利益凌驾于被代理人的利益之上，其制度设计蕴含着两个相互冲突的利益之间的取舍。该制度表面上保护了善意相对人，但本质上是保护交易秩序，因为善意相对人或第三人其实就是社会的代表。通过该制度来保护交易秩序，能够避免已经完成的交易被推倒重来，在很大程度上可以提高效率，节约双方当事人的交易成本。表见代理制度并非完全舍弃被代理人的利益，通过给表见代理设定一定的条件，可以将被代理人的风险限制在一定的范围之内，避免无辜者遭受无端损害。

（三）表见代理的构成要件

1. 代理人客观上无代理权

从广义上说，表见代理属于无权代理一种，因此代理人客观上无代理权是构成表见代理的第一个要件。若代理人拥有代理权，则属于有权代理，不会出现表见代理的问题。此处所说的客观上无代理权，是指代理人从事代理行为时无代理权。至于导致代理人无代理权的原因都不在考虑之列，一般表现为自始没有代理权、超越代理权以及代理权终止继续为代理。

2. 代理人存有代理权的合理外观

存在有代理权的合理外观是指被代理人的授权行为已经在外部形成了一种表象，即能够使第三人有合理的理由相信无权代理人已经获得了授权。首先，需要相对人相信而非其他人相信存在代理权；其次，相对人必须有合理的理由相信无权代理人有代理权；最后，应当从普通人的角度来考虑是否相信或者应当相信，而不能仅从被代理人时候否认的表示来确定。因此，如果第三人已经而且应当相信无权代理人具有代理权，则可能构成权利外观。

3. 相对人善意且无过失信赖代理人有代理权

相对人主观上应当是善意且无过失的。所谓主观上的善意，是指相对人不知道或者不应当知道无权代理人实际上没有代理权。所谓无过失，是指相对人不是因为疏忽大意或者懈怠而不知道无权代理人没有代理权，意在强调相对人应尽到必要的注意义务，履行必要的审核义务。

《民法典总则编司法解释》第28条第1款规定何为相对人有理由相信行为人有代理权：存在代理权的外观；相对人不知道行为人行为时没有代理权，且无过失。第2款规定了举证责任的分配。因是否构成表见代理发生争议的，相对人应当就无权代理符合前款第1项规定的条件承担举证责任；被代理人应当就相对人不符合前款第2项规定的条件承担举证责任。一般来说，人民法院在判断合同相对人主观上是否属于善意且无过失时，应当结合合同缔结与履行过程中的各种因素综合判断合同相对人是否尽到合理注意义务，此外还要考虑合同的缔结时间、以谁的名义签字、是否盖有相关印章及印章真伪、标的物的交付方式与地点、购买的材料、租赁的器材、所借款项的用途、建筑单位是否知道项目经理的行为、是否参与合同履行等各种因素，作出综合分析判断。

4. 相对人基于外观或表象而实施法律行为

相对人在基于有正当理由信赖无权代理人有代理权，并基于此信赖与该无权代理人为民事法律行为。若相对人相信了无权代理人有代理权的外观或表象，但最终也未与该无权代理人为民事法律行为，那么也不存在表见代理问题。

5. 是否需要考虑被代理人的"可归责"要件

《民法典》总则编第172条在立法过程中，对于是否要求以被代理人的过错作为表见代理的构成要件。本人之可归责性，是指本人基于自己意思，以积极作为或消极不作为，促成或容忍某种权限外观，从而本人具有可归责性。立法者经过讨论后最后结论认为表见代理最重要的特征就是相对人有正当理由相信行为人有代理权，而不问被代理人是否有过错。原因在于设立表见代理制度的目的是保护交易的安全性，不至于使没有过失的相对人劳而无获。因此，相对人只要证明自己和行为人实施民事法律行为时没有过失，至于被代理人在行为人实施民事法律行为时是否有过失，相对人很多情况下难以证明。因此，尽管被代理人可能亦有不可归责的过失因素，但为了保护无过失信赖权利外观的相对人，应使本人承担相当于有权代理的法律后果。然而这一问题涉及表见代理中被代理人利益保护与相对人利益保护的平衡问题，最高人民法院认为可留作实践中作进一步探索积累经验。从比较法上看，各国或地区在借助表见代理制度保护交易安全的同时并非无限度地牺牲被代理人的利益，而是尽量在本人可控制的范围内寻求最优的利益平衡。诚如学界所言，代理权外观的存在，是启动表见代理制度运作的必要前提。第三人正当信赖，是第三人值得受保护的正当性基础。本人可归责性，则是本人应承担无权代理风险、负授权人责任、受代理行为效力拘束的法律理由。

（四）表见代理的法律效果

1. 被代理人之效力

根据法律相关规定，无权代理若构成表见代理，则该代理行为有效。但这不意味着表见代理在任何情况下都是有效的，其意义仅在于，表见代理所欠缺的代理权被法律所补正后，不再成为影响代理行为效力的因素，故在表见代理不存在其他效力瑕疵事由之时，代理行为有效。因此，被代理人作为代理行为效果的承受者，不得以未授予代理权或代理权已消灭为由，否定代理行为的效力，因此，被代理人应当承担相应责任。

2. 第三人之效力

从第三人为代理行为当事人的角度，第三人可以此请求被代理人承受代理行为效果、履行代理行为所产生的义务。这与有权代理的处理方法一致。但表见代理属于无权代理的一种，第三人是否可以主张适用狭义无权代理之规定呢？即在被代理人追认之前撤回自己意思表示，以及在被代理人拒绝追认时选择被代理人或代理人为请求权相对人？德国通说认为，既然法律将表见代理规定为"有效"，那么第三人则没有主张适用无权代理规则的选择权。这种学说认为，表见代理始终属于无权代理，规定被代理人承担责任已经给予第三人特殊保护，因而没有理由赋予第三人选择自由权。但另一种学说认为，此证安排虽具有一定的正当性，但忽视了第三人在主张表见代理时的举证负担。当第三人无法完成表见代理的举证时，法律关系又回到了无权代理领域。因此，从举证风险分配角度来说，第三人在无法获得表见代理制度保护时，仍可以寻求适用无权代理规则。在此意义上，应承认第三人的选择自由。

3. 代理人之效力

无权代理构成表见代理后，代理行为在被代理人与第三人之间"有效"代理人因而与代理行为所生权利义务并无关联，这与有权代理是相同的。但是，被代理人承担责任是对第三人而言，但这不意味着，被代理人也需要对代理人负授权之责。与此相反，代理人擅自以被代理人的名义实施法律行为，导致被代理人被迫承受该责任，由此产生的损失，被代理人有权要求代理人赔偿。

三、案(事)例述评

(一)储蓄存款纠纷案①

1. 案件事实

谭某力系农行云阳支行工作人员，2009年1月从农行云阳支行云江大道分理处调到寨坝分理处担任客户经理。唐某生系生州水利开发有限公司(以下简称生州公司)的法定代表人，对外声称生州公司是重庆市云阳县梅峰水库工程的业主单位，并以业主身份对外"引资"。唐某生通过曾某介绍认识了重庆市创投资产管理有限公司的法定代表人刘某。2008年12月17日，唐某生和刘某签订《承诺书》，约定若引资成功，支付刘某8%的利息。唐某生、刘某、刘某毅共谋以高额利息揽储的名义，利用假存单采用"体外循环"的方式骗取资金。刘某将生州公司的资料复印件送给钟某明，承诺给钟某明月利息7%，由钟某明联系存款人，给存款人的利息由钟某明自己把握。2009年1月14日，钟某明作为存款方，刘某毅作为生州公司的代表签订《引资融资协议》。钟某明通过邵某密联系了李某勇，对李某勇称到农行云阳支行存款有高额利息回报。钟某明收取用款企业刘某毅保证金3万元并告知了李某勇，同意给李某勇月利率5.5%，李某勇于2009年1月14日到达重庆市云阳县，并于2009年1月15日办理存款。

2008年12月27日，唐某生指使刘某毅用熊某培的身份证到农行云阳支行杏家湾分理处存款300元，获得该款3个月定期存单，该存单的经办柜员系程某。谭某力利用其在农行云阳支行的身份及与程某的熟人关系，了解到程某2009年1月15日上班。刘某、刘某毅等人依据上述300元的定期存单样本仿制了中国农业银行存单一份，该存单载明：户名李某勇，金额壹仟万元，存入时间为2009年1月15日，存期3个月，年利率1.71%，开户行名称为云阳支行杏家湾营业所，经办柜员为程某，加盖有中国农业银行重庆杏家湾支行业务公章。唐某生在谭某力办公室趁谭某力不备取走一份盖有"中国农业银行云阳县支行"的文件，通过其公章印模找人刻制了一枚"中国农业银行云阳县支行"的印章。

2009年1月15日上午，刘某、刘某毅带领李某勇到谭某力原农行云阳支行云江大道分理处的办公室，并向李某勇介绍谭某丽是谭行长，谭某力将事先准备好的《承诺书》交给李某勇，该《承诺书》载明："我行客户李某勇在我行存入的3个月定期存款1000万元整。我行特此作出如下承诺：在3个月内本笔存款不抵押、不查询、不提前支取，并保证存款到期时由我行负责凭李某勇的存单和本承诺书原件兑付该笔1000万元整的存款。特此承诺，中国农业银行云阳支行，二〇〇九年一月十五日。"李某勇看后，谭某力在该《承诺书》上签名。刘某毅称银行的公章马上送过来，就叫人将唐某生私刻的"中国农业银行云阳支行"印章送过来并加盖在该《承诺书》上。对该《承诺书》签名盖章后，谭某力、刘某

---

① 李某勇与中国农业银行股份有限公司重庆云阳支行储蓄存款合同纠纷案，〔2013〕民提字第95号，【法宝引证码】CLI. C. 6596924。

毅、唐某培先行到农行云阳支行杏家湾分理处，将事先仿制的中国农业银行存单装入信封内，由谭某力将信封递给银行柜员程某，并对程某说马上来转笔款，在办完这笔业务后将信封递出来给谭某力。程某接过信封放在其办公桌上。随后，刘某、曾某带李某勇到农行云阳支行杏家湾分理处谭某力所站的柜员程某的营业窗口，李某勇将自己的银行卡和身份证递给程某，谭某力也将其事先用任某鸣身份证办理的银行卡递给程某，并对程某说从李某勇银行卡上转1000万元到谭某力递交的银行卡上。程某在李某勇输入密码后从其银行卡上转账支取1000万元，进入农行云阳支行的内设账户，然后将款转存到谭某力提供的任某鸣的银行卡户上。程某将银行卡取款凭条交李某勇签字，将户名为任某鸣的银行卡存款凭条交谭某力签字后，将1000万元的银行卡取款业务回单及李某勇的银行卡、身份证递交给了李某勇，将户名为任某鸣的银行卡1000万元的存款回单、银行卡及之前谭某力交给程某存放的信封一并递给了谭某力。谭某力接过信封就直接递给了李某勇。李某勇与谭某力一同回到农行云阳支行云江大道分理处，谭某力将之前签名盖章的《承诺书》交给了李某勇。随后，谭某力、刘某、李某勇等人一同到农行云阳支行寨坝分理处，按照约定的利率转息差从户名为任某鸣的银行卡转240万元到刘某的银行卡，刘某从其银行卡上按之前约定的5.5%月息转165万元到李某勇的银行卡。唐某生、刘某、谭某力、刘某毅、曾某、唐某培等人骗取李某勇的1000万元除支付李某勇利息165万元外，其余分配情况：刘某30万元，钟某明45万元，曾某57万元，谭某力52万元，唐某生651万元。

在存单载明的存款期限即将到期之前，李某勇电话联系谭某力要到农行云阳支行取款，谭某力总说再等几天，在李某勇再三催问并说明自己要到银行取款的情况下，谭某力告诉李某勇存单里没有钱，让李某勇找唐某生。唐某生电话中对李某勇说："存单是没有钱的，你硬要去取，我只有坐牢，你也得不到钱，等几天就行了。"李某勇再与唐某生联系，唐某生总说过几天就能取到钱，李某勇只得同意唐某生延期1个月。唐某生于2009年4月15日向李某勇的银行卡转账10万元的延期利息。

李某勇一直没有持1000万元存单及《承诺书》到农行云阳支行杏家湾分理处要求兑付。2009年9月3日，李某勇到重庆市云阳县公安局报案称唐某生、谭某力等人合伙诈骗其1000万元。重庆市云阳县公安局在侦查过程中，经重庆市公安局物证鉴定中心鉴定，李某勇持有的2009年1月15日《承诺书》上加盖的"中国农业银行云阳支行"的印文与农行云阳支行的公章样本印文不同。重庆市云阳县公安局于2009年9月22日将重庆市公安局物证鉴定中心渝公鉴（文）〔2009〕1264号鉴定书送达给李某勇，李某勇表示无异议，不要求补充或者重新鉴定，庭审中农行云阳支行、李某勇的代理人对鉴定结论均表示没有异议。

2. 法院判决

唐某生、刘某、谭某力、刘某毅、曾某、唐某培经重庆市第二中级人民法院〔2010〕渝二中法刑初字第105号刑事判决认定，利用假存单骗取李某勇1000万元构成金融诈骗罪，判处刑罚，并责令退赔犯罪所得财物。重庆市高级人民法院〔2011〕渝高法刑终字第127号刑事裁定维持原判，重庆市第二中级人民法院〔2010〕渝二中法刑初字第105号刑事判决已经发生法律效力。李某勇依据上述刑事判决申请对谭某力、唐某培、刘某、唐某东四人价值553600元的轿车执行交付，重庆市第二中级人民法院已将上述犯罪人财产执行交付给李某勇。

2009年12月2日，李某勇提起诉讼称，其于2009年1月15日到农行云阳支行下属的杏家湾营业所，要求柜员从其银行卡上转存1000万元为定期存款。柜员从李某勇的银行卡账户上转存1000万元，并向李某勇出具存单一份。现该定期存单已到期，李某勇要求兑付，农行云阳支行却以该存单经公安机关鉴定系伪造，银行工作人员谭某力等人涉嫌金融诈骗，公安机关已立案侦查为由拒不兑付。虽然农行云阳支行的工作人员谭某力代表该支行向李某勇出具的"承诺书"及从该行柜台给出的1000万元存单经公安机关鉴定系伪造，但李某勇基于在农行云阳支行办公场所对谭某力"行长"身份的信赖，相信谭某力是代表农行云阳支行办理其1000万元的定期存款，谭某力的行为构成表见代理，行为后果应由农行云阳支行承担。请求判令农行云阳支行兑付到期存单1000万元，并按年利率1.71%支付从2009年1月15日起至还本付清之日止的利息。诉讼费由农行云阳支行负担。最终法院判决驳回李某勇的诉讼请求。

3. 案例评析

本案所涉及的争议焦点问题为李某勇与农行云阳支行之间是否成立储蓄存款合同。本案中，李某勇在农行云阳支行杏家湾分理处办理业务时，并未向柜员表示存款1000万元。李某勇称其明确向"行长"谭某力表示存款，应视为向农行云阳支行作出存款的意思表示。李某勇的主张能否成立，关键在于谭某力能否代表农行云阳支行，即谭某力在与李某勇商谈存款事宜时，能否构成表见代理。《民法典》第172条规定："行为人没有代理权、超越代理权或者代理权终止后以被代理人名义订立合同，相对人有理由相信行为人有代理权的，该代理行为有效。"该条规定目的是保护善意第三人的合法权益、促进市场交易安全。从立法目的解释表见代理的构成要件，应当包括代理人的无权代理行为在客观上形成具有代理权的表象，相对人在主观上善意且无过失地相信行为人有代理权。相对人善意且无过失应当包含两方面含义：一是，相对人相信代理人所进行的代理行为属于代理权限内的行为；二是相对人无过失，即相对人已尽了充分的注意，仍无法否认行为人的代理权。在本案中，李某勇在与谭某力商谈存款事宜过程中，并未尽合理的注意义务。

（二）建设工程分包合同纠纷中表见代理的认定①

1. 案件事实

2010年6月2日，北京六建公司与都江堰兴市公司签订《建设工程施工合同》，根据该合同都江堰兴市公司为实施青景新居工程（二期），已接受北京六建公司对该项目八标段施工的投标。2013年3月18日，刘某、杨某与黄某军签订《建设工程劳务分包合同》，双方约定：刘某、杨某将都江堰市青城山镇工程的内墙抹灰工程分包给黄某军。2015年12月31日的《工程人工费结算单》上载明，项目组别为内抹灰组，组长为黄某军，完成分项工程的工程量及人工费单价，并载明："总计：204060元，已支付：80000元，剩余：124060元，情况属实。刘某于2015年春节前支付，落款日期为2015.12.31"，杨某亦在该结算单上签名。庭审中，黄某军当庭陈述，虽合同有杨某签名，但相关施工及结算均由

---

① 黄某伟、北京六建集团有限责任公司买卖合同纠纷再审民事判决书，〔2019〕川民再683号，【法宝引证码】CLI. C. 108129290。

刘某负责。另查明，2013年7月，都江堰兴市公司收到一份《委托书》，载明："都江堰兴市公司：我系贵公司下属都江堰市工程承包单位北京六建四川分公司，为了积极支持和配合贵公司工作，现特委托贵公司至今日起根据我部提交的资金计划和安排的资金去向，代为我用工程进度款直接支付项目劳务、设备材料款直至工程竣工验收。我部指派（委托现场执行经理）刘某负责拟定和向贵公司提交资金计划，下达项目班组资金任务，全权负责安排资金去向。我部所指派（委托现场执行经理）刘某在整个资金划拨过程中向贵公司提交的资金计划、安排资金去向（劳务、设备、材料开户行账号），均代表我意愿，所签署与之相关的文件我均已承认。（工程竣工结算款支付不在该委托范围）请贵公司给予办理，委托人：北京六建四川分公司委托时间：2013年7月3日。"该《委托书》尾部加盖北京六建四川分公司公章。都江堰兴市公司当庭陈述在建设工程工作中，刘某一直在代表北京六建及北京六建四川分公司与都江堰兴市公司进行工作联系。同时，在收到《委托书》后，也即按照相关内容，就工程进度款拨付等工作与刘某对接。2014年4月10日，刘某出具《承诺书》及《情况说明》各一份，内容基本一致：本人刘某于2013年7月10日在没有获得北京六建公司及北京六建四川分公司的授权下私自在都江堰某处刻得一枚"北京六建集团公司四川分公司"的公章，用于项目对甲方的工程款收取；在2013年7月10日至2014年1月29日，共收取工程款915万元。全部用于项目的人工费及材料费的发放；刻章动机：由于甲方要求工期紧，为了民工工资及材料款及时发放，所以刻得此枚公章；本人刘某意识到这样的行为触犯了法律，严重干扰了集团公司及分公司的正常管理，在此作深刻的检讨并保证今后决不再做任何违法乱纪的事，并向北京集团公司及分公司承诺，如果在2013年7月10日至交刻得公章之日止。其间如果由于刻得此枚公章盖出去的章对公司名誉及经济造成任何损失由我刘某一人承担，并且承担一切法律后果。原告黄某军主张其在青景新居八标段二期工地从事内、外墙抹灰等房屋修建工作，完成工作量后，被告尚欠付原告124060元劳务工资，多次催要未果，故诉诸法院。被告北京六建公司及北京六建四川分公司辩称：刘某不是其公司工作人员，公司也未向其授权，相关合同也没有加盖北京六建公司或者北京六建四川分公司印章，其行为后果应由其个人承担，与北京六建公司及北京六建四川分公司无关，同时，刘某承认其私刻了北京六建四川分公司的公章，并从都江堰兴市公司领取了部分工程款，因此，北京六建公司及北京六建四川分公司在本案中不应当承担给付责任。被告刘某辩称：虽然其确实出具了《承诺书》和《情况说明》，在没有获得北京六建公司及北京六建四川分公司授权下私刻了北京六建四川分公司的公章，用于对甲方的工程款收取；在2013年7月10日至2014年1月29日，共收取工程款915万元，全部用于项目的人工费及材料费的发放；当时是为了民工工资及材料款的及时发放，所以才私刻了公章。被告都江堰兴市公司辩称：（1）都江堰兴市公司不是本案的适格被告，都江堰兴市公司仅是发包方，原告不是实际施工人，所以都江堰兴市公司不应承担责任；（2）都江堰兴市公司已经按照合同约定支付了相应工程款，因北京六建公司至今未提供竣工结算资料，导致工程无法审计，因此整个工程款的金额尚无法确定。

2. 法院判决

在一审判决中，法院认为：第一，关于本案建设工程分包合同主体即刘某行为的认定问题。其代表北京六建公司和北京六建四川分公司与都江堰兴市公司进行工作联系；且都江堰兴市公司亦收到《委托书》，载明其授权刘某负责款项结算工作；虽然刘某向北京六建公司及北京六建四川分公司出具承诺书及情况说明，自认其私刻了北京六建四川分公司的公章，并承诺"如果由于我刻得此枚公章盖出去的章对公司名誉及经济造成任何损失由我刘某一人承担，并且承担一切法律后果"，但其同时也说明其自都江堰兴市公司领取的款项系用于青景新居××标段工程的人工费及材料费的发放，该承诺系刘某自认私刻公章对北京六建公司及北京六建四川分公司造成的后果愿意由其个人承担，而刘某与北京六建公司及北京六建四川分公司之间的承诺效力不能对抗第三人。因此，如前所述，刘某在青景新居××标段工程中对第三人的行为后果仍应由北京六建四川分公司承担。第二，刘某于 2015 年 12 月 31 日签署的《工程人工费结算单》，载明尚欠黄某军 124060 元，"于 2015 年春节前支付"，该行为应视为北京六建四川分公司与黄某军就内抹灰组工程款进行结算并达成一致，另，鉴于该结算单出具的时间为 2015 年 12 月 31 日，因此，其载明的"2015 年春节前支付"实际应为 2016 年春节即 2016 年 2 月 8 日前支付。故，本案中黄某军关于给付内墙抹灰工程款 124060 元的主张应予支持。第三，关于责任承担问题。根据《中华人民共和国公司法》第 14 条之规定，北京六建四川分公司系北京六建公司设立的不具备法人资格分公司，其不具有企业法人资格，其民事责任应由北京六建公司承担，因此，北京六建公司应当向黄某军支付内墙抹灰组工程款 124060 元及利息。同时，就都江堰兴市公司的责任问题。根据《最高人民法院关于审理建设工程施工合同纠纷案件适用法律问题的解释》第 26 条第 2 款"实际施工人以发包人为被告主张权利的，人民法院可以追加转包人或者违法分包人为本案当事人。发包人只在欠付工程价款范围内对实际施工人承担责任"之规定，兴市公司作为发包人，应就该款项在未付工程款范围内对黄某军承担责任。据此，一审法院依照《中华人民共和国民法通则》第 43 条，《中华人民共和国合同法》第 44 条第 1 款、第 60 条第 1 款，《中华人民共和国公司法》第 14 条，《最高人民法院关于审理建设工程施工合同纠纷案件适用法律问题的解释》第 26 条第 2 款之规定，判决：（1）北京六建公司于判决生效之日起 7 日内向黄某军支付内墙抹灰组工程款 124060 元。（2）北京六建公司于判决生效之日起 7 日内向黄某军支付欠付工程款利息，计算方法为：以本金 124060 元为基数，从 2016 年 2 月 9 日始计算至本判决确定的本金给付之日止，以中国人民银行同期同类人民币贷款基准利率标准计算。若未按本判决确定的给付之日给付本金，上述利息计算至本金付清之日止。（3）都江堰市公司在欠付工程价款范围内对前述第一、二项给付内容承担责任。（4）驳回黄某军的其他诉讼请求。如果未按本判决指定的期间履行给付金钱义务，应当依照《中华人民共和国民事诉讼法》第 253 条之规定，加倍支付迟延履行的债务利息。一审案件诉讼费 3160 元，由北京六建集团有限公司负担。

对于上述判决结果，北京六建公司上诉请求：撤销一审判决，驳回黄某军的全部诉讼请求。其理由为一审法院对案涉合同的主体认定为北京六建公司违背合同相对性原则，属于事实认定错误，上诉人并非合同的相对方和责任主体，合同的相对方应为刘某，刘某的相关行为均为其个人行为，应该对其个人行为承担全部责任。第一，上诉人并未与黄某军存在合同或其他任何约定，涉案合同系刘某个人与黄某军签订。第二，刘某在本案中的行为均为其个人行为，应该由刘某对其行为承担全部责任。（1）一审法院关于刘某身份认定为上诉人的现场执行经理属于事实认定错误，刘某的真实身份为分包人（实际施工人），其身份决定了其系列的行为均系其个人行为，应当由其个人承担责任；（2）刘某的行为并不构成表见代理，根据合同相对性原则应该由刘某对其个人行为承担责任。北京六建四川分公司辩称，同意北京六建公司的上诉意见。此外，黄某军、都江堰兴市公司、刘某均认为，一审法院认定事实清楚，适用法律正确，请求驳回上诉，维持原判。

二审法院认为本案主要争议焦点为：与黄某军建立案涉合同关系的相对方是谁，进而应当由谁承担相应的责任。其认为刘某与黄某军签订《建设工程劳务分包合同》并办理结算的行为构成表见代理，《建设工程劳务分包合同》的合同双方为黄某军和北京六建公司，相应责任应由北京六建公司承担。理由如下：首先，黄某军未能举证证明刘某系北京六建公司员工，签约、结算系履行相应职务的行为，也未举证证明刘某受北京六建公司委托签约并办理结算，因此，本案中，刘某以北京六建公司项目部负责人名义对外签约、结算的行为属于无权代理。其次，按照北京六建公司陈述，刘某于案涉《建设工程劳务分包合同》签订时，在案涉项目施工现场负责管理；且于洽谈、签约时，刘某告知黄某军其系案涉项目负责人，对于黄某军而言，其基于刘某在北京六建公司施工现场负责管理以及业主都江堰兴市公司认可刘某代表北京六建公司的事实，足以有理由相信刘某有权代表北京六建公司洽谈、签订相关合同并办理结算。同时，北京六建公司并未举证证明黄某军在该过程中存在过错。因此，依照《中华人民共和国合同法》第49条"行为人没有代理权、超越代理权或者代理权终止后以被代理人名义订立合同，相对人有理由相信行为人有代理权的，该代理行为有效"的规定，依法认定刘某与黄某军签订《建设工程劳务分包合同》并办理结算的行为构成表见代理，相应责任应由北京六建公司承担。因此，一审法院判决北京六建公司承担相应责任正确，本院依法予以维持。一审法院认定刘某签约、结算行为系现场执行经理职务行为错误，本院依法予以纠正。综上所述，北京六建公司的上诉理由和请求均不能成立。一审法院认定事实部分不清，适用法律部分不当，但判决结果应予以维持。据此，依照《中华人民共和国民事诉讼法》第170条第1款第1项、《最高人民法院关于适用〈中华人民共和国民事诉讼法〉的解释》第334条之规定，判决驳回上诉，维持原判。

3. 案例评析

本案系一起建设工程分包合同纠纷，北京六建公司与都江堰兴市公司签订《建设工程施工合同》，由北京六建公司承包青景新居工程(二期)，刘某作为北京六建公司项目部负责人，以北京六建公司名义对外签约、结算，其私刻"北京六建集团公司四川分公司"的公章，用于项目对甲方的工程款收取及项目人工费及材料费的发放。刘某与原告黄某军签订《建设工程劳务分包合同》，由黄某军负责上述工程的内墙抹灰工程，在工程完工后，黄某军未收到剩余工程款，其将刘某及北京六建公司、北京六建四川分公司、都江堰兴市公司诉至法院。该案中最主要的问题为对建设工程分包合同主体行为的认定，即其行为是否构成表见代理，进而是责任承担问题。该问题涉及被代理人利益与善意相对人合理信赖之间的平衡，涉及私法自治与信赖利益保护之间存在的冲突。对此，需要综合行为人是否存在代理权外观表象事实、相对人对代理权外观的信赖是否善意且无过失、相对人是否系基于善意信赖而于行为人实施民事法律行为以及相对人善意信赖的行为人代理权外观与被代理人创设代理权外观的行为是否存在直接因果关系等要素综合认定。

第八章　民法上的时间

第一节　期日与期间

一、概述

时间也属于法律事实之一种，且时间在法律事实中占有重要位置，其适用亦最频繁。例如，自然人出生后须经过一定的时间，才能取得民事行为能力；或某种事实状态，继续经过一定的时间，即发生权利变动的效果；或某种权利行使，仅限于一定时间内为之，始为有效；或以一定的时间决定法律行为效力之发生或消灭。可见，时间在民法上具有重要意义。

时间在法律上有期日与期间之别。

（一）期日

所谓期日，指一定的、不许分割的时间，如某时、某日、某月、某年。只须该时间特定，而不问其时间之长短犹如时间流上所指定的一点，属于静态的观念。学者常将期日与几何学上的"点"相比拟。但期日与几何学上的点，非绝对相同。因几何学上的点，毫无长度可言，而期日只是不着眼于时间的长度，并非没有长度，如2021年12月29日、12月29日14时等。

（二）期间

所谓期间，指某一期日与另一期日间的时间，亦即从一定时间继续到达一定时间。例如，某时至某时、某日至某日、某月至某月、某年至某年，或从某日起若干日、若干星期、若干月、若干年。期间必有一定长度，且有始有终，犹如时间流上截取的一个段落。

二、期间的计算

（一）期间计算方法

历法计算法：依历法（公历）而为计算。《民法典》第200条规定："民法所称的期间按照公历年、月、日、小时计算。"第201条规定："按照年、月、日计算期间的，开始的当日不计入，自下一日开始计算。按照小时计算期间的，自法律规定或者当事人约定的时间开始计算。"

（二）期间的起算点与终止点

1. 起算点

《民法典》第 201 条规定："规定按照小时计算期间的，从规定时开始计算。规定按照日、月、年计算期间的，开始的当天不算入，从下一天开始计算。"

2. 终止点

《民法典》第 202 条规定："按照年、月计算期间的，到期月的对应日为期间的最后一日；没有对应日的，月末日为期间的最后一日。"第 203 条规定："期间的最后一日是法定休假日的，以法定休假日结束的次日为期间的最后一日。期间的最后一日的截止时间为二十四时；有业务时间的，停止业务活动的时间为截止时间。"

第二节　诉　讼　时　效

一、时效概说

（一）概念

诉讼时效，又称消灭时效，是指权利人不行使权利，经过法定期间，即使债务人取得拒绝履行抗辩权的法律效果的制度。诉讼时效主要适用于债权请求权，其具有强行法的色彩，法定诉讼时效期间不得以法律行为加长或缩短。《民法典》第 197 条规定：诉讼时效的期间、计算方法以及中止、中断的事由由法律规定，当事人约定无效。当事人对诉讼时效利益的预先放弃无效。

（二）功能

诉讼时效的功能主要体现在：督促权利人及时行使权利、避免义务人举证困难、维持既定的法律秩序。其核心本质在于为了实现利益平衡，具有节约诉讼成本，稳定财产秩序的公共利益的功能。

二、类型

（一）取得时效

取得时效是指财产的占有人以所有的意思和平、公然地持续占有他人财产达到法定期间，即依法取得对该项财产所有权的法律制度。属于物权法领域的制度，我国《民法典》（物权编）未予规定。我国台湾地区"民法"第 768 条规定："以所有之意思，五年间和平公然占有他人之动产者，取得其所有权。"在人身法领域，罗马法上有"时效婚"。

（二）诉讼时效

立足比较法视角，诉讼时效有不同的效果表现，其一为实体权消灭主义，即诉讼时效完成后直接消灭实体权，日本民法采取此种立法主义。其二为诉权消灭主义，即诉讼时效完成后，其实体权利本身仍然存在，仅诉权归于消灭，因诉权消灭，其实体权利不能请求法院强制执行。苏俄1922年民法典及匈牙利旧民法典采此种立法主义。其三为《德国民法典》《荷兰民法典》所采的诉讼时效弱效力主义，主要表现为产生抗辩权，即时效期间届满，作为债务人享有永久性抗辩权，可由债务人自己决定是否主张，法院无义务利用职权主动行使。我国法采此说，《民法典》对在法定期间内不行使权利的权利人，相对人便取得对抗请求权人的抗辩权，其具体内容包括：(1)时效完成并非当然导致请求权消灭，只是取得时效抗辩权，法院不得依职权主动适用；(2)积极行使的效果，如义务人主张时效抗辩权以对抗权利人之请求权，则请求权即受到限制；(3)消极行使的效果，如义务人未主张抗辩权(放弃抗辩权)或虽主张抗辩权，但又继续履行义务，权利人受领义务人之给付，不构成不当得利。

简而言之，诉讼时效经过，不仅请求权的任何方面(实体权利或诉权)都不会消灭，而且还在当事人之间产生新的内容，即相对人取得对抗请求权的抗辩权。对此权利，债务人有权放弃，从而放弃其所享有的时效利益。因此，诉讼时效抗辩是一种"行动的权利"，一种依靠义务人自身法律意识和自主选择去具体实践和实现的权利。诉讼时效制度只是赋予义务人表达自己立场的机会，而并不要求义务人必须利用这种机会，因而有"良心抗辩"之称。[1]

三、诉讼时效期间与除斥期间的区别

除斥期间，是指法律规定某种民事实体权利存在的期间，期间届满，权利消灭。在诉讼过程中，即使当事人不援用除斥期间，法院也应当依职权援用，一般使用"该权利消灭或某某权利消灭"字样。其区别主要包括以下几种情况：

(1)适用客体：诉讼时效适用于请求权，除斥期间适用于形成权。

(2)期间计算：诉讼时效为可变期间，存在中止、中断；除斥期间为不变期间。

(3)期间长度：诉讼时效较为统一，除斥期间不统一。

(4)效力：诉讼时效请求权罹于诉讼时效的，义务人可主张抗辩权，请求权本身并不消灭；除斥期间一旦经过，实体权利消灭。

(5)形成权本身消灭发生原因不同：诉讼时效法由法律规定，而除斥期间可能源于约定。

(6)法院可否依职权行使：除斥期间服务于法律安全与清晰，可依职权行使；而诉讼时效旨在为债务人提供防御手段，其为当事人自由选择的权利法院不可依职权行使。

四、诉讼时效的客体

诉讼时效制度的适用范围，在民法学理中亦被称为诉讼时效的客体。《民法典》第188条将诉讼时效的客体仅表述为"民事权利"，并未进一步将民事权利区分为支配权、请求权、抗辩权及形成权等具体权利类型。根据目前学理通说观点，诉讼时效应当主要适用于

---

[1]　霍海红：《胜诉权消灭说的"名"与"实"》，载《中外法学》2012年第2期。

债权请求权。债权请求权，是指特定的债权人请求债务人为一定行为或者不为一定行为的权利，包括合同之债、侵权之债、不当得利之债、无因管理之债等。

《民法典》第 196 条规定了请求权不适用诉讼时效规则的四种情形：一是请求停止侵害、排除妨碍、消除危险；二是不动产物权和登记的动产物权的权利人请求返还财产；三是请求支付抚养费、赡养费、扶养费；四是依法不适用诉讼时效的其他情形。

值得特别说明的是，不动产及登记的动产返还请求权不适用诉讼时效规则，系因登记具有公示公信力，宣示了物权的归属，如果允许已经登记的物权人返还财产请求权适用诉讼时效规则，将会动摇不动产登记制度的公信力。

另外，《关于审理民事案件适用诉讼时效制度若干问题的规定》第 1 条规定了四类不适用诉讼时效的债权请求权：一是支付存款本金及利息请求权；二是兑付国债、金融债券以及向不特定对象发行的企业债券本息请求权；三是基于投资关系产生的缴付出资请求权；四是其他依法不适用诉讼时效规定的债权请求权。

五、诉讼时效期间

(一)普通诉讼时效期间：3 年

《民法典》第 188 条第 1 款规定："向人民法院请求保护民事权利的诉讼时效期间为 3 年，法律另有规定的除外。"《民法通则》第 135 条曾对此的规定为 2 年。多数学者认为，2 年的诉讼时效太短，不利于保护债权人的利益，且可能助长不诚信之风，故《民法典》延长至 3 年。

(二)特殊诉讼时效期间

《民法典》第 594 条规定："因国际货物买卖合同和技术进出口合同争议，提起诉讼或者申请仲裁的期限为 4 年。"该起算点，自当事人知道或者应当知道之日起计算。

(三)最长保护期间：20 年

从权利受到损害之日起超过 20 年的，人民法院不予保护。有特殊规定的，人民法院可以根据人民法院的申请决定延长。与普通诉讼时效期间和特别诉讼时效期间相比，最长诉讼时效期间具有以下特点：一是自权利受到损害之日起计算。最长诉讼时效采用客观标准，从权利受到损害之日开始计算。二是不考虑权利人何时知道权利受到侵害及具体义务人。即使权利受到侵害后权利人一直不知道，但是只要权利受到损害之日起超过 20 年的，除极特殊情况下的诉讼时效延长外，人民法院就不予保护。三是具有固定性，该期限不适用诉讼时效中止、中断的规定，固定为 20 年时间。

六、期间的起算

(一)一般规则

诉讼时效自权利人知道或者应当知道权利受到损害及义务人之日起开始计算。

（二）特别规定

（1）履行期限。当事人可以确定履行期限的，诉讼时效从履行期限届满之日起计算。

（2）分期履行。当事人约定同一债务分期履行的，诉讼时效从最后一期履行期限届满之日起计算。

（3）无民事行为能力人或者限制民事行为能力人对其法定代理人的请求权的诉讼时效期间，自该法定代理终止之日起计算。

（4）未成年人遭受性侵害的损害赔偿请求权的诉讼时效期间，自受害人年满18周岁之日起计算。

七、时效的中止、中断和延长

（一）时效中止

1. 含义

诉讼时效的中止，是指在诉讼时效进行中，因一定的法定事由的发生而使权利人无法行使请求权，暂时停止计算诉讼时效期间。

2. 适用情形

在诉讼时效期间的最后6个月内，因下列障碍，不能行使请求权的，诉讼时效中止：

（1）不可抗力。如甲所在村庄遭遇百年洪涝灾害，通信中断、道路损毁，致使其无法主张权利。（2）无民事行为能力人或者限制民事行为能力人没有法定代理人，或者法定代理人死亡、丧失民事行为能力、丧失代理权。（3）继承开始后未确定继承人或者遗产管理人。（4）权利人被义务人或者其他人控制。（5）其他导致权利人不能行使请求权的障碍。

3. 法律后果

（1）在法定期间内发生中止事由时，诉讼时效期间暂停计算。

（2）自中止时效的原因消除之日起满6个月，诉讼时效期间届满。

（3）中止事件障碍权利行使的期间不计入时效期间；从中止时效的原因消除之日起满6个月，诉讼时效期间届满。

（二）时效中断

1. 概念

诉讼时效的中断，是指在诉讼时效进行中，因法定事由的发生致使已经进行的诉讼时效期间全部归于无效，诉讼时效期间重新计算。

2. 适用情形

（1）权利人向义务人提出履行请求。意思通知即可。（2）义务人同意履行义务。义务人作出分期履行、部分履行、提供担保、请求延期履行、制订清偿计划等承诺或者行为的，应当认定为"义务人同意履行义务"。（3）权利人提起诉讼或者申请仲裁。（4）与提起诉讼或者申请仲裁具有同等效力的其他情形。如申请支付令、申请破产、申报债权、申请强制执行、申请追加当事人或者被通知参加诉讼等。

3. 法律后果

诉讼时效中断，已经经过的期间归于无效，从中断或者有关程序终结时起，诉讼时效重新计算。

（三）时效期间的延长

诉讼时效的延长是对已经完成的诉讼时效期间，如果有特殊情况，人民法院可以依据权利人的申请给予适当延长的法律制度。诉讼时效的延长不仅适用普通诉讼时效和特殊诉讼时效，而且适用于最长诉讼时效。这是为了充分保护当事人的合法权利，是对诉讼时效的中止、中断的补救。

八、案（事）例述评

（一）中国农业银行股份有限公司丹阳市支行诉丹阳珍品八宝酒有限公司借款合同纠纷案①

1. 案件事实

中国农业银行股份有限公司丹阳市支行（以下简称丹阳农行）与丹阳珍品八宝酒有限公司（以下简称八宝酒公司）系借款合同关系，因八宝酒公司未能按约还款，丹阳农行于2009 年 4 月 1 日、2010 年 12 月 28 日、2012 年 11 月 20 日通过信件向八宝酒公司主张债权。其中 2009 年 4 月 1 日系按照八宝酒公司当时的营业执照地址通过顺丰公司寄送邮件的，并在诉讼中提交了顺丰速运 511021752667 号寄件存根联作为证据。

江苏省高级人民法院〔2014〕苏商终字第 0088 号民事判决认为，丹阳农行该次并非有效催收债权，不产生诉讼时效中断的效力。丹阳农行向最高人民法院申请再审称，其于 2009 年 4 月 1 日、2010 年 12 月 28 日、2012 年 11 月 20 日采用邮寄方式催收债权，快递单或邮寄单上的收件人地址与八宝酒公司当时营业执照的地址一致，收件人也是八宝酒公司，同时该快递单或邮寄单加盖了快递公司印章或交邮印章，表明丹阳农行已经按照八宝酒公司当时的营业执照地址邮寄了书面催收文件主张债权，该快递单理应到达了八宝酒公司，上述邮寄催收依法应当产生诉讼时效中断的法律后果。二审判决认为不产生诉讼时效中断的效力，系适用法律错误。再者，在丹阳农行提供邮件底单及邮寄内容的基础上，八宝酒公司并未能提供相反证据推翻丹阳农行的证据，依法也应当认定债权人主张了权利，诉讼时效应当中断。原判决以未能提供邮件回执等证据证明催收债权的信件已经到达八宝酒公司，不能认定为有效催收了债权为由，认定丹阳农行的邮寄催收不产生诉讼时效中断的效力，没有任何法律依据，是适用法律错误。

2. 法院判决

丹阳农行于 2009 年 4 月 1 日向八宝酒公司主张债权是通过顺丰公司寄送邮件，其证据为顺丰公司的寄件存根。该证据能够证明丹阳农行已将邮件交邮，但是不能证明邮件到

---

① 中国农业银行股份有限公司丹阳市支行诉丹阳珍品八宝酒有限公司借款合同纠纷案，〔2015〕民申字第 134 号，【法宝引证码】CLI. C. 9536801。

达或者应当到达八宝酒公司。〔2003〕民二他字第 6 号复函规定的邮寄方式是特定的，即通过邮局的特快专递。顺丰公司并非邮局，仅是一般快递公司。丹阳农行应提供邮件回执等证据证明邮件已经到达八宝酒公司，但是丹阳农行并未提交。二审判决认为丹阳农行未有效催收债权，不产生诉讼时效中断的效力，不属于适用法律错误。

3. 案例评析

首先，《最高人民法院关于债权人在保证期间以特快专递向保证人发出逾期贷款催收通知书但缺乏保证人对邮件签收或拒收的证据能否认定债权人向保证人主张权利的请示的复函》（〔2003〕民二他字第 6 号）规定的邮寄方式是特定的，即通过邮局的特快专递。

其次，本案裁判观点也明确认为顺丰公司并非邮局，仅是一般快递公司，仅提供一般快递公司的寄件存根并不能当然产生证明邮件已经到达受送达人的法律效果。与此相反，〔2003〕民二他字第 6 号复函明确规定："债权人通过邮局以特快专递的方式向保证人发出逾期贷款催收通知书，在债权人能够提供特快专递邮件存根及内容的情况下，除非保证人有相反证据推翻债权人所提供的证据，应当认定债权人向保证人主张了权利。"

再者，其他快递公司并没有像邮局邮戳一样的印章，寄件人只能每次寻求快递公司加盖印章，费力劳神。而且快递公司采用加盟或者个人内部承包等经营模式，能否提供加盖印章服务以及印章的公信力也都存在问题。

本案裁判观点也很明确，丹阳农行的主张之所以未能得到最高人民法院支持，不是因为丹阳农行选择了非邮局的一般快递公司，而是因为丹阳农行没有提供充分证据证明邮件到达或者应当到达收件人。换言之，选择一般快递公司，提供的快递单和寄件存根仅能够证明已将邮件交邮，邮寄人还必须提供邮件回执等证据证明邮件已经到达收件人。因此本案中丹阳支行的做法不能产生中断诉讼时效的效力。

（二）诉讼时效之证明：绿地集团与迦尚公司房屋租赁合同纠纷案①

1. 案件事实

被告迦尚公司与原告绿地集团于 2006 年签订房屋租赁合同。2012 年 8 月 15 日，被告向原告发出"房租余款结算函"，认可其欠原告的租金金额为 28 万余元。之后，被告分别于 2013 年 2 月 6 日、2013 年 2 月 26 日、2013 年 3 月 25 日、2013 年 4 月 25 日各支付原告 1 万元，共计支付 4 万元。2014 年 8 月 19 日原告提起诉讼，请求法院判决被告支付租金、占用费等。被告认为原告于 2014 年 8 月 19 日提起诉讼已过 1 年诉讼时效，原告提出 2014 年 7 月曾向被告催收，诉讼时效并未经过，双方对此展开争议。

2. 法院判决

一审法院认为，迦尚公司与绿地集团之间签订的租赁合同系双方当事人的真实意思表示，不违反法律法规的禁止性规定，合法有效，双方当事人均应按约履行。迦尚公司已于 2012 年 8 月 15 日确认其欠绿地集团的房租 280315 元，并于 2013 年 4 月 25 日仍在支付拖欠房租，故其关于绿地集团的起诉的租金部分已超过诉讼时效的抗辩，无事实依据，原审

---

① 成都迦尚投资管理有限公司与绿地集团成都置业有限公司房屋租赁合同纠纷案，〔2015〕成民终字第 3902 号，【法宝引证码】CLI. C. 76118601。

法院不予支持。

二审法院指出，王某涵系绿地集团员工，与绿地集团存在利害关系，其证人证言不能单独作为认定案件事实的依据。绿地集团未提供其他证据予以佐证，故未完成诉讼时效中断的举证责任。本院对其辩称本案未过诉讼时效的主张不予支持。

3. 案例评析

诉讼时效中断的证明责任问题在司法实践中存在不同的观点，看似有共识的理论、看似明确的规则在司法实践中并不能当然保证准确和统一适用。就本案而言，在法律适用时，一审法院无视了"时间已经过 1 年的诉讼时效"的基本事实，给出义务人"时效抗辩无事实依据"的结论，并且误将义务人"支付拖欠房租"的"时效中断的效力"理解为"排除时间的效力"并以此否定时效抗辩。二审法院指出绿地集团未完成诉讼时效中断的举证责任的结论，但没有指出权利人承担时效证明责任的依据。因此，诉讼时效中断的证明责任是一个典型的问题，究竟是"权利人承担证明责任"规则还是"义务人承担证明责任"规则，需要在理论上澄清，亦避免实践中的混乱，促进法律的适用统一。

主要参考文献

一、教科书

1. 陈聪富. 民法总则[M]. 台北：元照出版公司，2022.
2. 陈华彬. 民法总则(第 2 版)[M]. 北京：中国政法大学出版社，2023.
3. 陈荣传. 民法系列——法律行为[M]. 台北：三民书局，2010.
4. 陈自强. 契约之成立与生效(第 4 版)[M]. 台北：元照出版公司，2018.
5. 崔建远. 民法总论(第 3 版)[M]. 北京：清华大学出版社，2019.
6. 傅鼎生. 民法总论授课实录[M]. 北京：法律出版社，2023.
7. 李淑明. 民法总则(第 8 版)[M]. 台北：元照出版公司，2016.
8. 李永军. 民法总则[M]. 北京：中国法制出版社，2018.
9. 梁慧星. 民法总论(第 6 版)[M]. 北京：法律出版社，2021.
10. 林诚二. 民法总则新解：体系化解说(上下)[M]. 台北：瑞兴图书出版社，2012.
11. 刘昭辰. 民法系列——代理关系[M]. 台北：三民书局，2016.
12. 龙卫球. 民法总论[M]. 北京：中国法制出版社，2001.
13. 王利明. 民法总则(第 3 版)[M]. 北京：中国人民大学出版社，2022.
14. 王泽鉴. 民法总则[M]. 北京：北京大学出版社，2022.
15. 徐国栋. 民法总论[M]. 北京：高等教育出版社，2007.
16. 杨代雄. 民法总论[M]. 北京：北京大学出版社，2022.
17. 叶启洲. 民法总则[M]. 台北：元照出版公司，2021.
18. 郑冠宇. 民法总则(第 7 版)[M]. 台北：新学林出版社，2021.
19. 郑玉波. 民法总则(修订第 12 版)[M]. 黄宗乐、杨宏晖修订. 台北：三民书局，2021.
20. 朱庆育. 民法总论[M]. 北京：北京大学出版社，2016.
21. 雷磊. 法理学[M]. 北京：中国政法大学出版社，2021.

二、释义、工具书、案例书

1. 陈甦. 民法总则评注[M]. 北京：法律出版社，2017.
2. 黄薇. 中华人民共和国民法典解读·总则编[M]. 北京：中国法制出版社，2020.
3. 李宇. 民法总则要义[M]. 北京：法律出版社，2017.
4. 彭诚信. 民法案例百选(第二版)[M]. 北京：高等教育出版社，2022.
5. 中国法学会民法典编纂组. 中国民法典释评·总则[M]. 北京：中国人民大学出版社，

2020.

6. 周江洪、陆青、章程主编. 民法判例百选[M]. 北京：法律出版社，2020.

7. 最高人民法院民法典贯彻实施工作领导小组. 民法典理解与适用·总则[M]. 北京：人民法院出版社，2020.

8. 最高人民法院民法典贯彻实施工作领导小组. 最高人民法院民法典总则编司法解释理解与适用[M]. 北京：人民法院出版社，2022.

9. 最高人民法院民事审判第二庭、研究室. 最高人民法院民法典合同编通则司法解释理解与适用[M]. 北京：人民法院出版社，2023.

三、国外译著

1. [德]布洛克斯. 德国民法总论(第 41 版)[M]. 北京：中国人民大学出版社，2023.

2. [德]梅迪库斯. 德国民法总论[M]. 北京：法律出版社，2013.

3. [日]山本敬三. 民法讲义　总则[M]. 北京：北京大学出版社，2012.